学 习
进 化 论

从1.0到4.0，成为高阶学习者的进化指南

UNSTOPPABLE YOU

［美］帕特丽夏·麦克拉根/著
Patricia A. McLagan

欧阳瑾　罗小荣/译

北方联合出版传媒(集团)股份有限公司
万卷出版有限责任公司

对《学习进化论》一书的赞美之辞

《学习进化论》一书,破解了我们在复杂而又发展迅猛的21世纪如何更加有效地学习的密码。此书提供了一项方案,可以让学习成为你实现人生梦想过程中的终身伴侣。

——沃尔特·麦克法兰(Walter McFarland),
风车绩效公司创始人

帕特丽夏·麦克拉根具有一种本领,能够用一种既令人激动又通俗易懂的方式将事物拆分开来,再进行整合与分析,使得书中的每一章读来都生动有趣。对于任何一个想要傲立时代潮头的人而言,《学习进化论》都是一部必备手册。利用其中的理念来尽力发挥自身才干,你的潜力将无穷无尽。

——贝芙丽·卡雅(Beverly Kaye),
职场系统国际公司创始人

帕特丽夏·麦克拉根说,世界正在改变运转方式,变得更加紧密和复杂,而学习4.0就是在这个永不停歇的世界上生存下去的自我提升之道。她说得很对。本书并非在炒冷饭,而是展现了关于学习的一种新颖、精彩而有益的思考。

——朱莉·奥玛拉(Julie O'Mara),
多元性与包容性作家兼咨询顾问

帕特丽夏·麦克拉根是终身学习的坚定倡导者，她认识到世界正在飞速发展的现实，因此利用种种务实的方法和工具，来帮助我们应对学习环境的变化，引导我们度过这个互联互通的时代。

——安特妮·克莱顿（Annette Clayton），
施耐德电气北美地区首席执行官兼总裁

帕特丽夏·麦克拉根驾轻就熟地将脑科学与神经科学领域的最新成果结合起来，为我们提供了一幅培养学习4.0思维的蓝图。对于任何一个有意成为自身职业倡导者的人，任何一个有意在如今竞争日趋激烈和全球化的形势之下成为终身学习者并获得成功的人，我都会大力推荐《学习进化论》一书。

——肯尼斯·诺瓦克（Kenneth Nowack），
前景学习公司研究总监

在本书中，帕特丽夏·麦克拉根为那些想要加强自主学习能力的人提供了一些能够改变人生的建议和方法。她把其他专业人士的研究成果与观点有机地整合起来，使得本书既是商业领袖和专业人士的必备手册，也是任何一个渴望重新搞懂如何学习的成年人的必备手册。

——玛莎·索伦（Martha Soehren），
康卡斯特有线电视公司首席人才发展官

在《学习进化论》一书中，帕特丽夏·麦克拉根的重点就是让我们在这个日益复杂而具有多维性的世界中获得成功。本书是初学者与专业人士在未来的发展中必不可少的读物。

——詹姆斯·豪（James Howe），艾格诺维斯医疗保健公司
创始人兼首席执行官

《学习进化论》一书既对一种新的学习态度与学习关系进行了深入研究，也为此提供了宝贵的工具和方法。这种新的学习态度和学习关系，是专门为我们针对这个不断变化的时代量身打造的。对于认识到此种需要的个人，对于竭力维持一种长期变化的导师和教练而言，此书诚为一件极佳的礼物。

——玛格达莱娜·N. 穆克（Magdalena N. Mook），
国际教练联合会首席执行官兼执行董事

帕特丽夏·麦克拉根的这部新作能够帮助我们做好准备，去应对未来的工作环境。采用学习4.0思维和让学习变成日常习惯的理念，对我们维持就业至关重要。

——珍妮·C. 梅斯特（Jeanne C. Meister），
《未来职场体验》一书的合著者

帕特丽夏·麦克拉根凭借自己的才智和经验，整合了神经科学、心理学、成人发展和转化学习等领域的最新观点，帮助读者提升自我。她建构了由7种方法组成的体系，以建议和可靠的工具支撑，而这些建议和工具将为你和手下的团队打开通往可持续学习的大门！

——维多利亚·J. 马西克（Victoria J. Marsick），
哥伦比亚大学教育学院
成人教育与领导专业教授兼教务处主任

帕特丽夏·麦克拉根的4.0学习法，是使我们在21世纪成功获得领导力的一种突破性理念。本书就是一颗宝石，特点在于其中既具有可靠的概念，同时还有一些非常实用的概念与工具，可以让我们成为一名4.0学习者。它也是一部领导人士的必读作品。

——诺尔·迪奇（Noel Tichy），
密歇根大学教授兼《演替》一书的作者

成功的领导者会持续不断地学习，会在他们遇到的各种事实、数字和思想之间建立持久的关联。《学习进化论》是一部合乎逻辑、实用性强、引人入胜的指南，能够提高你以及将来你培养之人的学习能力。

——史蒂夫·坎贝尔（Steve Campbell），
联合包裹服务公司组织发展部副总裁

我想象不出还有什么比教导人们懂得学习是一个终身过程更为可贵的了，因为我们的大脑生而如此。《学习进化论》一书对我们如何才能更好地从内心和外部世界学习进行了研究和剖析，并用一种人性化的方式，将研究结果应用到了我们自身的生活当中。

——丹·拉德基（Dan Radecki），大脑领导学院首席科学总监

《学习进化论》是一种了不起的资源，可以引导我们用积极的方式理解和处理信息。此书将帮助年轻一代，提升在学校、职场和生活中的重要地位。

——劳伦·科扎（Lauren Cozza），行政助理

许多图书都大言炎炎、华而不实，可本书并非如此！《学习进化论》一书帮助我理解了大脑的运转方式，理解了保持积极性的方法，以及如何将学习4.0的7种方法应用到生活的几乎每一个方面去。对于任何一个想要最大限度地利用好自己的时间、提高自身生活质量的人，此书都必不可少。

——马丁·伊莱奇科（Martin Illetschko），
艾克赛尔能源业务合伙人

这部重要而及时的作品，将成人学习的责任摆到了其当处之所，认为学习的责任完全在于个人。《学习进化论》一书为我们变成21世

纪的高效学习者提供了动力与方法。各地学习中心的学员，都应当人手一册。

——杰克·菲利普斯（Jack Phillips），
投资回报率研究所总裁

到本书出版的当月，我的另一位孙女即将出世。她的学习能力此时已然势不可当，因为她的大脑当中，每分钟都会新增 25 万个神经细胞。随着学习、发育、茁壮成长并进入 22 世纪，她将经历怎样的一段奇遇？谨以此书献给我的这位孙女，献给她的堂兄妹科林（Colin）、凯瑟琳（Kathryn）和瑞恩（Ryan），以及所有的孩子们。他们即将经历并协同创造出一个我们现如今无法想象的学习世界。

目 录

对《学习进化论》一书的赞美之辞 | 1

前　言　学习4.0入门 | 1

引　言　你是终身学习者 | 9

第一部分　新的学习形势

第一章　学习型大脑：神经科学家所知的情况　15

感官：联系外界　18

大脑网络的构成　20

大脑中较大的部位与区域　23

化学物质与脑电波　29

生存与学习的两大处理系统　33

小结　学习型大脑　37

第二章　学习的自我：心理学家知道的情况　39

自我的层次　42

你的成长，与他人无异　50

你的成长有别于他人的成长　56

小结　学习的自我　60

第三章　世界日新月异：召唤学习4.0　63

世界科技一日千里　65

组织机构与职业不断变化的世界　69

全球人口与社会不断变化　71

变迁世界中的你：求变和求稳　72

小结　世界日新月异　73

第四章　信息领域：过载还是机遇？　75

信息是一种独特的资源　78

打包信息往往带有偏见　79

信息就是力量：对21世纪学习者的警示　81

小结　信息领域　82

第二部分　4.0学习者的7大技巧

第五章　听从内心的学习需求　87

与学习召唤同步　91

表达召唤　94

小结　听从内心的学习需求　96

第六章　创造未来愿景　99

设想具有多元感知性的未来　102

为现在定位导航　104

小结　创造未来愿景　105

第七章　广泛搜索最佳学习资源　107

从提出问题开始　110

利用"扫描器"　111

做到资源多样化　113

接受新鲜事物　115

小结　广泛搜索最佳学习资源　116

第八章　开创学习道路　119

评估学习挑战　121

确定学习道路　122

设置路标　126

为学习旅程做好准备　127

关于学习社会性的说明　129

小结　开创学习道路　130

第九章　开采学习真金　133

做出改变，适应资源　136

专注于学习　139

寻找真金　147

发现"愚人金"　148

为深度学习做好准备　156

小结　开采学习真金　158

第十章　保持学习动力　161

保持学习动力的通用之道　164

记忆之道　168

如何培养技能与习惯　179

如何升级信条与态度　188

如何激发出创造性见解　194

小结　保持学习动力　199

第十一章　从学习模式迁移到行动模式　201

认识迁移挑战　203

为成功做好准备　206

找到帮手　208

庆祝一下，并继续学习　209

小结　从学习模式迁移到行动模式　210

第三部分 学习如爱

第十二章 ▸ 成为终身学习者　215

带着好奇心与疑问对待生活　218

成为走在 3 条学习道路上的专业旅人　220

响应不易察觉的学习召唤　221

变成聪明的筛选者　223

感受自己的情绪　224

发挥自己的力量　225

小结　成为终身学习者　227

第十三章 ▸ 支持团队中的 4.0 学习　229

让团队踏上学习轨道　232

从学习的角度看待问题　234

认识 3 条学习道路　236

将学习 4.0 技巧变成团队的能力　240

小结　团队的学习　242

第十四章 ▸ 帮助他人学习　243

具有正确的（关爱）意图　246

运用 7 大 4.0 学习技巧，将其当成你的帮助体系　249

小结　帮助他人学习　256

第四部分 学习 4.0 工具包

工具 1 ▸ 3 条学习道路指南　261

道路 1　即时学习　261

道路 2　为了将来的某个目标而进行的前瞻性学习　262

道路 3　事后从经验中学习　267

工具 2 ▸ 学习 4.0 技巧的指南模板　271

技巧 1　听从内心的学习需求　271

技巧 2　创造未来愿景　　272
技巧 3　广泛搜索最佳学习资源　　273
技巧 4　开创学习道路　　275
技巧 5　开采学习真金　　277
技巧 6　保持学习动力　　280
技巧 7　从学习模式迁移到行动模式　　286

工具 3 ▶ 思维笔记格式　289

笔记图表　　289
直观图　　290
个人学习翻译器　　291

工具 4 ▶ "扫描器"及其用法　293

引文索引　　293
社交媒体上的众包　　294
馆长　　295
所在公司或者机构中的领导　　296
所在机构中的学习专家　　296
图书管理员、图书馆指南和信息科学家　　297
在线课程整合者　　297
期刊数据库　　298
个人助手软件　　299
专业协会与会议　　300
搜索引擎　　300
学科问题专家　　302
视频、电视服务与电视频道　　303
开动起来的大脑　　303

工具5　资源专用学习技巧　305

期刊文章或专业出版物　305

新闻专稿　307

博客　307

非虚构类书籍　308

案例研究　310

帮助性关系中的正规辅导员和导师　312

面对面课程和讲习班　314

在线自学课程和讲习班　316

在线同步课程和讲习班　318

讨论　319

当前的经历　321

过往经历　323

专家　325

游戏　326

讲座、演讲与演说　328

播客　330

角色扮演　332

以电脑或视频为基础的虚拟仿真游戏　334

社交媒体　336

团队学习　338

视频与"优兔"　338

致　谢　│　343

参考文献　│　347

作者简介　│　355

你的身上具有一种强大的力量，这种力量在你出生之前的数月里，就以每分钟新增25万个大脑神经细胞的速度显现出来了。这种力量将在你的整个人生当中不断加强。这一点，也正是我们活着的主要意义。

你身上这种不可思议、势不可当的力量，就是你的学习能力。

《学习进化论》一书，讨论的正是你这种势不可当的学习能力。本书论述了如何通过践行7种学习方法，将自身的学习能力提升至学习4.0水平。有了这样的学习水平，你的发展与成就将变得势不可当，而你也会释放出这种神奇之力中的全部能量，改变你的人生，并且支持别人改变他们的人生。

欢迎势不可当的你，来到自己的未来！

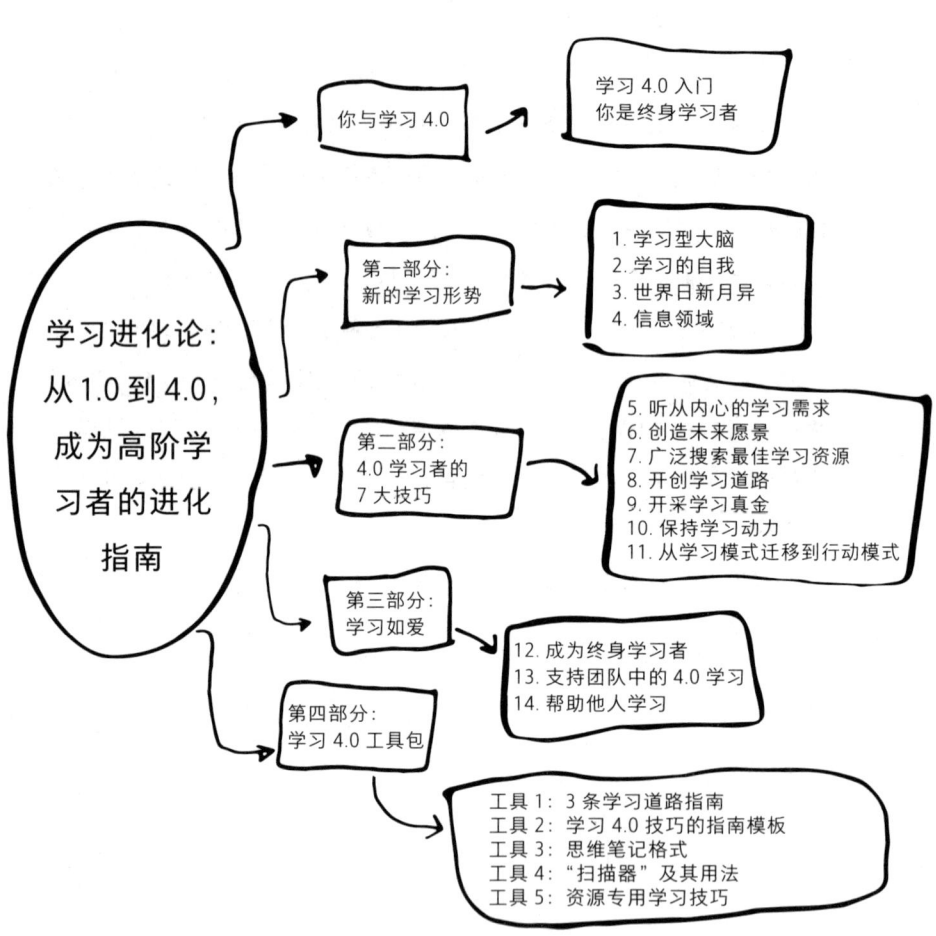

前言　学习4.0入门

从一出世的那天起,你就开始了一场奇妙的学习之旅,并且这场旅程会一直持续至今。然而,世界和你都在变化。为了跟上这种变化,你需要提升自己的学习技能,拥有在如今这个飞速变化的世界上生存和蓬勃发展的能力。《学习进化论》一书,就是要使你接受一种新的学习提升之道,即学习4.0。学习4.0犹如一张门票,能够让你迈入充实而成功的人生。在这种人生当中,你不但会积极主动地塑造时代,也会跟上瞬息万变、一日千里的时代的脚步。学习4.0就是我们在21世纪的一种生存技能。本书旨在邀你提升自我,达到学习4.0的水平。而且,本书还为你说明了做到这一点的方法。

学习如何变革？一个不断提升的过程

你不妨把你的学习方法想象成在日常生活中使用的软件。与所有软件一样,学习也需要升级,来帮助你适应环境的变化。有了这种升级,你才能去做新的事情,去解决更加复杂的问题,去利用新发现和新技术,并且更好更快地学习。

我们可以想一想,人类历史上出现过的学习上的3次软件式升级。学习1.0是你与生俱来的基本程序,在你通过观察和模仿他人,在尝试和错误中进行学习时曾为你提供支持。人生伊始时的学习，主要是在此种"软件"的基础上进行的。

上学之后，你就升级到了学习2.0。在老师和父母提供的体系之内，你具备了基本的知识和技能，即将成为社会中的一员，并且为就业做好了准备。你学会了学习的方法，学会了朝着他人为你设定的目标而学习。你的学习2.0"软件"，曾经帮助你在系统性的学习环境中发挥作用。

接下来，你离开了具有系统性的学习环境，进入了完全靠自己的世界。对于业已成年的你来说，只拥有学习2.0这种能力，在过去和现在都是不够的。你必须能够自主学习，在非正式和非系统性的状况下高效地学习，并且独立自主地做出和实施学习选择。作为成年人，你还能在许多情况下帮助他人学习，无论身处团队之中，还是处在父母、领导或者导师的位置上。提升至学习3.0后，它会通过维持你的自主学习和助人技能，支持你发挥上述角色的作用。它还有助于你更好地从所有的信息资源中学习，无论是正式的还是非正式的信息资源。而且，升级至学习3.0之后，你可以把源自不同经历、关系和资源的信息整合起来，实现学习目标和改进目标。

许多人（或许也包括你）迄今都没有充分利用学习3.0，或者还没有提升到学习3.0。你有没有利用其中的自主学习技能和业已提高的能力去学习，整合来自各种源头的思想观念，并把帮助别人当成己任？倘若没有提升到学习3.0，那么绝大多数学习只能通过反复尝试来进行。此种学习偶尔会辅以某种正规的学习形式，比如职业发展课程、在线学习模块或者在职培训项目。如果你没有全面"下载"重要的学习3.0"软件"，那么本书可以帮助你做到这一点，因为学习4.0的方法整合了前3个"版本"中的所有精华。

学习4.0就是第4种重大的学习提升方式。这种学习仍处于发展之中。我们可以想象，它还处在贝塔测试[①]阶段。不过，由于它对你的学习和人生的意义极其重大，足以对你在如今这个永不停歇的世界中的成长构成影响，所以现在开始这种学习，并与自己的社交网络中的每一位成年人分享，就会产生重要的价值。

学习4.0

学习4.0既建立在前两次学习升级后的种种能力之上，有时也会改变这些能力。不过，它与前两次升级之间存在根本区别，因为它响应的是这个世界上正在出现的一些深刻变化和新的见解，其中包括：

- 大脑机制方面的新知识。我们正在更多地了解大脑的情况，而此种知识为我们创造了发现新技术和用更好的方式与大脑协作，从而获得伟大的学习成果的机会。（欲知更多内容，请参阅第一章。）
- 主体认知。我们会理解并且更加愿意承认，身为人类的我们具有心理和精神行为（非理性）的一面，以及这个方面如何对我们的生活与学习产生影响。（欲知更多内容，请参阅第二章。）
- 世界的新动态。世界的运转方式正在改变，因为如今整个世界进入了前所未有的互联互通的状态。这种复杂的局面，不管是在家中还是工作中，社会上还是经济上，都在某种程度上影响到每一个人。（欲知更多内容，请参阅第三章。）
- 爆炸的信息领域。信息正在加速增长，并且以种种令人眼花缭乱的格式打包和呈现出来。这对我们生活和工作中的各个方面都会造成影响。（欲知更多内容，请参阅第四章。）

---

① 贝塔测试（beta test），指软件产品正式发布之前的试用阶段，亦译作"基础版测试"。——译者注

学习 4.0 有哪些新特点？

学习 4.0 既是我们在这个永不停歇的世界生存下去和发展壮大所必需的升级，也是一种令人激动的提升。这种升级能够让你在日益智能的技术出现后对其加以掌控，而不是受制于这些技术。我们不妨来看一看学习 4.0 的一些独特性质：

- **想象力**。学习 4.0 有助于你展望未来，设想自己置身于未来时的模样。有了学习 4.0 的想象力之后，你就能够创造未来，并且在所创造的虚拟现实的引领下，迈入这种未来。
- **全身心投入**。学习 4.0 有助于充分发挥你的学习型大脑和身体的全部本领，即你的生理、意识和无意识机能。
- **自我改造**。学习 4.0 能够利用更深层次的自我认知，帮助你更加自觉地改造自身，完善个人才能，让你度过有意义的健全人生。
- **深度学习**。有了学习 4.0 之后，你就会在数据、经历，甚至是自己的思想和行动中看出模式。你将能运用功能日益强大的智能技术，而不是被这些技术牵着鼻子走。
- **随时随地**。你可以培养学习能力，不断改造自身，在如今这个变化迅速的数字世界中获得成功。
- **善用资讯**。有了学习 4.0，你既可以找到满足自身需求的最佳信息，同时又能辨识出种种意图影响你的决断与行为的偏见和信息操纵，从而避免受到它们的影响。
- **资源多样化**。学习 4.0 将所有的学习资源都视为人类大脑的外延，认为能够在任何资源或者经验中为你发掘具体策略的精华。
- **促变因素**。学习 4.0 有助于你成功地将自己的学识转移到工作和生活环境中去。有了学习 4.0，你将有所作为！
- **与科技同发展**。学习 4.0 有助于你利用智能技术，实现一些重大的和维系生命的目标。你将始终掌控这些技术。

- **经验共享**。学习 4.0 的种种能力都是可以分享的——你可以将这些方法带到小组或者团队当中,并且在引导和支持他人学习的时候加以利用。

学习 4.0 方兴未艾,其中还包括你在前三种学习"版本"中习得的技能(参见表 1)。不过,随着继续从大脑研究和心理学中获取知识,随着更好地理解发生在世界及我们身边的信息领域中的深刻变化对学习的意义,你有望获得更多的提升。

表 1 理解学习 1.0、2.0、3.0 和 4.0

	学习 1.0	学习 2.0	学习 3.0	学习 4.0
类型	探索	社交	自主	智慧
动机	结果	社会认可	意义	想象力
内容	你的基本遗传程序会引导你去尝试事物、模仿他人并从经验中学习	在受控的学校环境中,你会学到社会活动所需的各种基础知识模块	接受正规的学校教育之后,你会独立自主地创造办法来面对成人生活和成人角色提出的挑战	你会培养出学习能力,来不断地改造自身,在如今这个迅速变化的数字世界中获得成功
关键素质	·好奇心 ·反复尝试 ·模仿 ·通过奖惩塑造出来的行为	·学习技能 ·应试能力 ·在别人制定的体系内学习	·辨识需要进行学习的情况 ·权衡优先目标 ·自律,以实现较为长远的目标 ·引领和教导他人	·学习 4.0 的 10 大素质

注:每一次升级,都以前一种版本中的能力为基础,或者是替换了前一种版本中的能力。

成为 4.0 学习者

我希望帮助你成为一位 4.0 学习者。就目前而言,这意味着你需要把自己设想成一个 4.0 学习者,然后制定一种策略来阅读和利用本书。你不妨就从发挥你的想象力开始。想象一下自己 5 年、10 年之后,或者

1年之后是什么样子吧！那时的你在干什么？你会有什么感受？你的身边都有谁？你有什么样的影响力？你改变了多少？你又学到了什么？

思考与关联

学习4.0要运用到你的想象力。利用这一机会，将想象力带入你所了解的学习中去吧。

请设想自己就是一名4.0学习者。你应当确保自己正在运用和指挥令人惊讶的大脑，不论是醒是睡都在学习，追赶通常稍稍领先于工作和生活中出现的变化。在这幅未来愿景当中，你正信心十足地在诸多不同的情况下学习。你很清楚自己带有的偏见，能够辨识出虚假信息，而当别人企图操纵你的时候，你也看得出来。你将是一位聪明的学习者，时时充满好奇心，并且能够看出学习机会，哪怕学习机会难以捉摸和容易错过。

你与他人共事的时候，也会带着好奇心与学习意愿，即乐于接受新的思维，乐于支持他人的发展。而且，你会勇敢地把学习带到自己的日常生活当中，哪怕这样做意味着要对身边的其他人和环境造成影响。

设想一下自己掌握并记住了新的知识，成功地培养出了新的技能与习惯，扩大了眼界，跃升到一个更高的层次！想象一下，在面对重大的学习挑战，比如生活发生变化、接受一项新的任务、人际关系发生改变或者工作岗位上的挑战时，你信心十足的样子。你应当确保自己熟练掌控周围的信息，而不被这些信息湮没。

让自己沉浸在学习4.0的愿景当中，沉浸在这种自发形成的、呈现未来自我的虚拟现实中吧。在阅读本书的过程中，应当让这种愿景始终引领着你。

利用本书，变身 4.0 学习者

与任何书籍一样，《学习进化论》也是从头至尾、完完整整的一本书。但是，你大可不必从头至尾地阅读。你完全可以根据自己的需要与兴趣，调整自己的阅读方法。首先，你不妨快速浏览一番，即迅速看一看各个章节，查阅一下各种摘要、模板和指南。然后，你应当根据自身的需求，选择和利用自己感兴趣的内容。阅读自己想看的章节，并按照自己希望的顺序去阅读。你应当利用其中的信息，帮助自身培养出一种更广泛的学习优势，用特定的学习 4.0 的方法不断进步，并将其当成你学习过程中的参照物，或是其他方面的参考。

参见"工具 5 资源专用学习技巧"中关于从书籍中学习的诀窍。

本书开篇所列的那张思维导图，会帮助你浏览书中的各个章节。你认为在自己朝着学习 4.0 的未来愿景前进的过程中，本书能够为你提供多大程度的支持？你想从本书中学到什么？书中的哪个部分看起来最有意思？你将阅读哪些内容？哪些内容你会略过（到此时为止！）？日后身处其他学习环境时，你会利用书中的哪些方面？在阅读本书的过程中，你会不会做笔记？怎样做笔记？你又会从哪里开始阅读？

考虑一下，用"工具 3"中所列的思维笔记中的某一格式做些笔记。

下面列举的就是你与本书互动时的一些选项：

- 如果急于学会一些"方法"，你可以从第二部分开始，即"4.0 学习者的 7 大技巧"。
    - 7 种技巧各成一章。你既可以选择阅读其中一章，也可以阅读每一章。
    - 至于对这些技巧的概述，请参阅"工具 2　学习 4.0 技巧的指南模板"。
- 假如你很好奇，想要了解新的学习环境（即你的学习型大脑、学习时的心理状态、瞬息万变的世界以及不断发展的信息领域），不妨阅读第一部分"新的学习形势"中的任意一章，或者这一部分的全部内容。
- 假如你想要搞清楚，自己在团队中工作或者帮助他人的时候，这一切是如何结合起来对你的终身学习产生影响的，你不妨阅读第三部分"学习如爱"。
- 假如想要把本书当成一种工具箱和参考指南，但此时又不想仔细阅读书中的任何章节，那么你可以粗略浏览所有页面，看看书中涉及了哪些方面，然后读一读引言部分。记住，不管什么时候，只要能够有助于学习，你就应当运用书中提供的模板、图表和笔记格式。

无论你选择哪种阅读方法，我都希望你能够把阅读本书所花的时间，当成你与身为本书作者的我之间进行的一次交谈。你应当提出一些问题，仔细审视本书的内容，并将这些内容与你业已了解的知识联系起来。我将做出回答，将自己掌握的专业知识和建议呈献出来。我们之间会形成一种关系，会因为对一种最具人性的能力都感兴趣而紧密地联系起来。这种能力，就是学习、发展和做出改变的能力！

在你开始实施自己的策略之前，我强烈建议你看一看引言部分，即"你是终身学习者"。这一部分不但会帮助你认识到自己在这段学习旅程中已经走了多远，还将鼓励你继续沿着自己的道路前行。

引言　你是终身学习者

你不妨想一想，自己正走在终身学习的旅程上，其间还会阶段性地提升学习技能与学习方法。你自身的变化和周围世界的变化，促成了这一次次升级。在你的一生当中，学习又是如何发展变化的？如今，你已经迈入了学习的新时代，并且即将获得种种激动人心的提升可能。

学习之始

自打出生之前，你就始终在学习。你学会了辨识母亲的声音。你开始培养出对音乐、对城市里的车水马龙或者乡村里的鸡鸣犬吠等声音的偏好。从母亲体内的"化学反应"当中，你学会了感到紧张与保持平静。在早期的发育阶段，数以亿计的神经细胞和潜能通路迅速形成，使你得以为我们所知的整个宇宙中最复杂的程式做好准备。

你在母体的子宫内形成的大脑通路，并非随意而成。其中，有些通路组成了人类在漫长的进化过程中形成的潜在行为模式。你在为自己的成长做准备，为终生不断地塑造、再塑造以及开发你的大脑做准备。换句话说，你在为自己迈入一种持续学习的人生做准备！

接下来，随着你的所有感官以及非凡的大脑不断接触到外部世界，你的发育开始突飞猛进，形成了更多潜在的学习通路，甚至远远多于你成年之后需要的。到了3岁时，那些还没有加以利用的关联将逐渐消失，脑科学家将这种现象称为"开花与修剪"。所以，出生伊始的那几年，对形成大脑的基础结构极其重要。

童年时期，绝大部分学习都是在你没有发觉的情况下进行的，因为那时你还没有掌握有助于创造意义的语言。你观察周围的人，开始将自身的行为塑造得与他们相似。无须有意识的引导，大脑中"隐姓埋名"地运转的那一部分（即便到了如今，这一部分仍然是构成大脑的主体）就开始竭尽所能，学习到关于爱与安全、食物与感受、因果关系等方面的一切知识。①你的大脑会继续塑造、再塑造和发育下去。

接下来，你开始习得语言和运动能力，而身体和大脑的发育也开始加速，这是多么奇妙的一件事啊！很快，你就培养出了拓展所处的环境，在内心世界创造信息的本领。在早期的这种程式当中，你所处的环境与身边之人都发挥了重要的作用。奖励、惩罚以及身边的榜样，它们都对你产生过重大影响。于是，你的大脑进行了更多的塑造、构建和开发。

这种塑造、再塑大脑以及开发大脑中的物质与关联的过程，贯穿了你的整个童年、青少年时期及成年早期。而且，这一过程还持续到了今日！

青少年时期的学习

你对学习这一过程的绝大部分了解，都以童年和青春期的经历——在校和上学时的经历为基础。你上学的经历帮助你从学习1.0升级到了学习2.0。你学会了通过学习来获得优异成绩、考试过关、取悦某人。你很可能曾将"学习"与"在校学习"等同，脑袋里装满各种事实。有

---

① 大卫·伊格曼，《隐藏的自我：大脑的隐秘生活》（*Incognito: The Secret Lives of the Brain*），纽约：万神殿（Pantheon）出版公司，2011。

时候，或许是大多数时候，你都感受到了发现带来的喜悦，可这种感受往往存在于上学的经历这一范围之内。你可能认为学习是由别人安排的一件事情，因此常常觉得自己掌控不了学习的过程。

脑科学研究表明，在上学阶段以及职业生涯的早期，体内荷尔蒙的变化会让你难以有意识地专注于学习。而且，这种情况完全是大脑有意识的执行功能尚处在发育阶段时发生的。大脑研究人员告诉我们，前额皮层即负责自制力与计划的大脑前部，要到 25 岁左右才能得到充分发育。

因此，直到 25 岁左右，你的主要任务都是学习。然而，学校环境以及你自身的化学反应，决定了你的众多学习目标、为学习而采取的措施，以及你对学习过程的整体态度。

成年后的学习：提升至学习 3.0 与 4.0

经过早期这些年之后，你便无人管束，成了一个自主学习者。此时，你该形成一种新的视角，采用新的方法，将自己看成一种广义上的、出色的学习有机体。然而，研究表明，尽管成年人的学习中有高达 70% 左右的份额都属于自我引导与自我管理型学习，可绝大多数成年人对学习的管理并不是很好，或者不是很熟练（想一想你放弃了多少学习计划）。应当去学习的需求就摆在那儿，可将自己的学习能力提升到高于他们在学校里学到的 2.0 技能的人，却寥寥无几。即便是在朋友、家人、工作中的同事或者管理人员想要帮忙的时候，他们常常也只会利用学习 2.0 的那种假设，认为学习主要是信息吸收和分享的过程。例如，在本应聆听的时候，他们可能会说个不停。或者，在你需要空间和时间进行尝试和吸收的时候，他们会滔滔不绝地将大量信息灌输给你。或许，在你深陷困境当中的时候，他们不是为你提供支持，而是试图替你去解决问题、替你做出决定，却没有认识到你需要通过亲自解决问题进行学习。

诚然，你终身都在学习。不过，不妨想象一下，把高阶学习者的种种本领引入自出生前就在参与的这一奇妙过程中，会是什么样子吧。你该把自己的技能提升到学习4.0了。我们现在就开始吧！

第 一 部 分

新的学习形势

　　本部分将与大家分享脑科学家的一些观点（第一章）和心理学家的一些见解（第二章），它们构成了学习4.0的基础。了解他们所知的情况，将有助于你利用学习让自己蓬勃发展和改造自身。你还会受到世间各种变革（第三章）及信息领域诸多变化（第四章）的影响，从根本上改变学习在人生中的作用，习得学习4.0的种种能力。

第一章

学习型大脑:
神经科学家所知的情况

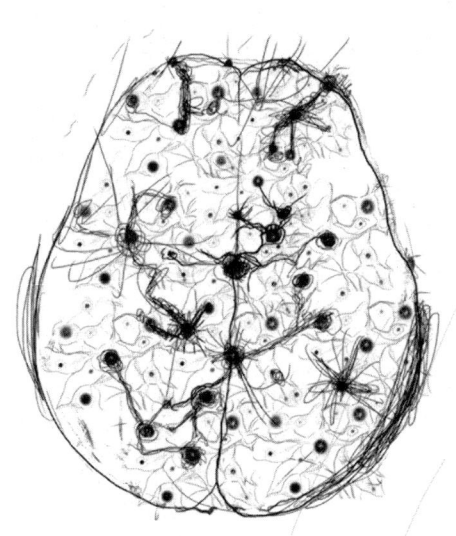

如今的技术，已经达到了深入透视大脑运作机制的能力水平。虽说这门科学仍然处于起步阶段，但早期研究所得的结果非常振奋人心。本章将与你分享这些深刻见解中的一部分，以便你可以在人生和学习当中更好地运用种种惊人的大脑功能。你将了解到：

- 大脑由各个部分组成，是一个功能强大的网络。
- 学习的时候，大脑内部的细胞、化学物质及脑电波会出现哪些变化。
- 将学习看作你主动引导的自觉过程与你可以施加影响却无法掌控的潜意识过程之间的合作关系。
- 大脑的功能极其强大，令人称奇，是世间最复杂和最神秘的存在。

假如你理解了大脑的运作机制，你就会成为一个更加机敏的学习4.0运用者，因为你会明白为何学习4.0的一些技巧会发挥作用，让你能够即兴创造出自己的学习方法。下述各个方面都应归功于你的大脑：

- 你的眼睛、耳朵、皮肤、鼻子和味蕾，能够接收并理解你所处环境中的信息。
- 倘若有危险或是受到惊吓，你的肾上腺素会马上发挥作用，让你可以迅速采取行动。
- 你能够找到自己所需的信息，即便是在乱成一团的办公桌上，或者需要通过工作和社交网络寻找。
- 你可以将难以学习的任务变成耗费精力较少的习惯（想一想系鞋带，你就会明白）。
- 早上醒来的时候，你会想出解决昨日问题的新主意和新办法。
- 通过创造或利用工具、技术协助找出完成困难任务的办法，你会超越自身的能力局限。
- 你会约束自身，就算是在受到诱惑去做其他事情或者懒惰的情况下，也能遵守一项计划或者一个目标。
- 其中最令人惊讶和神奇无比的是，你会认识自我；在实施这一切的时候，你甚至学会了与自我进行对话。

你是为学习而生的。不过，这种学习是如何发生的？你的大脑如何运作？你如何才能利用大脑更好地学习？

脑科学是如今尤为热门的话题。至于原因，部分应当归于新研究和新技术（如功能磁共振成像技术，即 fMRI 技术），它们能够让你清楚地看到学习时大脑内部的情况。我们刚刚开始理解大脑—身体—思维之间的奇妙协作关系的运作方式，而有时各种理论之间还会出现矛盾。学习 4.0 通过塑造 4.0 学习技巧来利用这种新兴的知识。倘若了解自己大脑的运作机制，就可以即兴创造出自己的学习技巧。即兴发挥与想象力，正是 4.0 学习者的两种重要素质。

> **思考与关联**
>
> 你不妨停下来，与自己交谈片刻。对于大脑的运作机制，你了解哪些知识？在阅读本书的时候，你想要解决哪些问题？

阅读本章的时候，你应当充分调动想象力。设想自己正在大脑内部进行一场探险之旅。做好准备，走到你每天在镜中看到的那个自我的内心。

你应当像 4.0 学习者那样开始：想一想作为一个学习者走进自己的内心时，想要回答的那些问题。做好刨根问底，对自身拥有的巨大能力感到惊讶，然后变得更加自信地进行准备，因为你知道自己比想象中更有能力。

感官：联系外界

首先，在想象中绕着自己的感官，即你的眼睛、耳朵、鼻子、皮肤、嘴巴和味蕾转上一圈。在围着这些奇妙的感觉器官迅速绕行时，你还应当体会它们的丰富性，认识到它们具有多种多样的监测能力以及让你接触到外部世界的本领。

要认识到学习能力建立在你的感官和肉体的基础之上，因为你会用全身来学习。学习4.0正是利用了这一点，让学习尽可能变得具有多感官性，并且为未来的自我创造出种种多感官性的愿景。这为日后的回忆创造了多重通路。

在思考自己的感官如何让你与周围世界联系起来的同时，你还需要注意，大脑有一种奇怪的特点。我们的大脑并非一个不偏不倚的观察者。数个世纪之前，柏拉图就曾说过，我们之所见，往往都是自身在外部世界的映射，也就是说，我们见到的众多"外在"之物，其实都源自"内在"。[①] 神经科学证实了这种观点。正如系列科普节目《大脑》(The Brain)的主持人大卫·伊格曼（David Eagleman）所说："我们并非按照事物的本来面目去感知事物，而是根据我们的本来面目去感知的。"[②]

由于过滤器通常都属于潜意识，因此你有可能错过或者不愿抓住各种机会，去习得能够帮助你超越自身偏见看待事物的4.0学习技巧。明白这一点非常重要，因为你不会希望在周围世界发生变化时仍囿于自己的臆想。

思考与关联

记住应当了解自己的过滤器，并且以更加开放的态度接受周围世界中多种多样的信息。问一问："我为什么会注意到甲（比如人、观点、情境）而不是乙？"

---

① 柏拉图，"洞穴隐喻"（The Allegory of the Cave），见于《理想国》(The Republic)，第七卷。
② 大卫·伊格曼，《大脑：你的故事》(The Brain: The Story of You)，纽约：万神殿出版公司，793。

大脑网络的构成

此时可谓天赐良机,你可以借此提醒自己,每日所做的选择,比如吃饭、睡觉、锻炼、积极和消极的思想和情绪、对环境的选择、注意力等,都会对自己的内心产生影响。若是你的生理系统状况不佳,它们就有可能造成紧张情绪,分散你的注意力和精力,从而削弱你的学习能力。

人体是一个非常复杂的有机体:你的举手投足,绝大多数都是下意识之,在某种程度上都由大脑指挥或者维持,而大脑则是世间最复杂的器官。大多数人都把这一点视为理所当然,因此对大脑几乎一无所知。即便是穷其一生来研究大脑的科学家,也坦言他们对大脑知之甚少。不过,大家还是应当利用这个机会,探究一下我们业已了解的一些方面,以便学习的时候能够更好地运用大脑。

神经元:学习之基础

在你发挥自己的想象力,超越感官、深入内心,穿透保护大脑的颅骨、脑膜和起缓冲作用的脑脊髓液时,应当认识到这一点:大脑中众多极其微小的细胞,正是你学习能力的关键。这些细胞,就是你的神经细胞(即神经元)。一个人的大脑中,约有900亿个神经元。别看神经元个头极小,其中却含有你的脱氧核糖核酸(DNA),并且负责通过处理让DNA存活下去。而其末梢则会把信息传递给大脑或者各个身体部位中的其他神经元,有些末梢竟长达1米。

每一个神经元都处在大脑或者神经系统中的一个特定位置,通过成千上万个微小的分枝(即"树突"),接收来自成千上万个其他神经元的电化学信号;树突伸展过的狭小空间,就是所谓的"突触"。你学习的时候,由于突触具有电化学活性,所以这些细小分枝的结构也会发生改变。① 接下来，这些变化会沿着长达 9 万英里（甚至更长）、彼此阻隔的神经纤维通道，传递给其他神经元。

从生理层面来看，神经元以及它们之间的连接和传递路线，就是你学习的最终目标。但是，神经元早期阶段的变化并不是非常稳定，因此我们必须采取某种措施，对这些变化加以维持和强化。擅长学习的人都明白这一点，故会采取在第二部分中你即将学到的一些措施，来帮助稳定和维持他们的学习能力。

这里可是你大脑中的繁忙之地。想一想吧，有 900 亿个神经元，其中许多神经元还带有长达 1 米的末梢，形成了 100 万亿种连接。这个令人觉得不可思议、紧凑拥挤而又极其复杂的神经元网络，就是如今脑科学领域里诸多研究关注的焦点，被称为连接组。② 而且，这个网络在不断地变化着。比方说，就在此时，就在你了解自己大脑的这一刻，神经元网络也在发生变化！

你可以想见，连接组会消耗巨大的能量。而且，由于大脑中负责思维和意识的部位（即前脑）的神经元高度密集，因此像学习这样有意为之的活动，就需要我们付出特别的努力。本书中所列的技巧与工具，都是建立在承认负责自主学习的大脑需要消耗巨大能量这一点的基础之上。它们将有助于你管理好学习所需的精力。

---

① 据杰里·W. 鲁迪（Jerry W. Rudy）在《学习与记忆的神经生物学》（*The Neurobiology of Learning and Memory*，2014）中称，神经元的变化分为 5 个交叠阶段：一种脉冲抵达神经元，破坏神经元当前结构的稳定性。接下来，过了差不多 15 分钟之后，钙质参与进来，并且会与其他化学物质共同产生作用，暂时重建和重组其稳定性（此时，你所学的知识位于短期记忆中）。在有些情况下，变化会继续下去，会有更多的钙质参与进来。神经元中会产生新的蛋白质，而变化后的神经细胞也开始稳定下来。如果刺激足够强大，记忆就会稳固，并且被贴上标记，供日后检索（即会变成一种长期记忆）。有些神经元会变得非常稳定，即便是在你希望改变的时候，也难以改变（也就是说，它们会维持那些具有持久性的习惯）。
② 承现峻（Sebastian Seung）在 2010 年的一次 TED 大会上提出了"连接组"（connectome）这一术语，然后又将这一概念发表在 2013 年的著作《连接组：造就独一无二的你》（*Connectome: How the Brain's Wiring Makes Us Who We Are*）中。

因此，假如你打算学习，那么大脑中的神经元及其连接必然会以某种方式发生改变。大脑中已有的连接，在这个方面很有助益。大脑能够从记忆当中提取出你业已掌握的知识，故你不必事事都从头学起。想象一下，若是生来眼盲或者耳聋之人突然间变得耳聪目明，会出现什么情况？这个世界对他们而言会毫无意义，直到他们能够在周围那些起初没有意义的多重视听组合之间构建起关联。

你现有的种种关联虽是一种学习优势，但它们也有可能变成学习上的累赘。随着年龄渐增，你可能需要耗费更久的时间，才能对大脑中已有的关联加以整理，将某件事情储存起来或者说记住某件事情。在那些关联当中，有些会维持各种根深蒂固的习惯模式，而这些习惯模式可能已不再对你有益。此外，大脑还会自然地把过去的经历和设想映射到你当前的现实之上。这就意味着，你可能发现自己仿佛在观看一场你曾经创作的电影，而没有看到眼前的情况。比如说，倘若碰到了高中时的一位老朋友，你关注的可能只是此人身上让你觉得熟悉的方面。如果将过去的设想映射到现在，你就常常会直言："这没什么新鲜的。"除非你认识到了大脑的这种失真作用，否则就不会注意到朋友自高中以来的变化，因为你对此人的初始看法就是在高中形成的。

现在，你就该认识自己的大脑，认识大脑中数以百亿计的神经元，以及百万亿准备为你的学习提供支持的关联了！而且，你必须信心十足，相信自己的内心具有无穷的能力，既足以塑造自己的学习和人生，也能在学习和人生中获得成功。

真是神奇，而你就是这样的神奇！

> **思考与关联**
>
> 想一想你刚阅读过的内容。用脑科学的术语来说,就是你应当花上一点儿时间,在你刚刚激活的神经元当中,形成牢固而持久的关联。不妨向自己提出一些问题,比如:什么是神经元和突触?神经元在学习中有什么作用?连接组是什么东西?信息在大脑中是如何传递的?为什么人们有时对现实会有不同的看法?你觉得自己的大脑怎么样?

大脑中较大的部位与区域

你的每一个神经元中都有数千种连接,是一个比互联网,甚至比星系都复杂得多的组成部分。不过,神经元也都位于大脑中的特定区域。假如更加充分地了解这些部位,你掌控学习习惯的能力就会更强,从而让你可以选择和利用正确的学习技巧。

大脑皮层

在探索之旅的这个阶段,你首先会注意到大脑皮层,即覆盖在那一团层叠褶曲的大脑主体之上的灰色组织,你在绝大多数大脑图片里都会看到。哺乳动物都拥有大脑皮层,其他生物则没有。人类的大脑皮层很薄(只有十分之一英寸[①]厚),并且其中的神经细胞层数多于其他哺乳动物。那些多出来的神经细胞层,叫作新皮层。人们认为,人类较为复杂的大脑意识功能中,很多都是由这些新皮层维持的,对你有意识地学习

[①] 英制长度单位。1 英寸约合 2.54 厘米。——译者注

来说，它们具有重要意义。大脑皮层中含有全身 20% 的神经元，而且尽管大脑只占全部体重的 2%，其消耗的能量却达到了全身所耗能量的 20%。研究人员还认为，新皮层消耗掉了大脑所用能量的一半。

大脑的运作机制及其各个部位协同运作的情况，仍然是两个巨大的谜团。大脑接收、处理并整合感官提供的信息，掌控着你的诸多行为。不过，大脑的绝大部分功能是在你不知不觉中进行的。（你根本不可能有意识地去掌控 900 亿个神经元和 100 万亿种连接，就好比任何一个机构的总经理都不可能掌控单位里所有人的行为一样！）

如果你的一举一动都由潜意识系统控制，那么你就不会想要或者需要一本关于学习的书籍了。不过，大脑拥有的种种机制超越了潜意识和习惯性的行为，可以帮助你适应和塑造周围世界。这些机制当中，许多都是人类特有的（类人猿也是如此，只是程度较低）。

思考

本章含有大量的科学知识。你的精力状况如何？深呼吸几次，或者起身走动走动，休息 5 分钟吧。暂时中断学习，让大脑自动运转几分钟是不会有什么问题的。

对人类各种特殊能力最具重要意义的，就是大脑的前部，即前额皮层。前额皮层与大脑其他部位的连接（就是发挥作用的连接组！）最为密集，从而使得你在荷尔蒙、过度的情绪反应甚至是习惯想要取代你的意识之时能够掌控自己，超越你的潜意识行为。大脑这个部位的脑电活动，在你通过计划、批判性思考、创造性地解决问题、创新、运用自控力和意志力，并且为了长远利益而采取行动、牺牲短期利益的时候，就会被激发出来。

由于是有意识活动的控制中心，故你的前额皮层就是引导学习 4.0

行为的关键。你可以利用它来控制自己的注意力和学习过程。利用其中的资源来为成功做好准备，并且避免大脑其他部位可能受到的干扰。不过，前额皮层需要消耗巨大的能量。因此，作为4.0学习者，你必须掌控自己的学习，明白你面临管理好自身精力的挑战。而且你应当找出办法，既激发出能量，又将能量消耗降到最低限度，让自己进入效能很高的学习流程，利用好睡眠时间，并且有策略地利用大脑中各种天然的化学物质（欲知详情，请参阅第九章和第十章）。

海马体：短期记忆之家

要想找到大脑中对学习很重要的其他部位，你必须对大脑进行更加深入的探究。因此，你不妨发挥想象力，想象出科学家认为记忆首先落脚的部位——海马体。在你有意识地学习的时候，大脑当中这个形似海马的部位会与前额皮层密切协同，发挥作用。[①]海马体就好比你保存文档之前，电脑屏幕上显示出来的内容。它就是你的工作存储器，是将新信息储存到大脑中的其他某个部位之前，首次对新信息进行处理的地方。

联系

在第九章和第十章中，你将了解到一些具体的方法，来帮助海马体发挥其重要的短期记忆和长期记忆功能！

在存储和日后找回记忆的过程中，海马体也发挥着重要的作用。它就好比互联网上的搜索服务：编制索引、储存、结合和检索信息。许多

---

① "海马"（hippocampus）一词由希腊语中的 hippo（意思是"马"）和 kampos（指"海怪"）合成而来。

科学家都认为，海马体会对记忆片段进行编码并编制索引，帮助记忆归入大脑中不同的存储部位，然后在你需要记起的时候找到这些片段并对其进行重新配置，使它们变成富有意义的往事。

丘脑：繁忙的中继站

大脑中这个部位的功能是接收感官传来的电化学信号，然后把这些信号发送至皮质层中的恰当部位，而接下来皮质层会把这些信号转换成声音、图像，以及你体验到的各种感受。在这一过程中，源自感官的信息会与大脑中已有的信息混合起来。结果就是，大脑中传递的信息或者抵达海马体的信息，并非完全等同于外部现实。你应该留意已有的记忆如何对自己的学习行为造成影响：即便在你接收信息之后，已有记忆也会对你的学习行为产生影响。

丘脑还会调节你的睡眠与清醒状态，因此在注意力方面发挥着重要的作用，而注意力则是学习取得成功的最重要因素之一。

杏仁体：情感中心

大脑内部探索之旅的下一站，就是形似核桃的情感中心。杏仁体会帮助你辨识出危险情况，对事件与想法进行情绪性的阐释，还会帮助你对紧急情况与危险迅速做出反应。杏仁体通常是从丘脑获取视觉、听觉和其他感官信息的。但在危险情况下，杏仁体也会通过一条更快的通道直接接收信号，这种通道，会绕过那些从感官传递到皮质层的正常通路。

杏仁体紧挨着海马体（也就是新的记忆最初到达的部位）。这就意味着，情绪必然会对你的学习内容及学习、记忆方法造成影响。杏仁体会给你的许多记忆赋予感情色彩，并且在确定记忆存储的优先顺序时发挥重要的作用。例如，你更有可能记住那些帮助你保持安全的事物，更有可能记住与好的或者不好的感受有关的事情。有证据表明,杏仁体会保存那些与可怕情况相关的记忆。这一点,或许就说明了我们很难忘却这类记忆的原因!杏仁体也是广告商、政客以及其他想要影响你的行为——甚至是想要控制你的行为的人的目标。出现这种情况之后,4.0 学习者就会认识到,自己的杏仁体受到了挟持。

联系

对于想要更牢固地记住某件事情的 4.0 学习者而言,一个启示是:应当为自己的学习添加感情色彩。学习 4.0 的技巧中利用了这种观点:比如说,想象一下你学会某种东西之后希望获得怎样的感受。

屏状核和脑岛:缺失的环节?

在结束对大脑的探索旅程之前,我们不妨停下来,认识大脑中更加不同寻常的两个神秘部位,即屏状核和脑岛。这两个部位中,有可能隐藏着神经科学与心理学中一个最热门问题的答案,这个问题就是:像神经元、突触和皮质层这样的生理部位,究竟是如何转化为知觉和自我意识的?也就是说,某种有形之物(神经元、化学物质和大脑各部位)如何能够产生某种无形和主观的东西(即你的意识)?目前来看,还没有人能够回答这个问题,而在这个方面,各种物理学法则似乎也并不适用。

大脑中有一个部位,可能是将你是什么(生理上的)与你是谁(心理和精神上的)这两个方面关联起来的一个环节,那就是屏状核,它是大脑深处位于皮质层之下的一层薄薄的组织。屏状核功能独特,因为它似乎会同时向大脑各个部位发送或接收信息。屏状核似乎还会将各种各样的信息以某种更大的编排方式结合起来,或许就此形成了你所体验到的意识。倘若果真如此（这是神经科学中一个尚存争议的领域），那么屏状核可能就属于一种内部缺失环节。其中会不会隐藏着帮助我们理解生理部位创造意识、创造自我意识的关键？弗朗西斯·克里克（Francis Crick）是DNA双螺旋结构的共同发现者之一，他曾称屏状核为"神经元超级中心"，且在余生中一直都想弄明白这个中心。[①]

> **思考与关联**
>
> 想一想大脑的力量。想象出感官捕捉信息、丘脑经由神经元和连接组传递信息、海马体和杏仁体处理信息、皮质层存储信息的过程。此外，想象一下前额皮层、屏状核和脑岛可能协助将所有的电化学信号转换成了思想和感受！

大脑中还有一个很有意思的部位，似乎在意识中发挥着重要作用，尤其是在感受和社会交往当中发挥重要作用，就是脑岛。这是皮质层的一个部位，深深地褶曲于大脑内部，似乎会对你的移情能力以及辨识、感觉、根据情绪采取行动的能力产生影响。它是使得大脑理解和参与社会性学习的那一部位的组成部分。与屏状核一样，脑岛可能是一种更大的整合过程的关键，或许还是表现出整个情感面貌与社会面貌的关键。

毋庸置疑，有朝一日，我们将了解到屏状核和脑岛更多的运作机制和作用。它们能够把大脑的生理活动转化成想法和感受吗？在那种情况下，对于你在学习中面临的最难挑战，它们会具有极其重要的作用。就目前而言，仅仅知道大脑天生就能形成这些构成生理基础的复杂关联和连接，就足以让人难以置信了。

[①] C.科赫，《神经元超级中枢可能产生意识》（*Neuronal Superhub May Generate Consciousness*），见于《科学美国人》（*Scientific American*），2014年11月。

化学物质与脑电波

化学物质和脑电波，也会对你的学习产生影响。倘若懂得它们的一些作用以及将它们激发出来的方式，你就可以制定出对自身有效的学习方法。不管是努力实现一个长期目标，还是仅仅想要在一次时长 30 分钟的手机课程、游戏或者交谈中获益，都是如此。

脑内化学物质

人的体内包含并生成的化学物质竟然超过了 100 种！身为 4.0 学习者，我们不妨来看一看你应当了解的一些化学物质。

肾上腺素会释放大脑中能够提供能量的营养物质葡萄糖，从而帮助你保持警觉。它还有助于增强神经元的记忆痕迹。然而，它也有可能让人上瘾，并且消耗殆尽。[我敢肯定，你一定听说过所谓的"肾上腺素成瘾者"（adrenaline junkies）[①]吧。]

> **思考与关联**
>
> 你应当为学习做出规划，使自己在朝着目标前进的过程中，对肾上腺素（应对紧急情况）、内啡肽（带来幸福感）、多巴胺（产生成就感）和催产素（令你感觉是某支持团体的一员）进行优化。并且，你应当控制好自己的紧张情绪，抑制皮质醇过多（导致焦虑）可能造成的损害。本书其他章节中的小技巧，将帮助你对这些化学物质分别进行优化或者将其分泌量降至最低。

---

① 当我们面临危险和疼痛时，体内分泌的肾上腺素能够降低我们对疼痛的敏感度，从而可以让我们把注意力放在外界的危险上，以便继续抗争、战斗或逃跑。因此，"肾上腺素成瘾者"如今也多用于代指"爱冒险的人"。——译者注

在你实现目标、满足了一种好奇心或者受到某种惊吓之后，人体会释放出**多巴胺**，这是一种激发"良好感觉"的化学物质。由此分泌出来的多巴胺有助于你保持积极性，从而能够继续工作下去。

内啡肽也对产生良好感觉很重要。假如内啡肽水平很高，你就会感受到一种总体上的幸福感。这种情况又会创造出一种融洽的学习环境，有氧运动就是提升内啡肽水平的一个好办法。

你与他人一起学习或者在小组中学习的时候，还有一种化学物质的分泌水平也会增加，那就是**催产素**。当你与他人交往、拥有共鸣、彼此联系的时候，就是催产素在发挥作用。这种化学物质会带来良好的感觉，你可以用这一良好感觉来帮助自己继续学习，而这一点，也是我们应当考虑与他人一起学习的一个理由。

接下来，就是**皮质醇**这种应激激素。它使你在对威胁、焦虑或者恐惧（其中也包括考试这种所谓的威胁）做出反应时，能够保持警觉。不过，这种物质通常都会危及你的学习。尽管分泌少量的皮质醇能够帮助你集中注意力和储存记忆，但若是皮质醇水平太高，就会对检索记忆产生干扰。皮质醇虽然可以帮助你备考，但同时也会使你难以参加考试。皮质醇会在你的体内存留数小时之久，而若是体内皮质醇的水平太高、持续时间过久，则会带来长期性的压力，对神经细胞、前额皮层中的神经网络以及杏仁体造成损害。因此，我们应当记住，这种应激激素会对你的心理执行功能及你的情绪健康产生影响，而这两个方面对你的学习都很重要！

有没有什么办法，能够降低压力造成的损害？答案是肯定的。有一种叫作"脑源性神经营养因子"（BDNF）的蛋白质，可以在神经元的突触中发挥作用，而使学习发生种种变化的功能就存在于神经元中。BDNF 会增强神经元携带的电荷，甚至会帮助神经元生长出更多的分枝，来对学习进行编码。① 那么，你又该怎样激发自身的细胞，使之产

---

① J. J. 瑞迪和 M. D. 斯巴克，《锻炼这种具有革命性的新科学与大脑》（*The Revolutionary New Science of Exercise and the Brain*），纽约：小布朗（Little Brown）出版公司，2008。

生这种对学习极其有利的奇妙物质？答案竟然是通过体育锻炼实现这一点！从两三分钟的短跑到时间更久的锻炼，都能刺激 BDNF 的生成。这就是你应当坚持运动的另一个重要的理由！

脑电波

神经元受到激发之后，就会产生不同频率的电波。通常会有数种脑电波模式在同时发挥作用，但起主导作用的脑电波在一天当中会不断发生变化。这些脑电波会对你的学习造成影响，但你可以利用即将在本书第二部分学到的具体技巧，对这些脑电波施加影响。至于目前，你只需了解这一点：4.0 学习者的任务之一，在于努力让自己的脑电波匹配目前所处的学习阶段，适应目前面临的学习挑战。我们不妨来看一看下述一些主要的脑电波，它们是按照频率（即每秒的电波周期数）从低到高排列的：

- 速度最慢的脑电波，都属于超低频脑电波。它们就像是大洋中最深的那层海水，为高级的大脑功能提供了一个稳定的基础。由于它们传播的速度极慢（每 2 秒钟波动一次），因此目前的设备很难捕捉到这种脑电波。
- 逐渐提高能量层级，你就进入了另一种低能 δ 波的状态（每秒钟 0.5 个至 3 个波）。睡觉的时候，你会希望长时间处在 δ 波的状态，因为此时正是你的身体最具自我恢复能力的时候。
- θ 波（每秒钟 4 个至 7 个波）会消耗更多的能量。它们在清醒与睡眠之间工作，似乎对我们将信息转换成记忆具有重要的作用。你在做梦的时候，θ 波也很活跃。（这一点对学习而言很重要，因为做梦的时候，我们不会自觉地控制意识，而记忆会得到巩固。）在学习某种东西，时间似乎不复存在的时候，你很有可能处在 θ 波活跃的状态下（有人也会说此时你处在忘我状态中）。

- 当你放松下来，注意力集中在此时发生的事情上、集中于当下的时候，α波（每秒8个至12个波）就会活跃起来。由于这些波似乎介于有意识状态和无意识状态之间，故它们常常是冥想和正念活动的标靶。这些脑电波也与较高的创造力有关。
- 在解决问题和从事日常工作的时候，β波占主导地位。它们运作的时候，电波周期的范围很宽（每秒钟会激发13次至30次）。只是在探究事物的时候，β波的速度较为缓慢，而当你进行复杂的思考，试图将各种信息整合起来的时候，它们的速度就会加快。① 咖啡因似乎可以激发这种脑电波。
- γ波的激发速度最快（每秒钟31个至120个波）。人们最近才发现这种脑电波。当你的注意力特别集中，或者是在解决极其复杂的心理任务和情感任务的时候，就会产生此种脑电波。你产生顿悟的时候，这种脑电波似乎也会出现。至于顿悟，正是让我们人类变得特别的原因。

思考与关联

第二部分所列的技巧当中，有些是用来帮助你有意识地对大脑中的化学物质和脑电波施加影响的。

尽管我们还没有完全理解这些脑电波在学习中发挥的作用，但显而易见的是，不同的电波频率对应不同种类的大脑活动过程。例如，当你

---

① 心理学家与经济学家都对人类心理具有双重处理功能的观点很感兴趣。本书中所称的"无意识处理"（automatic processing）和"有意识处理"（conscious processing）也有不同的叫法，比如基思·斯坦诺维奇（Keith Stanovich）和理查德·韦斯特（Richard West）两位心理学家，就分别称之为"系统1"（System 1）、"系统2"（System 2）作用和"1型"（Type 1）、"2型"（Type 2）作用。丹尼尔·卡尼曼（Daniel Kahneman）是一位荣获诺贝尔经济学奖的心理学家，他也论述过我们的快速思考（无意识）和慢速思考（有意识）能力。

进行高强度的学习、处于忘我状态时，你的脑电波就接近α波和θ波。关于最慢的（超低频）脑电波和最快的（γ波）脑电波，还有一个神秘之处。像屏状核和脑岛一样，这两种处于两个极端的脑电波可能用一种很重要的方式，与更高的意识关联起来了，因而与学习潜力有关。更好地理解这些脑电波，有助于我们更好地应对身处的各种复杂的、迅速变化的学习环境，继续发挥创造力。升级到学习4.0，无疑可以掌握激发出更多脑电波的方法。因此，你不妨继续关注这一领域中的更多发现。与此同时，本书中的技巧还将帮助你对自身的脑电波状态施加影响。

成为4.0学习者，是从认识大脑中的种种资源开始的。既然你已经了解到大脑中各个部位、各种化学物质、脑电波及其作用的更多情况，现在就该多了解一点学习时大脑的运作机制了。

生存与学习的两大处理系统

这些大脑部位是如何协同工作的？首先，区分大脑功能的两大模式，即无意识模式和有意识模式，对我们很有好处。一方面，能够维持你生存和不断调整的许多功能，都是下意识进行的（这就是无意识系统）；另一方面，你拥有巨大的本领，哪怕是在无意识行为的笼罩之下，也能够掌控自己的行为（这就是意识系统）。

无意识系统

你的绝大多数行为，都属于无意识的。神经科学家大卫·伊格曼是这样说的——在绝大多数时候，"大脑都在隐姓埋名地履行其重任"[①]。

---

① 这句话对大脑无意识运作情况的说明恰如其分，见于大卫·伊格曼所著的《隐藏的自我》一书。

你的一举一动和反应方式，通常都是习惯性的和例行的，天生就含有人类在成千上万年的进化过程中积累起来的知识，以及你自身的人生经验。"无意识"就是大脑中最古老、最发达，在许多情况下也是首选的运作方式。有些科学家认为，无意识系统发挥功能时消耗的能量较少，而大脑的目标，则是保持这样一种低能耗的状态。

无意识系统反应迅速，一旦你面临不熟悉的情况或者危险情况，无意识系统就会接管意识系统。比如说，倘若有一头小鹿跳到马路上，你就会不假思索地猛打汽车的方向盘。此时，虽然你的大脑中可能存有一丝稍纵即逝的有意识思维，可你做出的反应通常是无意识的（这是一件好事，因为无意识系统处理这种信息时非常迅速，足以挽救你的生命）。

学习的时候，无意识系统则会首先寻求你熟悉的理解方式与习惯，因为它不喜欢花太多时间进行刻意的思考。相反，它依赖的是以前的知识、情绪和启发（即你从经验中总结出来的规则），以及人类在漫长的进化过程中形成的天性。这些方面都会塑造你的行为，或者说让你的行为带有成见。学习的时候，你可能想要仔细审视和改变这种早期天性中的某些方面。

你的一些无意识行为，就是多年来的实践与学习带来的回报。比方说：参加一项运动；协调后勤；弹吉他；主持一场精心策划的会议；驾驶飞机；摆放货架来取得最佳的营销展示效果；下象棋；找出并修复电脑问题；等等。在这种情况下，你的行为可能会非常复杂，或者隐藏着某种逻辑。旁观者可能会以为，你是一个与生俱来的"天才"。不过，由于是通过努力才获得了这种深层的专业知识，因此在你看来，自己的所作所为完全是平淡无奇和不假思索的。别人都惊讶不已地看着，可你却能不费吹灰之力，做到那些看似难以做到的事情。

思考与关联

这么多年来,你培养出了哪些属于无意识的,并且如今看起来轻而易举,其实需要经过大量实践和努力才能培养出来的能力?

你的无意识系统,是巩固学习成果时的重要帮手。一旦开始学习某种东西,你的无意识系统就能发挥作用,帮助你处理和存储新的信息。假如你一开始就集中了注意力,那么在你做其他事情的时候(包括睡眠在内),你的无意识系统会继续对你学到的知识进行处理和储存。

联系

参阅第九章,了解成见影响学习的更多内容。

关于无意识系统,我们还需要了解一点:无意识系统会利用睡眠来帮助你学习。设想一下自己正在熟睡,而大脑中的一些部位却忙得不可开交,做一大堆事情的情形:清理通路;强化和反复连接神经元;将短期记忆(海马体)中的信息传递到新皮质层进行长期存储。这一切之所以能够在睡眠中发生,是因为你的意识系统暂时"下线",没有接收新的信息。

尽管在大脑的无意识功能当中,有一部分是在你度过正常一日的过程中发生的,可其中大部分功能是在你睡觉的时候完成的。要想获得这些益处,你的短期记忆中必须存在某种新的东西,以供睡眠时的大脑处理。而且,你的睡眠时间必须足够长久,必须睡得足够安稳,才能获得这些好处。因为记忆存储和巩固的大部分过程,似乎都发生在 7 小时睡眠的最后几个小时里。[①] 为了让这种情况出现，你的无意识系统需要得到意识系统的支持，确保你获得充足的睡眠。

联系

参阅第九章和第十章，了解关于如何利用睡眠维持学习的更多内容。

意识系统

意识系统掌管着你的思维和有意识的行为。有了这一系统，你才会去设定和追求一些目标，若只停留在无意识层面，你是实现不了这些目标的。在解决复杂和独特问题的时候，你会利用意识系统，并且设想可供自己选择的未来，以及抵达未来的可选途径。你还会利用意识系统，约束和控制无意识反应、偏见以及不适合当下情况或者未来可能带来不利后果的情绪。你的艰难选择和判断，就是在意识系统内做出的。

当你制定日程并寻找最佳信息和帮助时，当你引导自身的注意力并将其集中在想要学习的知识上时，当你运用经过了深思熟虑的学习技巧时，当你摒弃原来的习惯和惯常做法并用新的习惯和做法取而代之时，当你改变自身所处环境来维持新行为时，都属于运用意识系统来协助学习。你应当利用意识系统保持自身的注意力和精力，为长期学习和做出艰难的习惯改变助力。

意识系统也有助于在一个人睡觉或做其他事情的时候启动无意识系统，甚至是为无意识系统做出规划，来维持和巩固学习。如此一来，在

[①] T.多伊尔和T.扎克拉塞克在合著的《学习是种新科学：如何与大脑协调进行学习》(*The New Science of Learning: How to Learn in Harmony With Your Brain*) 中，论述了关于长时间睡眠的各种论争。

最佳的学习环境下，意识系统就能确保你将这两个系统利用起来了！

意识系统会利用与无意识系统相同的生理资源，即大脑与身体中的所有资源。而且，尽管意识系统依赖于无意识系统，但它仍具有制约甚至改变无意识行为的本领。学习时的情况正是如此：你会有意地把感官和思维过程集中于学习日程之上。辅以额外的训练之后，你甚至能够对大脑中神经元、化学物质和脑电波的作用施加影响。

小结　学习型大脑

在本章中，你已经深入地探索过负责学习的大脑了。你已发现，神经元及神经元之间的连接就是使学习获得编码的地方。你已经明白，尽管大脑各个部位分别负责特定的功能，但整个大脑执行的却是连接组的功能，是一个充斥着交叉通信的网络。

思考与关联

你不妨暂停片刻，运用一下自己的意识系统：与自己或者别人谈一谈你对负责学习的大脑的三四种认识。将此时了解到的知识与你在阅读本章之前了解的知识对比一下。这样做有助于你记住正在学习的更多内容。

你已经简略地探究了大脑中的下述组成部分，它们就是 4.0 学习技巧的重要目标：

- 感官（你与外部世界之间的联系）
- 皮质层与新皮质层（执行推动学习并存储知识的官能）
- 海马体（负责早期记忆形成，以及之后的记忆检索）

- 丘脑（信息中继站）
- 杏仁体（情感处理器，能够捕捉情感基调与色彩，将信息人性化）
- 屏状核与脑岛（整合生理脉冲，并将它们转换成意识）

你已经明白化学物质和脑电波在维持学习以及维持与学习相关的情绪方面所起的作用。

最后，你已经了解到自己身上有两大信息处理系统在发挥作用：绝大多数情况下，都是无意识系统掌控大局，而你会运用意识系统来负责有意为之的工作，比如遏制习惯和本能反应、调动注意力、引导自身的行为、进行有目的的学习。

成为4.0学习者，意味着要掌控意识和无意识两大系统，并在学习过程中为整个身体提供支持。不过，你又该从哪个角度进行掌控？还有别的东西，在引导着你的有意识行为，这就是你的"大我"。为了理解这一点，我们不妨离开生理学和脑科学领域，进入心理学家、哲学家的研究领域。后者都在努力回答一些问题，比如：你的"大我"是谁？拥有种种独特的抱负和兴趣，走在一条全然不同的人生道路上，并且运用着奇妙大脑的你，又是谁？

下一章论述的重点，就在于此。

第二章

学习的自我：
心理学家知道的情况

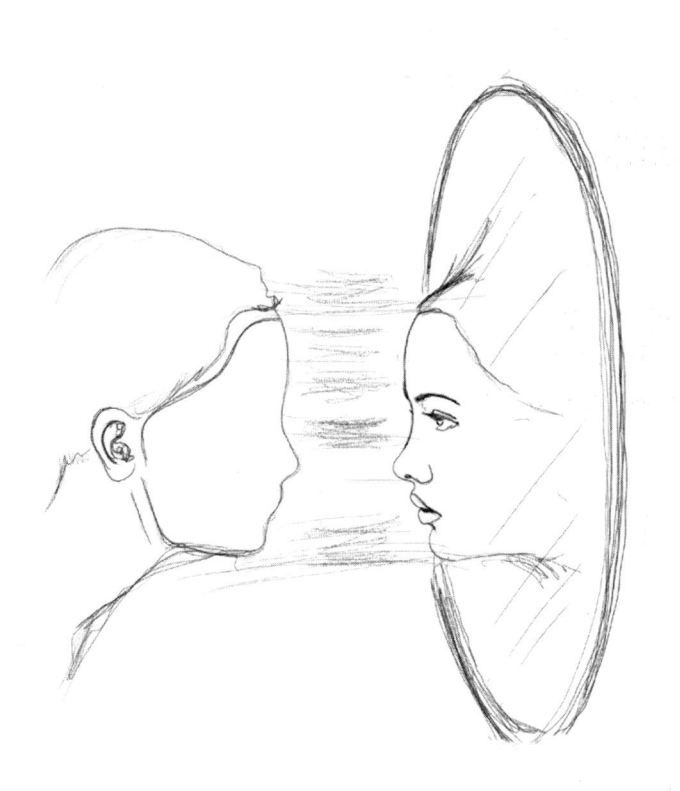

人是一种复杂而有意识、不断进化和自我创造的生物，能够思考、想象、选择和自我改造。有了学习 4.0 的技巧之后，你将发掘出更多成就你的巨大能力。在本章中，你将了解到：

- 心理学家和教育专家对不断发展变化的你的了解。
- 你的人生旅程如何与别人相似，又如何不同于别人。
- 对自身需求、人生阶段以及影响学习的自我力量的思考方法。
- 你是谁？你负责学习的**自我**又是什么？

你的本质，就是你的大脑吗？运用你的大脑的那个你，究竟是谁？正在学习的那个你，又是谁？

这些问题的答案，对身为4.0学习者的你来说具有深远的意义，因为你的本质会对你的动机、目标、冒险精神以及其他一些重要因素产生影响。

要想找出这些问题的答案，我们必须去探究你的另一个方面，即探究有思想、有感觉、有生命和自我意识、身为人类的你的本质。换言之，就是探究你的主观自我或者"大我"。这个真正的你，就是心理学家、哲学家的兴趣所在。

你无须变成一名治疗师、诗人、先知，无须拥有任何特殊的宗教信仰，也能了解你的"大我"。不过，本章将鼓励你去探究自己内心的主观世界，以及内心的主观世界对你这个4.0学习者的影响。

考虑到这一点之后，你不妨带着一种对自我的好奇态度继续阅读下去，以加深对正在学习的"大我"的认识。

思考与关联

对于正在运用自身大脑的那个"你"，你了解哪三个方面？

自我的层次

有许多思考"大我"的方法，可以帮助你更好地了解自己。其中有一种经久不衰的观点，是卡尔·荣格（Carl Jung）在 20 世纪提出来的。这是一种很有用处的观点，可作为背景知识帮助我们更好地学习。我们不妨看一看荣格提出的下述概念，将它们作为深入了解自身本质的观点：

- **自我**。这是指你意识到的自我，即你认同的自我，并且会通过环境适应或角色模型映射到外部世界。
- **个人潜意识**。这是指具体的个人记忆、品质以及行为模式，它们都留存在你的身上，可你通常不会认识到它们是你身上的一部分。
- **集体潜意识**。这是指在所有人身上都发挥作用的心理动力。

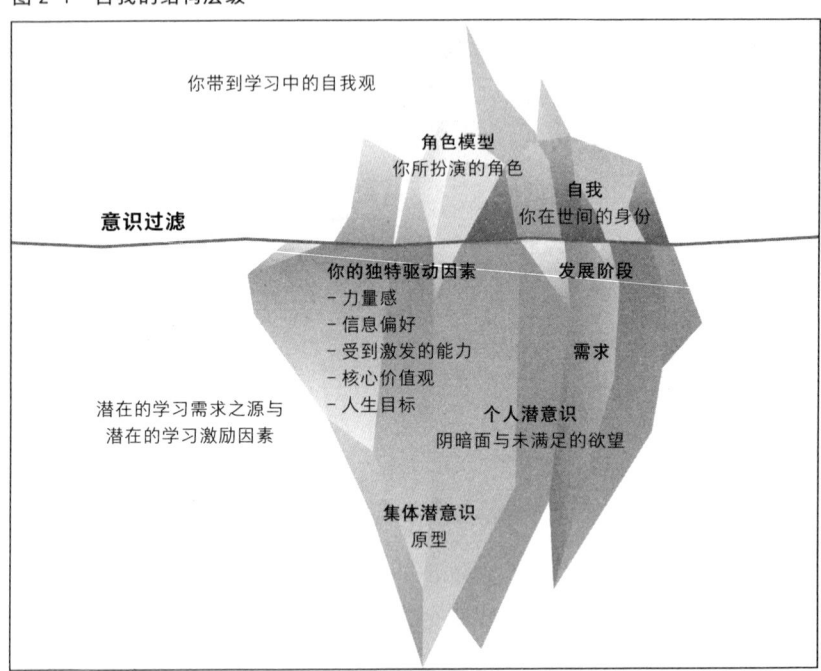

图 2-1　自我的结构层级

你带到学习中的自我观

角色模型
你所扮演的角色

自我
你在世间的身份

意识过滤

你的独特驱动因素
- 力量感
- 信息偏好
- 受到激发的能力
- 核心价值观
- 人生目标

发展阶段

需求

潜在的学习需求之源与潜在的学习激励因素

个人潜意识
阴暗面与未满足的欲望

集体潜意识
原型

- **大我**。大我包括你的自我及其角色模型,以及你潜意识的部分,同时还包括更具精神性和根本性的自我,科学家、生物学家和心理学家都无法轻易描述出来。它就是包含了一切的"本质"。

自我与角色模型:冰山一角

你的自我,就像一座冰山露出水面的一部分。[①] 自我包括个人品质、能力、成就以及你认同的目标,也就是自觉地认为自己属于并且映射到世间的那个人。你的自我在不同情况下会呈现为不同的角色。你不妨把它们看成服装,使得你能够在工作中、家庭里、与朋友相处以及做演讲时发挥不同角色的作用。你的自我与角色模型可能表面上具有差异,但只要它们反映的是类似的核心价值观与自尊,那些差异就不会导致心理压力。倘若它们反映的核心价值观及自尊出现了严重的脱节(比方说,你发现自己在随大流,而不是坚持某种对你而言很重要的原则时),那么你的不适感就有可能导致个人压力,召唤你去学习和做出改变。

> **思考与关联**
>
> 停下来,列出自己在当今这个世界上扮演的主要角色(角色模型)。这些角色之下,都存在哪些核心品质?

让自我与角色模型保持一致,只是"大我"面临的挑战之一。有时你的自我认同感本身也会受到挑战。例如,假设你认为自己是一个永远的赢家。那么,承认自己在人生中任何一个方面失败,都会危及这种自

[①] 在20世纪上半叶,像西格蒙德·弗洛伊德(Sigmund Freud)和卡尔·荣格(Carl Jung)这样的心理分析学家,曾将他们对人类内心世界的新认识引入当时新兴的心理学领域。如今,对于影响人类行为和学习的内在力量、动力、需求和因素等方面,我们已有了更多的了解。

我形象。但是，由于人生当中必然会有失败，所以这种自我形象必然面临挑战。出现这种情况之后，你的"大我"就必须介入，制定一个有助于改变那一部分自我认同感的学习计划。自然，在自我认同感岌岌可危的时候，你很难集中精力学习，这也逐步成为快速变迁的时代中的学习挑战。4.0学习者会加以调整，认识到自我在什么时候需要得到提升。

有的时候，自我面临的学习挑战微不足道。例如，你想要对自己业已认同的一种个人品质加以细微调整，或者想要学习某种并未对你在世间的形象构成威胁的东西（比方说，了解一位政治候选人的更多情况，或者学会使用一款新软件）。不过，有的时候学习挑战巨大。例如，你认识到自己需要改变可见身份中的某个部分，或者改变一种更深层的自我特征（比方说，变得不那么古板，或者更加投入）。

如果某人认为自己擅长独立工作，却转到了一个需要团队合作的工作岗位，那么此人就必须转换自己的工作身份，变成团队中的一员，与其他成员协同努力。假如一个人退休后不再从事有薪工作，可此人的自我已完全与其工作角色融为一体，又会出现什么结果？此人必定会面临一种学习挑战，因为他的自我认同感不再适合他的人生或者未来。或许，一个人会认识到，自己从小就害怕当众发言的心理，正在妨碍自己的进步。那么，此人如今就应该利用埋藏在心中多年的恐惧心理，把它当成迈入新的学习阶段和开拓自我形象的垫脚石。

身为4.0学习者，关于自我你还应当了解下述重点：在人生的最初阶段，你会用大量的时间来培养你的本我，界定你的本质。在人生之初的这些年里，荷尔蒙引导着你的注意力，让你集中精力，在争得一席之地甚至是征服世界的过程中发挥着重要作用。可到了人生的第二个阶段，你所面临的挑战却发生了变化。此时，就到了你开发自我的其他新角色，根据自身条件带着更大的个人力量去影响世界，以及解决有可能妨碍你度过充实人生的问题的时候了。因此，作为成年人，你在学习中的部分重心就是，让自我认同感更加符合不断发展变化的"大我"，并且处理好多年之前被你隐藏起来的那些问题与欲望。这就是4.0学习中的挑战之一。

无意识自我：水下之"帆"

一座冰山中，最大的山体位于水面之下。地质学家之所以把这部分称为"帆"，是因为水下部分的形状决定了冰山在洋流中的移动情况。就像冰山的情形一样，你的本质以及激励你前进的，并非只有你的自我。你身上一些不那么明显的组成部分，在你的行为与学习中发挥着重要的作用。

这种位于表面之下的自我当中，有些方面会因为你的过往经历而显得独一无二（属于你的个人潜意识），有些方面则会与其他成年人的经历极其相似（属于集体潜意识）。这两个方面，都要求你在一生中进行学习。你在这两个方面所做的反应，映射着你将度过充实的人生还是令人失望的人生。

个人潜意识

设想你正在进行一场终身学习之旅，目的就是尽力变成一个最优秀、最完美和多才多艺的人。卡尔·荣格称之为一场"个性化之旅"[1]。这场人生之旅，就是最大的一场冒险旅程，你将在这里不断受到挑战并被塑造。例如，在儿童时期，父母和其他权威人士会因为你的某些行为而认可和喜爱你，同时也会惩罚或者阻止你的一些行为。你的人生旅程中，就包括你对这种经历所做的反应。

有的时候，为了形成一种符合他人期望并让你始终觉得自己有人喜爱和受人尊重的自我认同感，你会把自身的某些部分隐藏到内心无人看到的地方。例如，小时候你发脾气时，父母可能惩罚过你。于是，儿时

---

[1] C. G. 荣格和 M. L. 冯·弗朗茨，《人类及其象征》（*Man and His Symbols*），纽约：月桂（Laurel）出版社，1964。

的你就会把自己的怒气隐藏起来。由于找不到有效的发泄方式，你的愤怒有可能会日益严重，变成你身上没有表露出来的阴暗面。潜意识中像这样的阴暗面，也会变成你的自我认同感中有效的组成部分之一。不过，除非你有意识地理解和改变它们，否则它们就会停留在不成熟的状态，并且间接地暴露出来，有时还会用具有破坏性的方式暴露出来。例如，你可能会把这种受到压抑的怒气转移到别人身上，严厉苛责那些控制不住情绪的人。此时，其实是别人替你将怒气发泄了出来，所以你不会认识到自己存在这种压抑的愤怒。或者，你的怒气也有可能像一种溃疡，在自己身上发作出来。

或许，你还怀有一种在人生早期受到了吸引却未能满足的欲望。你可能想要当音乐家、生态学家、咨询师，希望放声歌唱，精于林木或者能够滔滔不绝地讲话。这种没有实现的欲望，可能会变成一种受到抑制的能量，存在于内心的阴暗面中。这种欲望会时不时地冒出头来，但它会以嫉妒或者过分崇拜某个精于此道的人的形式呈现出来。心理学家认为，此时其实你只是将自身的欲望或者情感投射于他人身上，而没有自己去掌控它们。

对于隐藏在内心的东西，你既不可能直接看到，也不可能直接触及。而且，内心隐藏的那些东西当中，有一些可能太过敏感，若是没有心理辅导人员或者治疗师帮助，你可能无法将它们唤醒。不过，倘若你能够注意到自己身上那些潜意识的部分也提供了一种学习机会，那就标志着你已是一名4.0学习者了。

联系

倘若做出一种与情况不相匹配的情绪反应，那就有可能是一种迹象，表明你内心的一个阴暗面想要露头了。下次出现这种情况的时候，你不妨问一问自己："为什么我会反应过度？"

培养出学习 4.0 思维后，你会敏捷地辨识出标志着你应该去处理未竟之事、实现未明确表达出来的梦想、解决有问题的行为模式以及拓展"大我"等机会的迹象。你不必是一名训练有素的治疗师或者心理辅导人员，就能做到这一点。不过，你大可利用心理学领域的这些见解，在个人潜意识敲打你的心扉，要求你允许它进入你的内心之时认识到这一点。

集体潜意识

你正走在一条学习之路上，这是一条独一无二、让你发挥出所有潜能的道路。不过，作为人类，你也与其他人一样，具有一般的心理禀性，面临一些相同的挑战。例如，我们都在经历一段英雄之旅，崇拜像哈利·波特（Harry Potter）、卢克·天行者（Luke Skywalker）、尤利西斯（Ulysses）[①]之类的英雄，或者是在经历一段女英雄之旅，崇拜像赫敏·格兰杰（Hermione Granger）、莱娅公主（Princess Leia）或者佩涅洛佩（Penelope）[②]这样的女中豪杰。听到做出改变的召唤之后，你要么无视这种召唤，要么按照召唤去行动。你会找到一个导师或者去寻求帮助，并且在学习和做出改变的过程中经历酸甜苦辣，最终获得努力带来

[①] 约瑟夫·坎贝尔（Joseph Campbell）在其作品《千面英雄》（*The Hero With a Thousand Faces*）中提出了"英雄之旅"的概念。它代表着我们在学习时经历的不同阶段：首先是英雄必定会接受的一种"历险召唤"（call to adventure）。接下来，英雄会进入"未知之境"（unknown），经历挑战、危险和种种不确定的处境。其间会有各种各样的帮手前来帮助英雄（提供可以接受的帮助）。英雄必须应对各种各样的考验与障碍，才能获得个人成长。最终，英雄会以某种方式改变和成长。最后的挑战，就是把新的观点带回世界。这种通用的冒险模式，为学习 4.0 中的许多做法提供了指导。

[②] 许多心理学家认为，坎贝尔对英雄之旅的论述中，男性色彩重于女性色彩，因为它通常都取材于某个史诗般的冒险故事，主角生来就有权有势，接下来只需克服外部挑战，证明自己配得上这种与生俱来的权力（比如，奥德修斯生来就是国王）。像莫林·默多克（Maureen Murdock, 1990）和克拉丽莎·平科拉-埃斯特斯（Clarissa Pinkola-Estes, 2003）这样的心理学家则提出了取材于童话、神话和传统故事的另一种观点。这种关于女英雄之旅的观点更关注内在的旅程，即一个人与外部世界隔绝时（例如，身处一座堡垒之内、在长时间的睡眠当中，或者被邪恶的继姊妹压制的时候）经历的成长。在思考自己的学习旅程时，这两种观点都有益处。

的回报。英雄旅程之所以会在每个人的心中引起共鸣，就在于我们都拥有一种集体潜意识，其中包括了英雄原型[①]和其他的普世主题。

下面就是一些会对每个人的成长产生影响的常见原型：

- **阴暗面**代表着你没有获得认可，或者发展受到了阻碍的那一部分人格。将阴暗部分整合起来，是每个人成长过程中的一大关键挑战。
- **阿尼姆斯**代表着隐藏的阳刚之气和"父亲"这两种品质。学习挑战就是让像魄力与理性这些固定的男性特征，与像体贴与沟通这些固定的女性特征达到平衡。对于许多想要拥有更大影响力的女性而言，这是一个重要的学习领域。整合阿尼姆斯，是每一个人生命旅程的组成部分。
- **阿尼玛**代表了阴柔和"母亲"这两种品质。有效地将固定的女性品质整合进以阳刚之气为主的个人人格之中，对于任何一个成长中的男性和女性来说，都是一种巨大而重要的学习挑战。
- **睿智老者**这一原型在你在社会上、工作中或者家庭里变成一位长者之后很重要。它的重心就是明智地运用权力，因此其中的挑战就在于运用你在经历与眼界方面的智慧行使你的权力。
- **睿智老太**的表现形式是渴望沟通、爱、为他人服务，以及渴望一种超越寿命之未来的心态。这种原型通常会在你的后半生用力叩击你的心扉。

思考与关联

在你眼下的人生当中，这些原型又是如何发挥作用的？

在我们的人生过程中，上述及其他原型都会向我们提出种种学习挑

[①] "原型"的概念由卡尔·荣格提出，用以说明属于人类进化遗传的组成部分的种种心理本能。

战。它们始终存在于集体潜意识当中，要求你重新界定自己、提升自我并且培养出新的能力。它们也会体现在你学习特定技能的过程中。例如，你有可能认为，自己正在一门关于人际沟通的课程中学习沟通技巧，但从深层来看，你有可能是在拓展坚持自身主张的能力（即培养阿尼姆斯品质），或者是在培养与他人沟通的能力（阿尼玛品质）。当你把自己的特定学习目标与一种更大的原型挂钩之后，强大的能量就会从你的潜意识深处流向学习过程。这种方法会让你更有可能获得成功。

学习的时候，你应当记住将这些能量，即你的自我、个人潜意识以及集体潜意识全部利用起来。不过，对于正在运用学习型大脑的你而言，其他一些方面也很重要。

大我

我们不妨把你的"大我"，看成一种永恒的精神和不断前进、不断变化的体验。它是观察着你、意识到自我和你的人生进程、掌控着意识的那个你，是我们全都清楚、你去世之后就会从世间消失的那个你。你的"大我"中含有形成你的一切：它就是你，就是你自己的首席设计师。它始于一个具有发展潜能的你，准备变成你能够成就的那个人。

发展心理学家指出，每个人都走在一条自然进化之路上，目的是变得更加健全、睿智和成熟。这就说明你的内心具有一种动力，会推动你不断拓展自己的各种能力，拓展你在自己的世界里的影响力。

至于哪些方面会对你的"大我"造成影响，世人持有两种普遍的观点。对精于学习的人来说，了解这两种观点是很有益处的：第一种观点认为，推动每个人成长发展的因素完全相同；第二种观点则认为，你的发展成长是独一无二、与众不同的。

这两种观点其实都对。

你的成长，与他人无异

除了具有与他人相似的生理机制，你在人生进程中还具有与他人相似的需求，会经历与他人相似的人生阶段。身为4.0学习者，你会认识到，这些共同的需求与成长阶段会影响你的学习重点。

相似的需求

不妨想一想你的基本需求。你的生理需求（食物、休息、健康的身体）与其他任何一个人的生理需求都相同。与他人一样，你需要获得安全感，需要获得爱，需要与他人之间保持联系，需要尊严，需要知道你正在发挥出自己的潜力。我们似乎还有一种根深蒂固的需求，需要相信自己的生命与某种普世之物（比如上帝、精神法则或者科学定律）协调一致，与自主、人格尊严这样的价值观保持和谐。[①] 这些需求中的任何一种遇到危险之后，你都会听到内心发出的行动召唤：你必须想出办法，把事情做好。你会认识到自己必须做出改变，或者去学习某种新的知识。

亚伯拉罕·马斯洛归纳出的6种需求类型，构成了人类需求的层次结构（参见图2-2）。你首先必须合理满足较低层次的需求，才能满足更高层次的需求。马斯洛的需求层次理论是一个很好的基础，可以让我们时时快速检测自身的健康状况。在图2-2中所列的这些方面，你的表现如何？什么样的人生改变或者学习行为，会让你获得更好的平衡？要注意的是，没有哪个人会彻底满足这些需求中的任何一种或者所有需求，

---

① 亚伯拉罕·马斯洛的需求层次理论，是心理学领域里最经久不衰的理论之一。尽管起初确定的是5种需求层次，但他后来断定，在"自我实现"需求（self-actualization）之外，还有一种层次更高、以贡献为导向的精神需求。他对这种需求的定义，就是为他人、为事业或者理想服务，并将其称为"自我超越"需求（self-transcendence）。在阅读本章引用的凯根的研究结果时，应当注意其中最高层级的自觉与马斯洛的这种需求具有相似性。

而各人的满足程度也非一成不变，因为其中有可能出现问题，或者你的标准会有所改变。想一想你对营养与健康、安全、社会交往及自我管理的看法会随着时间流逝而改变，你就会明白这一点。

图 2-2　马斯洛的需求层次理论

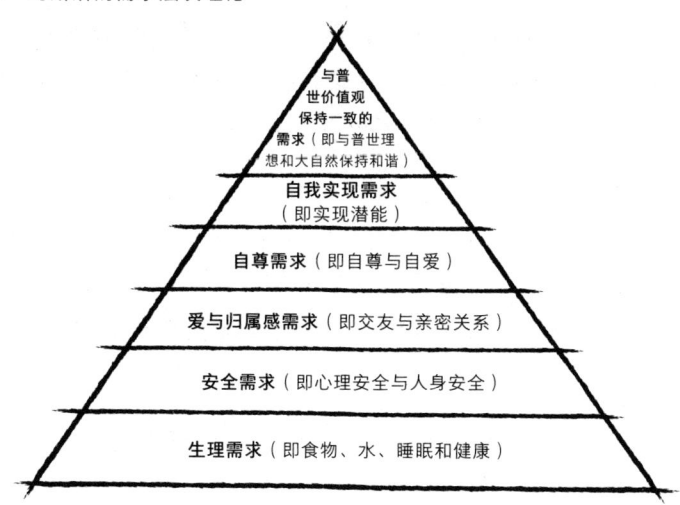

```
          与普
          世价值观
          保持一致的
          需求（即与普世理
          想和大自然保持和谐）
        自我实现需求
        （即实现潜能）
      自尊需求（即自尊与自爱）
    爱与归属感需求（即交友与亲密关系）
   安全需求（即心理安全与人身安全）
  生理需求（即食物、水、睡眠和健康）
```

除了影响你的成长规划，你的需求还可能对学习造成干扰。例如，你明明知道自己想要培养一种新的技能，可因为在初学阶段有可能失败，所以自尊心会妨碍你度过初学阶段。在这种情况下，你需要重新塑造你的自尊心，其中就包括让自己变成一个勇敢机敏、能够从问题和失败中吸取教训的人。

思考

不妨做一个快速的自我检测。用 1 级到 5 级来表示的话（5 级相当于非常满足），你现在在需求领域里的满足感处于哪个级别？

类似的成长阶段

除了具有相似的需求，你的内在力量也在发挥作用，使你随着年龄日增而变得更加睿智和完善。许多心理学家把这些方面归纳为人的成长阶段。它们大致遵循着绝大多数人经历的人生顺序：儿童早期、上学时期、成年早期、开始成家立业、承担更多责任和具有更大的影响力、应对中年阶段，以及晚年出现的角色转换和自我意识转换。对于想要更好地了解自己和他人的各个成长阶段的4.0学习者而言，有两种观点可谓真知灼见。

首先，不妨想一想埃里克·埃里克森（Erik Erickson）的成长阶段观，他所持的观点，是心理学中较具弹性的观点之一。[①] 他提出了8个阶段，声称每个阶段的成长中都有可能选择一条积极或者消极的道路。在每个阶段中你面对过或者将要面对的学习挑战，就是选择积极向上的道路，学会如何避开或摆脱消极的道路，从消极当中吸取教训。

- "信任—不信任"阶段。这个阶段出现在0至1.5岁，其间你会了解到，这个世界究竟是一个安全和充满爱的地方，还是一个危险重重、很难满足信任他人这种最基本需求的地方。
- "独立—害羞与疑虑"阶段。在这个阶段（1.5至3岁），你要么会明白自己是一个独一无二的个体，并且因为这种独特而不同于他人，为他人所爱，要么会变得迷茫怀疑，对自己感到羞愧。
- "主动—愧疚"阶段。在这个阶段（3至6岁），你要么学会了冒险，并在不会损及自尊心的情况下失败，要么学会了逃避挑战和隐藏失败。
- "勤勉—自卑"阶段。在这个阶段（从6岁至青春期），你要么学会了对自己的行为负责和延迟满足感，即使你不得不放弃暂时的

[①] E. 埃里克森，《同一性与生命周期》（*Identity and the Life Cycle*），伦敦：诺顿（Norton）出版社，1964。

快乐，要么任由自己随波逐流，并且感觉自己是个受害者。
- "身份认同一角色混淆"阶段。在这个阶段（青春期），你会发现自己与生俱来的天赋和兴趣，学会如何在群体中保持自己的个性。或者，你也有可能走上一条趋同思维的道路，由别人来决定你的本质和扮演的角色。
- "亲密感一疏远感"阶段。在这个阶段（成年早期），你要么会培养出与他人形成紧密联系的能力，要么会无力承担此种社会活动面临的个人风险。
- "创造力一停滞感"阶段。你在这个阶段（中年时期）的任务，就是继续成长，并且与他人分享你日益广阔的视角，否则你就会陷入古板老套当中，无法继续成长。
- "完整一绝望"阶段。人生晚期（晚年时期）的任务，就是欣赏你业已形成的自我，整合或者接受自身的各个方面。如若不然，你就会带着遗憾之情、破灭的希望和悲哀忧伤地生活下去。

思考与关联

想一想自己在埃里克森提出的 8 个阶段中的情况：你在经历这些阶段的时候，发生过什么？你如今处在哪个阶段？你有没有什么未完成的、与早期阶段有关的事情？你在未来会碰到什么样的挑战？

罗伯特·凯根（Robert Kegan）持有的观点虽然不同，却可与上述观点共存，且与本书提出的 4 次学习提升十分相似。凯根的关注重点是意识的发展变化情况。[①] 他声称，人在一生当中可能经历多达 5 次的重

[①] R. 凯根，《发展的自我：人类发展中的问题与过程》（*The Evolving Self: Problem and Process in Human Development*），剑桥：哈佛大学出版社（Harvard University Press），1982。

大意识变化（他称之为层级）。每一次改变，都会带来一种新的自我观和认知世界的新方式。这就好比学会驾驶汽车，熟练掌握了驾驶技术后，接着去开一架螺旋桨飞机，再去开一架高性能的喷气式飞机，然后再去驾驶航天飞船。

- **幻想**。小时候，你并不具备客观理解周围世界的概念与工具。这是第1层级，而意识在这一层级中的作用，就是通过编故事来理解事物。
- **工具性思维**。到了童年后期，你将学会分门别类地看待事物、区分自己的需求与他人的需求，甚至与他人争夺资源和关注度。你将懂得，"假如我干了这件事，就会发生那件事"。在第2层级中，意识的作用就是通过因果思维去理解事物。
- **社会化思维**。作为年轻人，你的关注重心将转至适应社会结构和其他结构，并且往往不会对这些结构产生怀疑。这个阶段中有一项至关重要的任务，就是变身某个群体中的一分子，并为别人所接受。在第3层级中，意识会通过参考群体的标准或者公然摒弃群体标准，来帮助你理解事物。
- **自主性思维**。转至这一意识层面之后，你就会变成一个完全独立自主、承担责任、拥有自身思想与行为的人，而不管那些思想与行为是否与别人的要求相符。在第4层级，你会利用意识来精心规划自己的人生，而不会把责任归咎于他人或者社会制度。
- **自我改造性思维**。这一层级（也是如今这个世界更加需要的一种思维）既广泛又深入。你会认识到自己的信念、价值观以及思维模式在什么时候会不符合你对整个世界的了解，并且会基于此种了解去改变它们。你会形成种种极其亲密的人际关系，它们往往需要你应对好自己的个人潜意识。而且，你会变成一个睿智的整合者，能够将不同的兴趣结合到一起，在矛盾冲突中找出新的解决办法，还能提供帮助，引导他人沿着他们的成长道路前进。意识在这一阶段的作用,在于帮助你运用自己的创造性才能,持续不断地提升自我和进行学习。

思考与关联

你目前运用的是哪个层级的意识?想一想你的自我观,以及你认识周围世界的方式。将这些意识结构层级与本书"前言"部分提到的学习 1.0、2.0、3.0 及 4.0 的升级比较一下。学习 4.0 将如何帮助你培养出自我改造性思维?

世界正在飞速变化,而你最大的学习挑战之一,就是确保自己的"大我"适应世界,并与世界一起发展变化。如今我们需要的,就是凯根提出的第 4 层级反应和第 5 层级反应。我们需要对自己彻底负责任(自主性思维),不应把责任归咎于别人或者社会制度,不应指望别人照顾我们。而且,如今这个日新月异的世界也要求我们朝着凯根的第 5 层级意识发展,即朝着自我改造性思维发展。对于解决我们这个时代一些较为严重的问题并且激励他人去解决这些问题而言,这是一种优势。

然而,大约有 1/3 的成人达到了凯根提出的第 4 层级(这个阶段需要我们具有学习 3.0 的软件),而提升到第 5 层级(这是学习 4.0 的重心)的人更是寥寥无几。学习 4.0 中,既包含了对前面所有学习软件的升级,也含有可以帮助更多人提升到更高意识层级的程序与技巧。

你的需求和各个成长阶段提出的更深层次的学习挑战,始终存在于你内心深处。当你去追求更具策略性的学习目标时,它们就有可能突然冒出头来。事实上,如果处理不好基础的成长需求,那么看似浅显的技术性目标也实现不了。例如,你可能想要学习某些创新技巧,却会由于害怕失败、害怕失去自尊而不去运用这些技巧(这是在埃里克森提出的第 3 个阶段中,你没有完全解决的一个问题)。

当你把学习重心集中在一项学习任务上,或者把学习任务与更深层次的需求或人生阶段的问题联系起来时,你就不需要让学习变得有趣。而且,你也不需要别人激励你学习。你对学习将拥有内在积极性,使学习变得丰富多彩。如此一来,你就会一路高歌猛进。

你的成长有别于他人的成长

你具有与其他人相同的基本需求,会经历与别人类似的成长阶段。当你努力整合阳刚与阴柔的品质、增长才智以及改造隐藏在阴暗面中的自我时,也会利用同样的潜意识力量。这些共同的人类品质,形成了我们完全可以预料、会对每个人产生影响的学习需求。

不过,你在许多方面也是独一无二的,比如你的兴趣,为你的一举一动提供动力的个人价值观和抱负。此外,还包括你独一无二的技能和人生目标、如今的身份以及来日将变成什么样的人。

我们不妨来看一看,你在度过一生的过程中,在创造独一无二的自我时所用的一些方式。

个人力量感

你的"大我"当中对学习具有直接影响的一个重要方面,就是你是认为自己把握着人生,还是自己是人生的牺牲品。心理学家已经对人与人之间的这种重大差异进行了长期研究。他们声称,如果你认为你对自己身上发生的绝大多数事情都无法施加影响,或者你根据取得的成就来评判和界定自己,那么你就具有外控型个性,或者说一种思维定式。另一方面,如果你具有内控型个性或成长型思维,那么你就会把自己看成周围世界中一种强大的力量。而且,你会把问题和失败看成学习和成长的机遇。①

要想变身 4.0 学习者,你需要相信自己能够对人生施加影响(即具有内控型个性)。假如拥有强大的成长型思维模式,你就会是一位更加勇敢无畏的学习者,能够直面巨大的学习挑战,根据别人的反馈信息改变方法,并且管理好自己的学习进程,度过成年学习者必然会遭遇的起起落落。

思考与关联

在这个世界上,你更倾向于定型的外控自我观,还是成长型的内控自我观?

处理信息时的喜好

随着时间的推移,你很可能已经培养出处理信息和学习方面的偏好。你可能喜欢阅读而不喜欢倾听,或者喜欢跟别人一起学习而不喜欢独自学习。你可能喜欢思考之后再行动,或者做完之后再去反思。或许你在做某件事情之前,更愿意先研究规则和概念,先做到深入了解并且把握大局。或许你会认为,自己通过反复尝试和发现能够学到更多的知识,然后才是了解概念。你可能更喜欢在深入探究细节之前去了解全局,或者想要在把握全局之前了解细节情况。如果你认为自己更喜欢凭直觉行动和感情用事,那么你可能会将"感觉"和"眼光"放在优先于

---

① 如欲了解更多关于思维定式与成长型思维的情况,请参见 C. 德维克(C. Dweck),《思维模式:新的成功心理学》(*Mindset: The New Psychology of Success*)。至于论述内、外控点的首部作品,可参见 J. B. 罗特的《对强化内、外控的概括性期望》(*Generalized Expectancies for Internal Versus External Control of Reinforcement*)一文,见于《心理学专著:普通与应用》(*Psychological Monographs: General & Applied*),80(1):1-28。

事实的位置；或许，你的自我认同感较具理性和逻辑性，会促使你更注重事实和细节。

认识到自己的偏好很有益处，只是你不能被这些偏好限制。在如今这个飞速变化的信息世界里，你必须能够在任何情况下学习。倘若清楚自己的偏好，那么你就可以利用对其的了解规划学习策略。例如，你可能想要通过利用自己最喜欢的学习资源与学习方法，开始一段学习之旅。这样做可能会让你更迅速地开始学习，并且有助于提高你的学习积极性。不过，对学习任务来说，它们有可能不是最佳的资源与方法，因此不要被你的偏好蒙蔽。你应当制订计划去掌控所有的资源和方法，无论它们是不是你偏爱的资源和方法。

联系

"工具5 资源专用学习技巧"将帮助你从任何一种资源中学习，无论你偏爱的是不是此种资源。

业已激发的能力

所谓的能力，就是你掌握的知识和技能。在此前的人生当中，你已经培养出诸多能力，而你很可能更喜欢运用其中的某些能力。这些能力就属于你业已激发的能力。如今你受到激发去运用的能力，很可能与数年前大不相同了。你喜欢运用的知识和技能，要比没有被激发并运用的能力更加容易培养。如此一来，你大脑中的化学物质也能为此提供支撑。

你受到激发去运用的某种知识或者技能在目前可能并非一种优势，因此不要把**受到激发**与一种**优势**混淆。

身为4.0学习者，你应当清楚自身拥有哪些受到激发的知识和技能。

你应当利用这种自知之明帮助自己集中精力学习，并让自己置身于能够进一步磨炼和开发那些知识与技能的环境当中。在运用自己喜欢的能力或者培养你认为自己会喜欢的能力时，你的学习和成长会更加容易，相当于开发出了一个唾手可得、与你的"大我"紧密相连的能量之源。这会让你更加轻松地进入能够让学习加速的忘我状态当中。

> **思考与关联**
>
> 暂停片刻，想一想自己喜欢做的工作和活动。在那些情况下，你运用的是哪些知识和技能？它们是否属于你的优势？你有没有继续培养这些知识和技能？

核心价值观

价值观是你在做出选择时会运用的根深蒂固的决策标准。它们就像磁铁，会吸引你做出某些举动和选择，并且放弃其他举动和选择。在社会文化、父母的养育和教育的影响下，你通过经历培养出了自身的价值观。它们润物无声，微妙至极，常常令人觉察不到。有些价值观与你希望在人生中取得的成就有关（比如才智、安全、认可、自由、友谊或者成熟的爱）。其他一些价值观则与你希望如何度过人生有关（比如自控力、勇敢、礼貌、逻辑、顺从和乐于助人）。明白哪些价值观位于你人生的首位，对学习而言非常重要。为什么？因为学习某种东西的时候，你可以将价值观当成激励因素来利用（比方说，如果学会这种技能，我就更有安全保障）。此外，学到的一些知识也会直接对你的价值观层级构成挑战。例如，你可能不得不放弃某些方面的安全保障，才能在一种处境中拥有自由。在此种情况下，你的学习挑战就是要理解为了保护自由而牺牲一定的安全保障这一做法的益处。

人生目标

我们每个人似乎都带着一种倾向于某些事物而非其他事物的性情降生于世，只是没人说得清这是怎么回事儿。这一点连遗传学也解释不清。一种可能的解释是说，你身上存在某种生而必须实现的深层目标。那个目标就像你的整个世界和学习过程中的一抹色彩：当你朝着这个目标前进时，其颜色会变得更加润泽，而当你背离这一目标时，其颜色就会变得苍白。你的人生目标回答的是这样一个问题——你为什么会来到此世、此时和此地？

拥有人生目标就意味着你对周围世界具有影响力，即你的所作所为与你的本质会带来连锁反应。你与人们的交流、你做出的决定和选择、你选定的工作岗位与职业，甚至你无声无息的存在，都会在某种程度上改变整个世界。或许，这正是你的大脑中含有900亿个神经元及100万亿种连接的原因。

倘若你意识到了自己的人生目标，或者明白自己正在追求一种更大的人生目标，那么他人就较难利用外在奖励或其他形式的控制来操纵你，因为此时你的人生目标会发挥出北极星或者南十字星的作用，引领着你穿过人生中波涛汹涌的大海和最阴暗的狂风暴雨。

因此，你应当确定自己的人生目标，并且尽可能经常地将学习与人生目标联系起来。

小结　学习的自我

这一章相当复杂，相较通常的情况，要求你对自我进行更多的思考。因此，我希望你此时还在坚持与我一起学习！本章的要点是，有一个奇妙的"大我"，正在运用你神奇的大脑。自我具有主观性，你无法像看到和称量大脑那样，切切实实地看到和称量自我。然而，我们仍有办法去理解这个正在学习的自我，本章则鼓励你去探究和思考其中的一些方法。

你在本章已经了解到，"大我"当中存在诸多的进程：自我和角色模型，是你呈现于世的冰山一角。在个人潜意识中，包含了你在一生当中为了适应或保持自我认同感而压抑或者忽视的部分（包括积极和消极的部分）。接下来，就是你集体潜意识的部分，它与其他人的集体潜意识一样，会受到需求（马斯洛的需求层次理论）、人生阶段（埃里克森的成长阶段观）以及看待世界的方式（凯根提出的意识层级）等方面的影响。

你还了解到"大我"中的其他一些进程，其中包括你在人生中的自我力量感、你处理信息时的喜好、受到激发的能力、核心价值观以及人生目标这盏指路明灯。

学习的时候，这些方面全都在发挥作用，有时是提高你的积极性，有时是在与你做斗争或者改造你，但往往都会随时准备帮助你学习。因此，你应当敞开心扉，乐于与内心的这些组成部分进行交流，释放出其中蕴含的巨大能量！

第三章

世界日新月异：召唤学习4.0

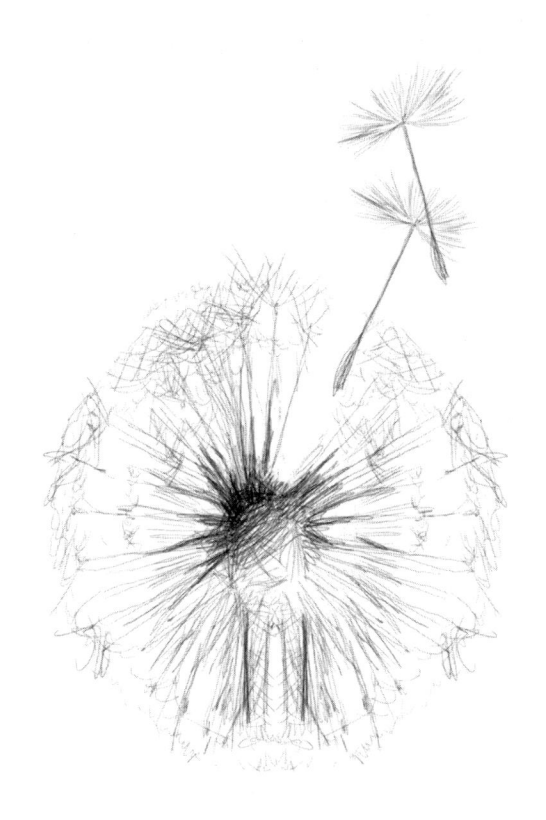

本章概述了正在推动人们对学习 4.0 的需求的技术、科学、组织机构、职业以及社会上的一些变革。你在阅读的时候，不妨思考下述问题：
- 科学技术是如何迅速改变世界以及我们所知的职业的？
- 这些变革的不可逆性，即我们既不可能回到过去，也没有地方可以逃避。
- 在变革永不停步的这个时代，学习 4.0 的重要性。

人人都在思变，都在思考如何从变革中获益、在变革中掌握主动，或者如何抗拒变革。显而易见的一点是，变革是不可避免的，而且，除非出现一场重大的灾难，否则变革也是不可逆转的。那么，我们又该如何看待变革？我们如何利用自己奇妙的大脑，利用**自我**拥有的巨大力量（参见第一章和第二章），帮助我们对自己正在创造的新世界做出反应，或者塑造这个新的世界？为了回答这个问题，我们首先必须理解这些变革的内容，因为它们在如今的学习形势中属于强大有力的因素。然后，我们必须让自己做好准备，成为在有可能截然不同的未来中具有影响力的参与者与塑造者。学习 4.0 和将来的学习提升，在任何情况下都将十分重要。

世界科技一日千里

在 2001 年一篇题为《加速回报定律》(*The Law of Accelerating Returns*)的文章中，雷·库兹韦尔（Ray Kurzweil）论述了变革正在加速的事实，以及这一事实对我们的未来具有什么意义：

> 对技术史的研究分析表明，与"直观的线性增长"这种常识性观点恰好相反，技术变革的速度正在呈指数式增长。因此，在 21 世纪，我们不会再经历 100 年的发展进步，而更有可能像是经历两万

年的发展进步（根据如今的速度来算）。至于技术变革带来的"回报"，比如芯片速度和成本效益，也在呈指数式增长。甚至指数式增长的速度本身也在呈指数式增长。数十年之后，机器智能将超越人类智能，导致"奇点"（The Singularity）出现，即由于技术变革速度如此迅速和深刻，使得它代表了人类历史结构中的一次断裂。由此带来的影响，包括生物智能与非生物智能的融合、以软件为基础的长寿之人以及宇宙中以光速向外扩张的超高水平智能。[①]

不论库兹韦尔的预言是否会变成现实，自从洞穴人发现他们可以把石头当成锤子和箭镞之后，技术就一直影响着我们的生活和工作方式。而且，技术还会继续以越来越快的速度改变和干扰我们的生活。当然，如今的工具与机器更加复杂，在增强和扩展生理机能方面的功能也更加强大了。不过，如今技术的功能并非只是执行体力工作。计算机也在做过去属于人类独有的脑力工作了：计算、追踪和组织信息；监测模式、趋势和异常状况；做出预测。计算机甚至有可能感受到人类的情绪，能够在工作的时候学习，能够在不同的事物之间形成关联，并且为自己重新编程。如今电脑正在驾驶汽车，正在执行更多的管家功能，正在协调一座座工厂和整个供应链，正在决定将哪些信息发送给你……你想一想就明白了！

> **思考**
>
> 在整个世界范围、工作场所或者技术层面上，将有哪两三种变革会给你的未来带来最大影响？

---

① 雷·库兹韦尔，《加速回报定律》，见于《库兹韦尔加速情报》（*Kurzweil Accelerating Intelligence*），2001 年 3 月 7 日。

拓展人类的能力

另一方面，生物科技正在把创造的工具交到人类手里。基因工程和基因操作技术正在让人类有可能根除疾病、延长寿命、创造新生命并且改变我们之间的关系。学习能够也必然会发挥作用，确保我们拥有技能与才智（即凯根提出的第 5 个意识阶段），来应对即将面对的新困境，塑造可能性。

在这种必然变革的形势下，我们有 4 种选择：

1. 与变革抗争。
2. 无视变革，直到我们不得不做出反应。
3. 将变革融入到我们的生活和工作当中。
4. 协助开发和塑造这些变革。

最终来看，只有涉及学习的选项（即第 3 项和第 4 项）才是我们唯一可选之道。因此，成为 4.0 学习者，是我们在这个不断变化的世界上至关重要的一种生存技能。

支持自我管理

技术变革也会影响到我们这些学习者，因为技术变革既让我们能够实现更多的自我管理，也要求我们进行更多的自我管理，发挥出更多执行能力。例如，由于电器设备能够自行维修，甚至能够教你如何维修，所以你无须再依赖家电维修人员。你不会只有到医生那里去看病才能知道自己的身体状况；相反，你只要看一看戴在手腕上的个人健康监测装置，研究一下就能自行决定治疗方法。你会变成自己的虚拟办公室的主人，通过软件教程进行学习。只需轻击便携式通信接收器，你就能够把自己的想法发布出去，诸如此类的事情还将更多。当然，尤其是就学习而言，你将无须到某个特定地方或者在某个特定时候学习某种知识：在人类和资讯组成的全球网络中，你将马上找到和学到自己所需的知识。

此种自我服务将日益增多，但它是有代价的：你必须拥有充分的技能、积极性和才智来运用这些技术，才能让你的生活和学习朝着更好的方向发展。你需要管理好自我。精于学习，就是一种生存技能。

人与技术共同发展

我们正在迈入一个新的时代。在这个时代，科技几乎会让一切变得可能，每个人也可以利用各种强大有力的工具和知识。这是一个自我服务的时代，它将继续扩张下去，而能力最强、最勤勉和（我们希望）最遵循伦理道德的人，也将在这个时代风生水起。不利的一面则在于，那些怀有不良动机、懂得如何操纵我们头脑的人，会企图将技术和信息用于别的目的。

人们一直都在与技术共同发展，你此时所做的事情就是如此。目前，技术正在向你提出挑战，让你变得更加坦率，更能包容多样性，更加了解世间之事，更加关注事物与人们之间的关系，并且进行更多的自我管理，以融入不同的群体。

这种共同发展要求你扩大自己的影响力，将技术看成拓展你的视觉、听觉、活动、思维、创新和交流的一种方式。它要求你认识到自己的人生和整个世界都在不断发展，而不是一成不变的。由于知识日益增多，正在创造出种种新的机遇，因此世间并无一种所谓的终极状态，能够让所有问题得到解决、所有的知识为人所知。不仅如此，随着世界和信息不断发展，你会在不断学习和创造的过程中，既解决一些问题，又制造出其他一些问题。这个过程正在变得比最终状态更为重要，或者起码说，在变得与最终状态同等重要。而这一点，正在改变职业和组织机构的性质。

组织机构与职业不断变化的世界

一个组织机构究竟是什么？这个问题的答案，如今已不像以前那样一目了然。以前，人们常常根据经营地点和办公建筑来界定各家企业。一件产品从构思设计到交付的所有工作，或者其中的绝大部分工作，也包含在企业的定义之内。绝大多数从事设计、生产、交付和客户服务的人，都是一家公司的雇员，而这家公司则要"照管好他们"。那时，职业生涯通常都界限明确，你只需按部就班地晋升就行了。

价值流还是实体经济？

如今，商业是从确定一种需求到向顾客交付某种产品的完整价值流。价值流当中，有些部分可能属于独立的外包实体。参与者通常都是全球性的企业，涉及众多公司和承包商。例如，你此刻所坐的椅子，所用的零部件很可能生产自多个国家。椅子上的织物面料，可能是用一个地方种植的纤维类作物制成，而加工织物面料所用的化学物品，则采购自别的地方。编织面料的工人，可能生活在一个国家，而染布工厂则有可能位于另一个地方。接下来协调轮船和飞机的货运商和仓储商很可能签署了合同，来储存和交付成品。那把椅子既有可能在网上销售，也有可能由传统的零售商，经由一个全职或者虚拟的销售团队进行销售。接下来，这一切都有可能在未来变得无关紧要了：有了3D打印技术之后，你或许就能在自己家里设计和生产这种椅子，完成整个供应链中的所有任务了！

金融、旅游、酒店、医疗保健以及其他服务行业也正在出现类似的局面。囊括了大小不一的公司、独立工或者合同工的价值链，正在日益变成一种常态，而技术则在其中执行越来越多的任务，有时用户自己完成的加工任务也增多了。事实上，正是因为有了科学技术，你才开始做原本是会计师、旅行社和医生所做的工作，比如你可以自行纳税、自己预订航班并且自己检测血糖水平。自然，这就意味着你既在了解这些领域，同时也在培养自己运用配套技术的技能。

等级制度、职业和自我管理

随着组织机构让位于价值流，等级制度的作用也将发生改变。在过去，管理人员发挥着重要的协调和信息管理作用：筛选信息，确保人们角色明确且拥有扮演其角色所需的资源，并且尽可能地保持形势稳定。他们所用的传统管理方式就是命令和控制，从而确保生产线上没有人违反生产规程。

如今的管理人员则不需要再花那么多时间筛选信息，防止人们打破规矩了。科学技术使得每个人只需轻击屏幕，就能获得信息。在工人开始进行自我组织来满足顾客的需求、进行创新并且改进工作方法的同时，技术能够做更多常规和危险的工作，以及数据处理和计算工作。高层领导的责任是制定战略，让价值流中的各个组成部分保持一致，并且确保由那些拥有信息和技能的人做出决策。

思考与关联

暂停片刻，想一想你最近在工作场所或者周围环境中经历的一些变革，以及这些变革如何对你的学习挑战产生影响。

有些人认为，这些变革全都在让组织机构变得扁平化。不过，更大的变化其实正在酝酿之中，那就是：价值流所起的作用更像是一个网络，而不是较平稳的金字塔结构。这是一种新的范式，它模糊了种种界限，要求每一个人培养出原本属于别人工作范畴的技能。

在这些新情况下，就业岗位和职业也在不断改变。这种变化与就业保障或从一个岗位晋升到另一个岗位的关系不大。如今，成功更多是关乎一种新型的就业能力保障。有了这种保障，你就可以培养和不断提升一系列技能，并将它们应用到各种角色和团队项目中去。你在随着技术和职业要求的变化而不断发展。

学习的本质内容就在于此：假如在一个组织机构里工作，你就要把自己看作一系列不断拓展的能力之和，而不仅仅是一个职位头衔。此外，假如你从事的实际工作是在多个团队中，那么你在一种更大的工作流程内部的自我管理能力，就会变得更加重要。技术与专业方面对你的要求也在迅速变化，因此你需要持续不断地提升这些技能。而且，由于你需要在迅速变化和关系复杂的条件下发挥作用，因此具有像沟通与协作、决策、思考、创新、自我管理以及学习这样的通用技能，就成了关键优势。各行各业，诸如工业、零售、医疗保健、科技、行政管理、消费者服务以及更多行业里，都存在这些挑战。

这种新的局面需要学习 4.0。为了学习，为了在这个迅速变化的世界中蓬勃发展，你做好充分准备了吗？

全球人口与社会不断变化

到 2040 年，全球人口可能会达到 90 亿，而你则是这个宛如一张巨型通信与移动网络的世界中的一分子。到了那时，绝大多数人都将生活在大都市，而全球人口中心则会位于亚、非两洲。不过，每一个人都将互联互通，各种文化会不断地出现融合与冲突。那时，学习的意义将会更加重大。

你的大脑会无意识地害怕新鲜事物，害怕"别人"。而且，倘若你认为自己即将因别人而失去某种东西，比如失业、丧失社会地位甚至是失去自己的生活方式，那么这些害怕心理还会增加。在力量转移的整个过程中，了解不同于自身的那些人和发现新的交流方式，正在变得日益重要。

变迁世界中的你：求变和求稳

本书关注的重点，是学习和变革这两个方面。不过，稳定同样重要。在一切形式的发展变化中，稳定与变化都是协同作用的。中国哲学家把变化和稳定之间这种持续不断的跳跃描述为一种阴阳之局，认为稳定（即白色）部分会导致变化（即黑色部分），而正在变化的东西又会导致一种新的稳定（参见图3-1）。阴阳图案中的两个点，则表明稳定与变化的起源中都包含了对方。

图3-1　阴阳图

在这个瞬息万变的世界中，你在稳定方面的任务就是了解并维持你的"大我"（请参阅第二章），并且判断各种变化是否值得你做出反应。你在变化方面的任务，则是预测、适应并且协助塑造周围的世界。有的时候，这样做就意味着对你珍视的一些信条和行为提出质疑。

我们很容易崇尚变化而轻视稳定。不过，倘若没有一种强大的制衡之力，变化就有可能失去控制，从而造成破坏。随着变化加速，我们需要寄望于像价值观这样的稳定性因素，帮助人们提升至更高的意识水平，并且让多样性成为一种积极的生存力量。变革正在迅速而大范围地发生，因此需要具有稳定性的力量与之一起发展。想象一下阴阳循环即可明白，倘若黑色部分（代表变化）的面积增大，那么白色部分（代表稳定）的面积也必须变大。

学习4.0的各种技巧，正好与变化和稳定之间的这种动态作用配套。

小结　世界日新月异

变革始终是人生的组成部分，只是如今变革的速度正在加快。科技是变革速度加快的主要驱动力，因为它正在拓展人类各个方面的能力，其中也包括人类的智力。这一点对我们这些学习者具有深远的意义。我们需要不断学习、乐于成长，并在人生中的一些重要方面做出改变。我们不能想当然地以为，明天我们的世界或者职业会跟今天一样。而且，尽管有人希望如此，我们也都无法回到过去。

思考

花上几分钟的时间，跟自己说一说，你想要记住本章中的哪些内容。学习的时候，应当遵循50∶50的法则——50%的时间用于接收信息，50%的时间用某种方式来应用所学的知识，其中包括将所学知识与自己业已了解和关注的方面联系起来。

尽管我们不可能预测出未来的样子，但可以肯定的是，在工作和周遭世界两个方面，未来将向我们所持的观点和期望提出挑战。你应当制订计划，继续在工作和生活中培养自己的技能，而当它们被科技拓展或者被技术取代时，你甚至需要放弃这些技能。你应当培养在不同情况下都能够发挥出来的能力，如沟通、协作、思考、决断、自我管理，（当然）还有学习能力。

而且，由于如今正在发生的诸多变革给每个人的生活方式都带来了重大影响，因此世界更需要那些能够睿智地引领科技、工作和社会变革的人——需要拥有新的学习紧迫感和学习能力的人。不过，这个世界也要求我们所有人发展成长，达到你在前一章中了解的高级意识阶段。正如未来学家雷·库兹韦尔阐释的那样：

> 进化指的是什么？进化就是朝着更复杂、更高雅、知识更丰富、更聪明、更美丽、更具创造力以及其他更抽象而微妙的，像爱这样的品质前进。[①]

换言之，这个瞬息万变的世界需要学习4.0！

---

① 雷·库兹韦尔，《加速回报定律》，2001。

第四章

信息领域：
过载还是机遇？

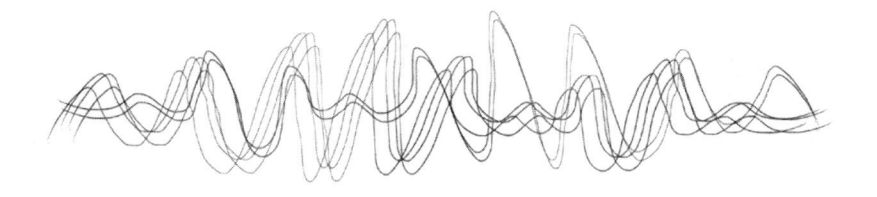

信息就是学习的内容。不过，信息领域正在出现根本性的转型。如今世间有了更多的信息，信息的格式也更多，但我们对信息的质量或者信息背后隐藏的意图却逐渐没有把握了。每个人都需要掌握新的方法和能力，才能判断出孰真孰假。阅读本章，可以帮助你认识到：

- 信息是一种独特的资源，并且正在以诸多方式变化着。
- 你利用的信息，往往都经过了你或者他人的筛选。
- 信息就是力量：利用信息的时候，要靠你本人保持自身的独立与诚实。
- 改进信息管控技巧是学习 4.0 升级中的一个重要组成部分。

理解自身学习情况的第 4 个重要因素，就是信息领域。大家都很清楚，信息正在以指数速度增长。到 2020 年，信息量每 73 天就会翻一倍！着实惊人，着实可怕，也着实令人激动！

思考与关联

你在应对身边信息的过程中，碰到的最大挑战有哪些？用 1 至 10 来表示（10 代表极其自信，1 代表完全没有信心）的话，你对自己追赶上信息发展脚步的能力抱有多大的信心？

幸好，你天生就具有应对信息过载情况的本领。大脑中的 900 亿个神经元和 100 万亿种连接，"大我"的本领以及各种层出不穷的技术和信息打包方式，都是你的帮手。因此，假如将你的学习技能升级至适应当今现实的学习 4.0，情况也是如此。

身为当今的 4.0 学习者，你需要了解信息的下述几个方面：

- 信息是一种独特的资源。
- 你利用的信息，往往都经过了筛选，并且带有偏见。
- 信息就是力量，别人会想要利用信息来对你施加影响，甚至是控制你。

信息是一种独特的资源

绝大多数资源都是有限和有形之物，要么是你拥有，要么是他人拥有。或者，资源会在使用时被消耗掉，就像食物一样。可信息却不太一样：信息会扩张、传播，有时其价值还会在运用的过程中增加。在传播的时候，信息不仅会发生变化，还会生成更多的信息！难怪你会觉得变成一名更优秀的学习者的紧迫感也在增加！

信息无处不在。它有可能以原始数据的形式呈现在你的面前（比如以事实、观点、观察结果、一次经历、一则推文、一条反馈信息的形式呈现），或者以被媒体包装过（如印刷品、视频、简报、应用程序、课程、博客、网站）的形式呈现。这些数据和信息包为你的学习提供了内容。而且，同一信息可能以各种各样的形式呈现出来。例如，假设你想要寻找相关信息，了解如何照料一位年迈的亲人，或者如何向团队中的一员反馈意见，同样的建议可能会出现在一篇文章、一次课程、一次角色扮演、一个案例研究或者"优兔"（YouTube）的一段视频里。你面对的学习挑战中，有一部分就在于判断哪种信息格式最符合你的目的。

由于信息领域不断扩张和日益复杂，想找到自己所需的信息，如今也变成了一件艰巨的任务。幸好像搜索引擎和课程整合器（后文中称之为"扫描器"）这样的服务纷纷涌现并越来越多，能够帮助你找到自己所需的且格式适用的信息。

联系

欲知"扫描器"方面的更多信息，请参阅"第九章 开采学习真金"和"工具4 '扫描器'及其用法"。

打包信息往往带有偏见

以原始数据形式呈现时,信息是客观公正的。一旦经过遴选、组织、陈述、打包或者运用,信息就会带上一种观点。换言之,信息会变得带有偏见。内容提供商会挑选某些信息,而忽视其余的信息。接下来,等到利用该信息的时候,你很可能会把重点放在一种经历、一篇文章、一场演讲或者一次交谈中的某些方面,而不是其他方面。如此一来,你的信息就经过了两次筛选,即你筛选了一次,一手资料提供者筛选了一次,从而强化了带有选择性的偏见。

然而,有时产生影响的不只是中性的"选择性偏见"。身为学习者,你必须始终牢记的一个问题是:"为什么一次交谈(或者一篇文章、一次课程、一场讨论)当中会含有某些信息,而其他信息却被人忽视?"对于同一个主题,科学家(据说科学家较为不偏不倚)选择的信息,会不同于那些试图推崇一种观点或别有用心的人。不妨想想一位保守派或者自由派政客的选择性偏见,或者一位相信参与式管理方法的领导力专家在一篇文章中流露出来的选择性偏见吧。再或者,想想一位希望你购买新药的广告商,一个想要在外面待到比平时晚的青少年。现在,再来想一想你自己在听别人说话时带有的选择性偏见,姑且不论你赞同或者不赞同此人的意见。例如,不妨再回想一下,你对一个持有不同政治信仰或者对养育孩子持有不同观点的人所说的话。除非采取措施,让你看得比自己的筛选条件更充分,否则,你在聆听和发表意见的时候,必然会带有对自己的兴趣或者自己所持的观点有利的偏见。

要记住,尽管信息领域中含有大量的数据资料,但在信息当中以及你处理信息的过程中,总有偏见与筛选在起作用。倘若动机明确,或者信息相对客观(比如科学的或者可靠的统计信息),这种情况是无伤大雅的。你可以想见,在报纸的社论版上会看到一种观点,或者在一堂建筑课上会发现倾向于某种建筑方法的偏见。不管你希望或者主动寻求与否，认识到信息更具选择性和主观性很重要。而当偏见超越了筛选的范畴，变成了有意歪曲、篡改、提供错误信息和虚假宣传的时候，能够发觉这一情况也至关重要。绝对不要忘记，该由你去辨识哪些筛选条件在起作用。对于你正在利用的所有信息，你都应当领先一步！

  与信息偏见有关的最后一条是：在如今这个信息饱和的世界上，我们很容易受到与自身观点相似的信息源的吸引。例如，只收听一个新闻网的新闻，只加入寥寥几个由志趣相投者组成的社交媒体群，只阅读能够反映你自身偏见的博客或者新闻消息，这些都是司空见惯的现象。随着兴趣群体兴起，然后又细分成更小的兴趣群体，我们加入更加狭窄的信息共享群体的机会还在日益增多。这种情况可能对形成亲密关系很有好处，能够加深你对特殊兴趣的理解，并且有助于让你觉得对信息世界中一个较小部分的掌控能力变强。不过，倘若志趣相投者开始认为自己的观点比别人的观点更加正确，那就很危险，会阻碍学习。

  因此，千万不能身处信息舒适区，这一点将阻碍你对发生在更广阔的信息领域的事情抱有好奇心。虽说在较具多样性的信息领域中，往往有你并不认同的人物或观点，但其同样会帮助你成长，让你做到与时俱进。它们也有助于你克服工作、群体以及整个社会中一些更大的偏见，或许还会帮助你理解（尽管你不一定认同）其他观点产生的根源。在你不断培养自身、度过你在第二章中业已了解的各个人生阶段时，这样做很重要。

思考与关联

  此时或许是一个大好机会，你不妨回忆一下第二章中提到的成年发展阶段和其他的自省之法。如何看待你的日常信息世界，这一点有着重要的意义。

信息就是力量：对 21 世纪学习者的警示

互联网、社交媒体和常规的大众媒体，都是传播信息的强大工具。它们能够在瞬息之间，将信息传播给数十亿人。正规的学习课程也能做到这一点。一门在线学习课程或者一款手机应用程序，能够接触到任何一个拥有电脑或手机的人。而且，得益于可靠性日益增强的机器翻译服务，连语言差异也不再是我们获取全球资讯的一道障碍了。

正如数个世纪以来的暴君们发现的那样，信息就是力量（独裁者往往都会尽力控制或者质疑其社会中的主要信息源）。不过，暴君并非唯一试图对你的信息领域施加影响的人，企图对你施加影响的行为始终都存在。企业、广告商、政客、社会领袖、教师、具有特殊利益的新闻频道，不论是谁，只要带有一种计划，都在不断地选择信息，并将信息包装得很有吸引力，以对他们期待的对象施加影响。

这样做的人，实际上就是利用你在第一章中了解到的大脑知识，来影响你的思维和行为。他们懂得如何通过迎合你的恐惧心态和种种欲望，来对你的杏仁体（情感中心）产生吸引力。他们能够利用种种手段，将信息呈现到你的面前，从而激发出那些让你产生良好感觉的化学物质，并且吸引你的无意识学习能力。

这种有意操纵信息的做法，起初被称为"计算机劝导技术"（captology），如今则被称为"行为设计"（behavior design）。企业、政客和其他一些人，都是利用对大脑的这种了解，从而开发出应用程序、营销资料、游戏、演说和宣传的，这些东西"像黑客一样侵入（你的）大脑，利用了大脑的种种本能、怪癖与缺陷"[①]。

就连科学研究也无法彻底摆脱研究人员本身的偏见。身为 4.0 学习

---

① 斯坦福大学的 B. J. 福格，引于伊恩·莱斯利（Ian Leslie），《令应用程序具有成瘾性的科学家》（*The Scientists Who Make Apps Addictive*），见于《经济学人》（*The Economist*），2016 年 10 月 - 11 月，67-71。

者，重要的是明白所有信息都带有主观性，因此在学习的时候应当保持自己的独立性。虽说这是一条艰难的道路，但认识到出现偏见的可能性，不让自己受到他人的操纵，不走向并非本意且对自身没有好处的目标，这一点至关重要。

> **联系**
>
> 第九章将帮助你看透用于学习的信息中含有的不同筛选条件与偏见，也会帮助你认识到自己的筛选方法与偏见，因为这些方面也会对你的学习内容造成限制。你或许想要略过其他章节，跳到第九章去看一看学习时经常被他人用来对你施加影响的一些方法。

小结　信息领域

身为4.0学习者，你很清楚身外有一个巨大的信息世界，其中充斥着大量的学习资源和经验。这个信息世界广袤无垠、瞬息万变，因此你常常只有利用资源扫描器，才能找到自己所需的信息。但是，在一个纷繁芜杂的领域里，你要做到的不只是找到自己所需的信息，核验所获信息的可靠性与可信度也很重要。我们不要想当然地认为这些信息都是客观公正的。

你完全可以料想到，自己所用的任何信息，比如文章、经验、课程、对话等，全都带有选择性，因而全都带有某种程度的偏见。这种情况既不能说好，也不能说不好，因为总是有些信息包含其中，也总是有些信息被排除在外。学习的时候，你也会利用自己的筛选标准，选择接受哪些信息、忽视哪些信息。因此，在选择信息和学习的时候，认识到这一点非常重要。

设计课程、撰写图书、发表演讲或者开发模拟程序和应用程序的人，必然会对信息进行遴选，必然会试图说服你，让你接受他们的观点和方法。你可以想象得到，学习的时候也存在此种压力。然而，由于信息就是力量，所以信息领域也是人们在媒体、工作场所、政治活动和金融领域里争夺权力的一个战场。他们全都在吸引你的眼球，需要你的关注、支持或金钱。而且，他们还懂得如何操纵信息来达到这一目的。

身为 4.0 学习者，你完全可以保持自己的思想自由。你应当认识到，信息领域广袤巨大且具有主观性。这就是新的学习形势当中我们应当了解的第 4 个组成部分，也是最后一个重要的组成部分。

现在，你该把学习技巧升级到 4.0，让自己在这种新的学习形势中积极发展、大步向前迈进了。

第 二 部 分

4.0学习者的7大技巧

是时候升级至学习4.0了！在这一部分，我们提出了学习4.0的7大技巧。有些技巧你业已具备，是学习1.0、2.0和3.0等能力的升级；其他一些技巧则会让你耳目一新，并且会取代你以往所用的学习方法。你可能会发现，自己或者会用到其中的所有技巧，或者只会用到其中的一两种，而且你所处的具体情况，决定了你需要的究竟是哪些技巧。不管什么时候，只要有助于学习，你都应将这些4.0技巧利用起来。

本部分含有诸多建议，并且解释了它们能够帮助你变成一名成功的4.0学习者的原因。为了发挥出首次阅读的最大作用，你不妨利用"思考与关联"的间隙，利用"工具3"中的笔记格式，来帮助你将读到的内容转化成日后可用的信息。在"工具2"中，你还会找到引导你全面了解这7大技巧中的每一种的模板。你现在就应当看一看这些模板，或者在心中记住：不管什么时候，只要发现自己身处一种学习环境中，你就应当对这些模板加以利用。

第五章

听从内心的学习需求

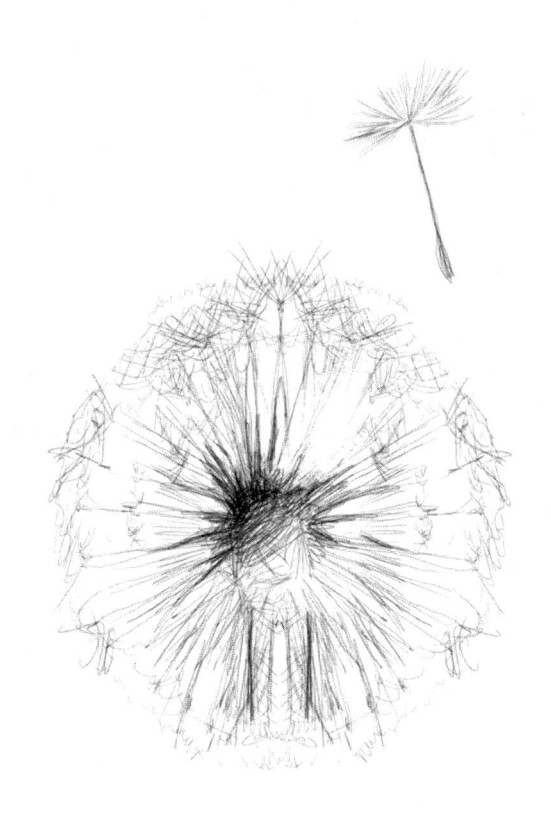

学习4.0可以捕捉各种各样的学习机会，从最显而易见到最微妙的学习机会，它都能发现。本章将帮助你留意更多的学习机会。当下述各个方面发出学习召唤后，你就可以辨识出来：

- 内心。
- 外部。
- 过去。
- 未来。
- 纯粹的好奇心。

有些学习召唤发出的声音响亮而清晰。比如，你面临一种健康危机，为此到互联网上搜索别人的真知灼见时就是如此。再比如，你将进行某项国际推广业务，需要学会一门新的语言。又或者，为新行业里的一位客户开发的一个项目，会给你带来一项任务，即要求你既要了解这个行业，又要了解那个客户；你是团队里的一员，正在处理一个新项目；公司要求你去参加一个安全讲习班或者学习一门在线课程；你即将运用某款新软件，因此会去学习软件的使用教程；你决定当一名技艺精湛的园艺师，因此开始一步步地参加培训班，来实现这一抱负；你刚刚生了一个孩子，儿科医生指导你下载一款手机应用程序，其中包含为了当一个好父/母亲"你需要了解的一切"。不管什么时候，只要是在一般情况下为工作或者人生设定目标，你都在自觉地创造学习需求。

思考

你为什么想要学得更好？召唤你升级学习技巧的又是什么？

对于许多人而言，他们多半都是有了上述需求之后才开始学习，即学习需求很明显，或者是自身陷入了某种危机。事实上，我们若是用一种较为被动的方式，只做那些非做不可的事情，得过且过，人生是很容易度过的。然而，到了人生末期，那些以此种方式度过一生的人常常会希望自己以前能够过得更加充实，希望将他们的天赋发挥得多一点，并且希望他们那900亿个脑细胞运用得多一点。

要是当时他们听到了学习传来的喃喃召唤，该有多好。

身为4.0学习者，你将超越那些显而易见的学习召唤，因为你的"听觉"范围会更宽广。你会通过聆听其他一些更加微妙的召唤而学习和成长，这些召唤多数时候不过像是窃窃私语。身处日复一日的活动和杂音当中，我们很容易忽视这些召唤。

学习召唤的信号来自多个方面。它们可能源自你的周边环境，比如不断变化的职场、人际关系、社会变迁以及新的技术。当你需要作出改变，当你经历人生各个阶段，当你意识到自己身上有各种尚未充分开发的部分，需要以某种方式对它们加以整合和应对的时候，你的内心会发出学习的召唤。当你回顾一种成功或者失败经历，对结果感觉良好或者陷入困扰之时，也会产生学习的召唤。

很有可能它们眼下就在向你发出召唤。不过，现代生活带来的压力和个人的筛选条件（比如害怕失败、完美主义或者阴暗面模式），都很容易将这种召唤之声湮没。①

身为4.0学习者，你可以将这些微弱的召唤之声放大，以免来不及采取行动，或者使得它们变成危机。而且，在这个重要的学习技巧领域里，你可以通过提高注意力、全神贯注能力和思考的能力，来提高自身的整体适应度。

要想熟练掌握这种听从内心的学习需求的技巧，你需要把自己调整到与学习召唤同步的状态，并且将这种召唤表达出来。这两种做法都利用了本书第一章和第二章里描述的关于大脑和心理学的事实。例如，根据心理学我们得知，人的期望会对感受造成影响。而神经科学家则告诉

---

① 请参阅第二章，了解关于心理阴暗面之作用的更多内容。

我们，人能够有意识地启动自身的潜意识系统，注意到某些事物。

与学习召唤同步

做到与学习召唤同步之后，你就会问自己这样一个问题："究竟是什么东西导致我去学习的？"你会调整自己的学习感受器，注意到那些最微弱和最隐蔽的学习召唤。你的感官、潜意识系统以及你的"大我"都会得到精准调整，变得机灵警惕，准备随时聆听来自5个不同"频道"的召唤。这5个频道就是内调、外调、回调、前调和顺应好奇心。

内调

你的身心会发出诸多间接信号，它们都有可能是学习召唤。你可能会觉得焦躁不安、无聊，或者像是在原地兜圈子。你可能对某件事情或者某个人产生强烈的情绪反应，而这种情绪反应，与你当时所处的情况并不相称。没准儿，你会发现自己牢骚不断，或者对某种角色、关系或工作岗位感到不满。或许你会觉得自己受到了某种东西的吸引，或是对某种东西很感兴趣，甚至有那么一段时间会精力十足。在完成一个棘手的项目、一场艰巨的表演或者一项很难的体育赛事之后，你会觉得情绪高涨或者情绪低落。这些现象，都有可能是鞭策你去学习某种东西的信号。

你很清楚，只要活着，你的需求、人生的各个阶段以及内心的其他力量就会持续不断地召唤你去学习，而你也始终都在发展和变化。事实上，你的内心当中有一个自我，在整个人生中都会要求你成长、改变，并且发挥出自己的全部本领。这些深层力量发出的声音常常都很微弱，会通过感受和肢体信号间接地表达出来，要到很久之后才会变得显而易见。因此,你应当变成一个擅长于探知这些信号的人。应当让这个频道保持开放,以便一旦出现付诸行动的召唤,你就能够听到它们。

外调

你应当让一个频道保持畅通,听到周围世界发出的召唤。在自己的习惯和行动不再像以前那样有效时,你应当留意到表明这种情况的信号。假如没有获得自己期待或者想要的反应、结果或反馈信息,你就应当注意。你应当留神同事、家人和朋友之间人际关系的变化。情况正在出现变化吗?或许,你的孩子正在成长为具有叛逆心理的青少年,或者你的配偶找了一份新工作,又或者工作中即将出现某件事情,它会改变你的工作角色,甚至让你失业,而你也清楚这一点。这些经历可能都要求你获得新的知识、技能、视角、态度和能力。当这些信号甫一出现,你就应当注意到,并且据此采取措施,不要让它们变成严重的危机。

回调

过去的经历中有着丰富的潜在学习教训,你可以让它们浮现出来,它们也有可能主动以骄傲或者遗憾之情表现出来。回调的目标,就是从过去的成功、失败以及事后的理智回顾中获得有益于学习的教训。例如,完成一个复杂的项目之后,你不妨在内心细细回想一下,重温整个过程,让学习的声音传达出来。

源自过去的许多学习召唤,一般都无人能够注意到。电影《土拨鼠之日》(*Groundhog Day*)就是根据这种观点拍摄的。主人公发现自己每天度过的都是同一天,没有变化,日复一日,直到他突然意识到,通过改变自己的行为,就有可能获得一种不同的结局。在他最终回调、深入审视了过去的经历之后，终于发现了未来将给自己带来力量的学习重点。

前调

未来降临的速度，似乎永远快过你为之做好准备的速度。不过，其中总有一些迹象，让你可以在当下接收到。例如，你所在公司的战略计划、趋势数据、技术展望以及你自身对周围趋势的敏感度当中，都存有表明未来情况的迹象。要记住的是：每一种重大的社会变革和个人变化发生之前，都有一种非常微妙且常常很边缘化的能量。想想一些重大的社会运动（比如民权运动和女权运动），或者你自身的个人变化（比如职业改变和人生转变），你就会明白。这些变化，很少是在一夜之间发生的。

倘若家庭、社交圈或周围的人际关系发生改变，那就是未来正在向你发出召唤。假如你始终了解自己所处行业、所住城镇、整个世界以及自身生活与人际关系的情况，那么你的大脑就会保持警惕，听到早期的警示信号并对未来进行预测，从而使你能够在情况发生变化之前做好准备，或者起码不被变化弄得措手不及。能够从极其微妙的线索中发觉即将到来的未来，正是4.0学习者最重要的能力之一。

顺应好奇心

人类常常会在没有明显理由，而是纯属好奇的情况下，或者出于学习能够带来快乐的目的去学习。这一点在一些更加关注逻辑而非情感的研究人员看来，始终都是一个谜。想想你被某种兴趣深深吸引、忘形其中而完全失去了时间概念的那些时候。你应当继续留意希望学习某种知识的机会。比如，为了满足一种好奇心，或者只是为了体验不同事情带来的新鲜感。学习行为会激发你大脑中许多可以产生"快乐"的化学物质，如多巴胺和内啡肽。因此，你应当留意那种没有其他目的，只是为了学习本身、为了享受并体验活着而存在的学习召唤。

此时，有哪些频道正在要求你听到内心的学习召唤？你有没有聆听内心的低语？是什么东西在让你外调，让你更好地与周围世界和谐相处？你的过去当中，有哪些教训在等着你去发掘，要求你回调？未来向你发出了什么样的呼唤，在等着你去回应？此外，外部世界中又有些什么，让你只是出于好奇而去学习？

你务必留意这些召唤。这就是你身为 4.0 学习者的第一项使命。你的前额皮层（即有意识的大脑中负责执行官能的部分）有一个重大目标，那就是对这些召唤做出回应。不过，你得先听到召唤，然后才能对其做出回应！

思考

想一想，本周有哪些东西召唤你去学习？在前述 5 大召唤中，哪一项发出的声音最为响亮？

表达召唤

如此一来，你就听到了学习的召唤之声。不过，这种召唤又对你诉说了些什么？你应当用能够激发学习的话语，将这种召唤表达出来并加以实现。这样做既适用于显而易见的学习需求（比如，你必须去上课，或者参加模拟实习），也适用于其他频道发出的模糊信号。不论召唤来自何处，你都应当用自己的语言将召唤的内容表达出来，从而让召唤充

满活力。你可以利用自我对话,把重心集中于召唤本身及其要求你去做的事情上。[1] 例如:

- 我购买了这款新财务软件。现在我该如何使用这款软件,来帮我节省时间和金钱?
- 这次国际推广,意味着我必须学会一门新的语言!
- 我必须参加这门课程,才能了解新的售后服务条款。我该如何利用这次机会,以让自己在应对怒气冲冲的顾客时变得游刃有余?
- 凡是有杰克在场,我的反应一向都显得很抵触。我想知道,如果做出不同的反应,会出现什么样的结果?
- 近来我在工作中一直都觉得深陷困境、平淡无聊、没有动力、精力不足并且焦躁不安。我认为,这种情况就是在告诉我,需要看清自己人生当中的下一个目标是什么。
- 一想到这个话题,我就有一种很不舒服的感觉。这是不是一个信号,说明我需要学习某种东西了?
- 最近我们在策略上的这些变化,可能会对我的工作产生影响。为了做到未雨绸缪,我还需要了解些什么,又需要做些什么?
- 我们都知道,这些新兴技术当中,有些技术可能会给我们的业务带来重击。我们需不需要研究这些技术的影响?
- 我们刚刚完成项目的第三个阶段,对取得的突破大家都觉得很高兴。我们在项目中吸取了哪些教训,可以将它们带到将来的项目中去?
- 我在做这种工作和利用这些技能的时候,感觉很不错。这种情况

---

[1] 自我对话是我们人生当中的一种主要力量。它有助于塑造思维、自信以及力量感。倘若自我对话的关注重点在于塑造目标、回忆信息以及更多的方面,它就可能成为学习中一个重要的有利条件。罗伯特·凯根和丽莎·拉斯科·莱希在合著的作品《谈话方式能够改变工作方式:用于转型的 7 种语言》(*How We Talk Can Change the Way We Work: Seven Languages for Transformation*)中,提出了自我对话及与他人交谈的一些方式。这些方式与 4.0 思维及学习 4.0 均有关。

是不是意味着我应当让自己形成习惯，经常这样做？
- 我在浏览这本新闻杂志的时候，某一内容吸引了我的目光。我对这一主题真的非常好奇，因此会让兴趣为我引路。

把自己印象中的事情用语言表达出来，能够让你更加密切地审视这些印象，并且看清其中是否含有学习召唤。你只需描述出自己的感受和观察所得，以及它们可能要求你去学习的东西就行了。

小结　听从内心的学习需求

第一种学习 4.0 技巧，涉及的就是你应当认识到什么时候该去学习。你的人生当中充满了学习机会，无论何时、何地，都有这样的机会。有些学习机会很明显，比如你的雇主或者职业要求你去注册并学习一门在线课程或参加一个在线讲习班，或者你的人生发生了某种剧变，你必须对此做出回应的时候。

联系

可以利用"工具 2"中的"技巧 1　听从内心的学习需求"模板，帮助你来实施学习 4.0 的第 1 种技巧。

不过，乍看上去，绝大多数学习召唤都不像是能够让你成长的学习机会。它们会以不安、抵触、好奇、兴趣及反复冒出的欲望等形式呈现。或者，你可能对现状感到厌烦，对以前一直有效、如今却不再有效的渺茫希望以及身边的变化感到厌烦。像这样的微妙线索可能就在表明："你该去学习了。"不要让这种低声细语淹没在日常生活的嘈杂当中。

这种调动整个身心的意识,正是学习 4.0 升级带来的一大特色。身为 4.0 学习者,你将精心调整这种能力,辨识并且承认各种学习召唤——不管这些召唤源自你的内心、外界、过去的经历、未来,还是你只是在享受一种令人惊喜的学习机会。

第六章

创造未来愿景

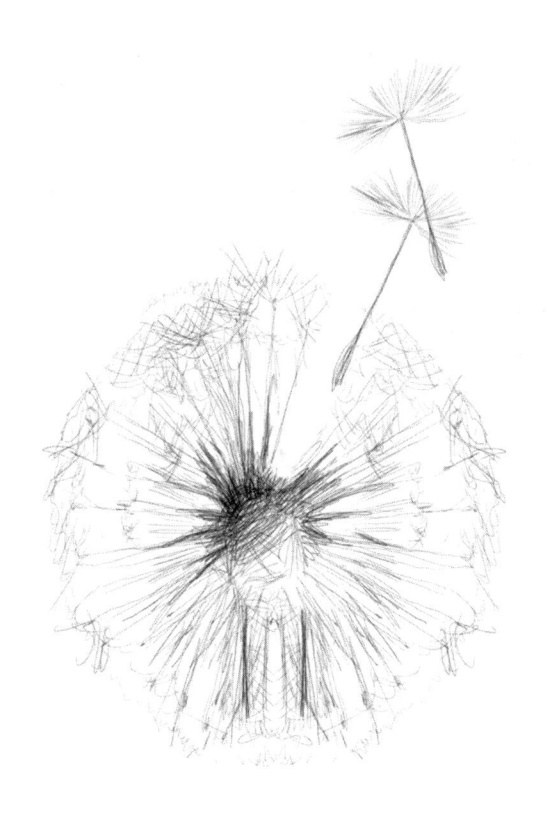

想象力既是人类的一种典型品质，也是学习 4.0 的一种关键特征。在本章中，你将了解如何运用想象力做出规划，让自己的学习获得成功。其中包括：

- 让自己沉浸在你想要创造的一种多感知未来当中。
- 清楚自己如今所处的位置，从而创造出一种具有激励性的引力，将自己拉入向往的未来。

这样一来，你已经听到了学习的召唤之声。假设你想要对这种召唤做出回应，现在该怎么办？你可能想要付诸行动，但积极性不够高，不足以迈向下一步。而且，你可能也不是很清楚自己需要学习什么，或者什么样的学习资源最能满足你的需求。

思考与关联

想象一下一两年之后，自己的学习能力变得更强的景象。那种情形会是什么样子？你的感受又将如何？

因此，不要在这个时候仓促地一头扎入学习活动中，而应当采取某些措施，让自己保持积极性。不妨设想出一种引人入胜，且能让你在学习上必然获得成功的未来。你应当创造出一个具有多元感知性的未来之自我，即处在一种未来虚拟现实中的你。这样你就会创造出一种强大有力的心理动力，将自己引至向往的未来，因为此时的你已拥有某种确切的东西，能够引领你自觉做出各种学习决定了。这也有助于对大脑中的各种无意识功能做出规划，以便日常生活中出现学习机会时，你能够将它们辨识出来。

要创造出这种未来愿景，会涉及两个阶段，即设想一种具有多元感知性的未来，以及为你现在的定位导航。

设想具有多元感知性的未来

"你能够像艺术家创作一件艺术品那样,开创自己的人生。开始从这一角度理解人生之后,你就会改变自己的整个世界。"①

你具有一种天生的本领,能够在内心设想出有如电影般逼真的场景。你在睡觉、做白日梦和进行想象的时候就是如此。把想法体现出来的这种能力,是人类极其重要的一个组成部分,以至于如今成了人工智能研究人员关注的重要焦点。研究人员认识到,人类的智力不只是他们用数码电脑进行编程的一个抽象过程;相反,他们正在通过将机器人与人类进行物理连接来训练机器人,希望能够将人类的这种能力转移到机器人身上!

学习4.0鼓励你运用自身的想象力与梦想,让身体和大脑两个方面都参与进来,为使学习获得成功而努力。其中的秘诀就是创造出一种令人身临其境的虚拟现实,使你可以走进和体验这种现实,仿佛它就是真的。② 这需要全面调动你的身体、心智和情感。

这种做法的步骤如下。想出此刻正在召唤你去学习的某种东西。然后,来到一个安静宽敞的地方,闭上双眼,缓慢地深呼吸数次。现在,设想自己已经遵循学习召唤付诸行动,并且生活在自己的未来当中。问一问自己:

- 你身处何处?

---

① R. 弗里茨,《人生如艺术》(*Your Life as Art*),佛蒙特州努凡:努凡出版社(Newfane Press),2003:1。弗里茨是一位音乐家兼电影制片人,与行为科学家及艺术家进行过广泛的合作。他论述了目标与现实之间那种创造性张力产生的影响,并将这种影响称为"结构性铭印"。

② 在技术上,虚拟技术依赖于计算机、头戴式视图器以及其他技术,能够创造一种你可以当做"现实"来体验的多感官仿真情景。不过,你拥有运用大脑的想象力来做同一件事情的能力。创造自己的虚拟现实投影,就是在主动制订计划,让自己朝着向往的方向前进。这是一种非常强大的自我管理和学习方法。

- 情况与如今有什么不同?
- 你正在体验、看到、听到和嗅到了什么?
- 你正在干什么?
- 你正在创造什么或者获得了什么成就?
- 还有其他哪些人在场?
- 身处此种场景当中,你有什么样的感受?

我们不妨把这种做法,看成是"试用未来"。不要仅是这样想一想,而应当切切实实地设身处地,走进未来的自己。体验一下你向往的这种未来,看它是不是与那些重要的学习召唤产生了共鸣。你应当全身心、满怀情感地把自我投入到此种映射当中。假如这样做有效,你不妨把自己的体会描述出来,与朋友探究一番。要记住,你是在调动内心的资源,比如自我形象、积极性、脑内化学物质、感受,以及大脑前部进行自觉思考与想象的中枢,让自己为学习做好准备。应当把这种未来当成自己的未来的体现,将它带入你的内心。

即便你的虚拟未来起初模糊不清,即便明知这种未来会随着学习而变化,也应当将它摆在那里,然后开始踏上你的学习之路。想象自己手中握着一大团黏土,你想要把它捏成某件特殊的作品。你会从软化黏土和塑形开始,最后,你的加工过程和黏土就会变成合作伙伴,共同形成最终的成品。(米开朗琪罗对雕刻的作品始终都具有自己的创意,可他还是由石头协助决定最终的雕塑。)

未来愿景有助于你连点成线,为自己的学习之旅开辟道路。接下来,在那条道路上你学到的知识,又会帮助塑造和打磨你的未来愿景。你的学习之旅和未来愿景会相互影响,但最初的那种多元感知印象是一个重要的起点。

不要担心你设想的是一个完美的虚拟未来。设想未来的目标,只是规划出某种方向,创造动力罢了。不过,你确实会希望尽可能想象出自己向往的未来。你不妨感受一下自己生活于其中的样子。这正是 4.0 学习者能够做到的最强大有力的事情之一。这样做，会调整和激励大脑中的意识部分，使之注意到各种学习机会，去运用学习技巧。而且，这样做还会形成一种无意识的、犹如磁铁一般的吸引力，会在不知不觉中将你拉向自己向往的未来。这种虚拟的未来，还会在学习难以为继的时候，帮助你坚持下去。

为现在定位导航

你的学习旅程将带着你从当下迈入未来。不过，你想要超越的又是什么样的"当下"呢？搞清楚自己那台"虚拟现实投影仪"所在的位置，即搞清人生地图上标注"你在此处"的那个图标的位置，是个不错的办法。你不妨想一想：

- 你目前处于何种境况，是否可以为新鲜事物做好准备？
- 在这些境况当中，你看到、听到或者感受到了什么？
- 你在这些境况当中做什么？
- 你在创造什么或者实现什么目标？
- 在目前的处境当中，哪些人是关键人物？

除了从内心进行审视，你还应当超越自我，从外部视角回答这些问题。你应当努力超越自身的种种偏见和经历，听一听别人的反馈意见：他们现在是如何看待你的？诚然，这些人的观点会反映出他们自身持有的偏见，可这会塑造他们对你的反应方式，同时别人的反馈也能给你带来另一个数据点。

虚拟未来与目前所处位置之间的差别会引发冲突，而你的大脑与自我却想要解决这种冲突。对未来与当下的体验越真实和发自肺腑，你就越会干劲十足地消除未来与当下之间的冲突。不管是自觉的还是无意识的，你都会受到吸引，朝着自己向往的未来前进。

小结　创造未来愿景

想要对一种学习召唤做出响应时，你不妨花点儿时间，让自己为成功做好准备。你应当将想象力带到学习过程中去。首先，你可以通过创造一种具有虚拟现实性的未来愿景，调动和激励自己付诸行动，让自己沉浸在向往的未来当中。接下来，你应当专心探究自己目前的处境。这会让你无意识的自我做好准备，消除这两种情境之间的矛盾，并且对你的学习产生激励作用。

假如你是第一次担任团队领导，想要成功地履行团队领导的角色，那么可能出现的情况如下表所示（表 6-1）。

表 6-1　现在的你与未来愿景之间的创造性冲突

现在的你			未来的你
跟主管们待在一起的时候，我会变得很紧张，所以我觉得自己显得很胆小	创造性冲突	→	我会很有信心，充满激情地提出我的观点。我能够应对好自己的紧张情绪
跟我打交道的其他技术人员虽然都喜欢我，但认为我跟他们分享或商量的程度不够			我会询问其他技术人员的看法，并且为团队规划创造更多的机会
除了自己的工作团队，我与其他人接触不多			我与其他部门的多个重要人物建立了良好的关系
我绝大部分的满足感都源自亲手解决问题			我会赞扬团队获得的成就，而当团队取得成功之后，我也会产生一种成就感
别人都知道我是一个聪明、独立工作的技术专家			别人都清楚我既是一位有思想的领导者，也是别人的辅导者和导师

即便只在想象当中形成了这种"当下至未来"的自我观，在学习中获得成功的概率仍会增大。有些人将这种未来愿景称为"引力法则"，还有一些人称之为"阻力最小之路"。[①] 史蒂芬·柯维称之为"以终为

[①] R. 弗里茨，《阻力最小之路：创造自己想要创造之物的原则》（*The Path of Least Resistance: Principles for Creating What You Want to Create*），纽约：巴兰坦图书（Ballantine Books）出版集团，1989。

始"。① 对于精神领袖而言，祈祷就是一种特定形式的未来愿景。其他人则更具科学态度，将其等同于磁性，认为目标会在其中形成一种心理磁场。积极思维的力量，以及人们认为想法会变成现实的观念，也与这种未来愿景的观点有关。当你在人生当中设定了更多使巧合之事发生的条件之后，同步性就成了创造未来愿景的附带结果。在现实生活当中，当你做好了准备，在学习机遇出现的时候能够注意到，甚至主动让自己进入一种可能出现学习机遇的环境后，你或许还会这样说："现在出现了与我的学习目标相关的机遇，难道这不是运气使然吗？"②

联系

可以利用"工具2"中的"技巧2 创造未来愿景"模板，来帮助你实施学习4.0的第2种技巧。

大脑研究的结果，证实了我们在本章中讨论过的所有观点。你可以让自己的无意识系统做好准备，为你的学习追求提供支持，同时也为更自觉的学习行为确立一种框架。③ 不要错失这种简单却强大有力的技巧带来的种种益处。

---

① 史蒂芬·柯维，《高效能人士的七个习惯》(The 7 Habits of Highly Effective People: Powerful Lessons in Personal Change)，纽约：西蒙与舒斯特（Simon & Schuster）出版社，1989。
② 请参阅弗里茨、坎菲尔德（Canfield）和麦基（Mackey）的作品，了解未来愿景的更多内容；他们的著作已列举在参考文献中。
③ 第一章较为详细地说明了你的无意识系统。

第七章

广泛搜索最佳学习资源

身为 4.0 学习者，你应当把最佳资源和经验都用于学习。你会利用越来越多的搜索服务，以找到这些资源与经验。本章建议你：

- 由问题与好奇心引领自己。
- 在利用特定的学习资源之前，先后退一步，仔细察看一下信息领域。
- 要记住，你所处的日常环境当中，到处都有朝着未来愿景前进的机会。
- 利用所有的资源，而不仅仅是舒适区里的资源。
- 在学习旅程中的每一个阶段，都要敞开心扉，拥抱惊喜与新的信息。

救命啊！外界的信息实在太多，每日还在增加。你该怎样做，才能找到最佳的学习资源和经验？你又要怎样做，才能知道自己要去找寻哪些资源与经验？

你很容易去利用前行道路上率先出现的资源、人和经验，因为这样做往往是最轻松的选择。你会利用课程、应用程序或者朋友为你推荐的指导人士。你会在没有思考过其价值的情况下，一听到别人说你可以"学到某种东西"，就急不可耐地一头扎进一个项目。你想要学习的时候，往往会参加一门课程、买一本书、自己进行实验，或者点击互联网搜索引擎上列出的第一个或者第二个结果。"这就是我的风格。"你会这样说。

思考与关联

选定自己想要学习的一个方面，然后在阅读本章的过程中牢记于心。你通常会用什么方法找到最佳资源帮助自己学习？你会到哪里寻找学习上的帮助？这种搜索的质量，将对你所学的知识、学习时所用的方法，甚至是能不能学会产生影响。或许，本章会改变你对自身搜索习惯的看法！

想要学习某种东西的时候，你很容易会选择学习道路上率先碰到的资源或者经验。不过，除非能够确保这样做可以最充分地利用你的时间，否则，你就该抑制住这种冲动。你应当后退一步，运用学习4.0的方法，从提出问题开始，利用"扫描器"及多种多样的资源，并且乐于接受新鲜事物。

从提出问题开始

在准确判断自己想要学习什么以及如何学习之前，应当自问以下具有指导意义的两个重要问题：

- 什么样的知识、技能和其他品质，会有助于我实现自己的未来愿景？
- 我能够利用什么样的资源，即经验、工具、信息、媒体和支持，来帮助自己学习？

除非你在自己的学习领域里本领非凡，即除非你对学习领域的情况了如指掌，知道向哪个方向前进能做到与时俱进，否则你就应当制定好计划，先拓展自己的知识面，然后再去深入学习。这意味着你必须具备好奇和开放的心态——从提出问题开始。

在儿童时期，好奇心与问题意识曾经主宰着你的整个世界。不知何故，许多人成年之后却抛弃了这种品质，取而代之的是一种需要看上去令人满意、完美和把握十足的心态。（你还记得我们在第二章里论述过的那种思维定式吗？）这个瞬息万变的世界，要求你重新点燃自己的好奇心，并且培养成长型思维。[1] 好奇心对你的健康与活力也很重要，它可能是你预防脑萎缩和痴呆症最重要的手段之一。

你应当对自己需要学习的东西和手头可用的学习资源充满好奇之心。要问一问自己：

---

[1] 卡罗尔·德韦克，《终身成长：重新定义成功的思维模式》(Mindset: The New Psychology of Success)，纽约：巴兰坦图书出版集团，2006。

- 我想知道，自己应该重点关注哪些技能和知识？
- 我想知道，自己是否需要改变一些态度或者信条？
- 我想知道，我能给自己带来什么样的经历？
- 我想知道，外界还有哪些学习资源和支持，其中哪些对我的效果最佳？

倘若心怀好奇之心，你就会变成一个喜欢刨根究底的学习者。你给自己的定位，会超越目前持有的自我观和世界观。你会告诉自我意识和无意识系统，说你很乐意冲破舒适区，迈入一个具有更多可能性的领域。这样做，会让孩童时期刺激大脑发育的那种能量再度勃发。

从提出问题开始，意味着你必须寻找线索并且顺藤摸瓜，就像一名侦探一样。一开始的时候，你可能以为自己需要学习某种技能或者知识，可结果却发现，其中还有不同于你的想象的种种思维方式。你很可能会发现众多开始时并不明显的学习资源，而随着学习的深入，这些学习资源甚至有可能引导你改变自己的未来愿景。我们不妨任由这种刨根究底的视角引领我们进入搜寻的下一个阶段。

利用"扫描器"

搜寻的目标，就是更加清晰地了解自己的学习内容，并且列出最佳的学习资源。想要学习某种东西的时候，你可用的资源其实是相当丰富的，如图书、文章、在线资料、辅导人员、手机应用程序、游戏、视频、播客、讲座、讲习班、静修、会议、具有发展潜力的工作任务，等等。

在这种信息过载的情况下，你又如何找到自己所需的资源？幸好，你可以求助于"扫描器"，即那些可以帮助你在信息的海洋中进行筛选的人或者服务。"扫描器"不会承担你的学习任务，相反地，它会在你精心组织搜索的时候，引领你去发现所需的东西。你的任务就是保持好奇心，开放注意力和大脑，接受新的观点和信息。表 7-1 中列出了一些"扫描器"，它们可以帮助你找到学习资源，完善你的未来愿景。在急不可耐地踏上学习旅程之前，你不妨先试试下述"扫描器"中的一种或多种。

表 7-1 "扫描器"

·搜索引擎	·在线课程整合者
·社交媒体上的众包	·人力资源、培训和职业发展专业人员
·馆长	·专业协会与会议
·图书管理员和搜索专家	·期刊数据库
·学科问题专家	·大众传媒渠道
·引文索引	
·所在公司或者机构中的领导	

还有一种奇妙的"扫描器"，如果用一种意义深远的未来愿景去激发，就始终会为你所用——你的大脑。要记住，你的大脑并不喜欢没有做完的事情（请参阅第六章）。倘若心中怀有的未来愿景与你目前所处的位置不同，那么大脑就会想尽各种方法，去弥合这种差距。在寻找某种东西或者想要更加精通某事的时候，无意识系统会不断地寻找帮助和答案。假如大脑已经做好了准备，那么你就会注意到，工作和人生当中存在许多与未来愿景相关，但原本会被忽视的机会。因此，要把你的大脑设成一种"扫描器"。

联系

请查阅"工具 4 '扫描器'及其用法"。选取一种"扫描器"，你可用它了解更多有关你在本章开头确定的兴趣。如果时间充裕，你不妨简短地搜索一次。

将学习活动以及"扫描器"帮助你发现的资源记录下来。完善你的未来愿景，使之能够反映出你在学习道路上搜集到的所有相关见解。

做到资源多样化

学习 4.0 是一种高度多样化的学习。这种学习对你如何看待、选择和利用学习资源具有重要的影响。

扩大范围

信息正在加速增长，而包装信息的方法也是如此。你可以找到以许多格式呈现出来的同一种学习内容。因此，我们应当敞开心扉，接受各种各样的学习资源，并且做好准备，欣然接受别人创造出来的更多的学习资源。表 7-2 列出了你在搜索过程中会发现的一些资源种类。

表 7-2　学习资源

·应用程序	·文章	·期刊和报纸	·讲座与演讲
·指导人员与导师	·交谈与会议	·社交媒体	·案例研究
·讨论	·专家	·图书	·在线同步课程和讲习班
·博客与网站	·过去的在职经历和生活经历	·在线自学课程和讲习班	·移动学习
·搜索引擎	·面授课程与讲习班	·团队学习与协作性的工作空间	·角色扮演
·游戏			·模拟游戏
·视频与 YouTube			·播客

> **思考**
>
> 你最有可能运用的是哪种学习资源？你会如何描述自己的学习偏好与风格？什么样的学习资源能够让你冲破自己的舒适区？

学习风格的多样性

学习 4.0 对所有的学习资源都适用。你应当做好准备，随时选取适合学习的最佳资源，而不要将搜索范围局限在舒适区中的资源。这是一个难题，因为与绝大多数人一样，你多半会偏爱某些学习资源而不喜欢其他学习资源，并且形成了自身最喜欢的学习方式。例如，你可能偏爱阅读、交谈、课程、游戏，或者更喜欢通过体验来学习。你可能喜欢在尝试某种新的东西之前，先想好点子。你可能更喜欢一个人学习，而不喜欢在交谈和团队学习活动中学习。你可能会觉得，自己是一个视觉型学习者、听觉型学习者或触觉型学习者。这些偏好，都属于学习风格的组成部分。

了解自己的学习偏好和更喜欢利用的学习媒介很有益处。不过，如今的学习阶段要求你具有高度的灵活性，能够运用多种不同的资源类型，掌握不同的学习风格。假如只局限于自己得心应手的方面，你就会落后。

身为 4.0 学习者，你不能受制于具体的学习资源、学习媒介或者学习方法。你应当拓展在任何情况下都能学习的本领，不管有没有别人跟你一起学习，不管是通过阅读与聆听进行的概念性学习，还是通过分析正在发生的事情进行的反思性学习。你应当将对讲习班或者在线学习的所有成见都抛到一边，去探索新的学习形式。你应当做好准备，随时利用你在信息领域里碰到的任何资源，以便开拓自己的视野，看到自身的资源舒适区以外的资源。

不要忘记日常生活中的机会

千万不要忽视日常生活和工作经历当中蕴含的学习价值！在你的日常生活中，到处都有学习机会。对于体能、人际关系、个人和智力等方面的技能来说，尤其如此。假如想要培养出好体力，你可以走楼梯，而不是乘坐电梯。如果想要培养倾听方面的技能，你可以花费说话时间的

3倍去聆听。你可以通过参与预算规划中的第一阶段，来加强自己的预算和财务知识。不管什么情况，只要有吵闹的孩子或烦人的同事在场，就会帮助你培养出耐心。假如你的目标是提高自身的决策水平，那么你在工作中就能获得许多机会。

> **思考与关联**
>
> 在下一个月，你的日常生活中将出现哪些自然而然的学习机会，与你在本章开始时设定的目标有关？

你在寻找学习资源的时候，不妨想一想日常生活中的选项，或是稍稍拓展一下就能获得的选项。问一问那些了解你的工作和生活情况的人，请他们来帮助你确定眼下就可以获得的自然学习机会。

你应当利用身边的各种学习资源进行尝试，并且留意每天出现的更多的资源。不妨把自己看成一个自助学习者，不管有没有人帮助，不管是在正式的学习场合还是在非正式的学习场合，都应在信息领域里四处徜徉。假如需要了解某种东西，不妨用搜索网站去搜索。假如看到了一篇了不起的文章，那就去细细阅读，哪怕你没有把自己当成一位读者。你不妨在角色扮演的练习中检验一种新的技能，即便这种练习会让你离开舒适区。假如公司要求你参加一门在线课程的学习，那么就算你认为自己早已不是学生，也应当抓住这个机会。你应当把每一种生活体验和工作经历，都变成一种学习机会。

接受新鲜事物

我们很容易把搜索这一阶段看作一桩琐事，或者是不务正业之举。

在这一阶段，可能会让我们记起上学时在学校图书馆里待上好几个小时的情形。可你现在已经毕业离校，是一个成年人，不但面临着种种学习挑战和时间压力，还需要权衡自己扮演的诸多角色。因此，在投入时间和精力学习之前进行一番探求，也是情理之中的事情。

所以，你应当以4.0学习者的姿态，来应对这个探求阶段。不妨把这个阶段变成发现的时刻，看作你在学习过程中任由好奇心和问题徜徉，顺应自身的需求与兴趣在信息领域里上下求索的时期。这个阶段可以变成你真正进入忘我状态的时期，你会沉迷于自己的好奇心，醉心于享受自己的发现成果。你体内的神经化学物质，在你找到所求问题的答案时（多巴胺），在你与他人一起探讨想法时（催产素），在享受接触某种新鲜事物时（内啡肽），分泌量都会猛增。

或许，你上一次进行在线搜索的时候，就体会到了其中的一些感受。你有了一个问题，开始在互联网上搜索，在搜索结果中漫游，检验其中一些较为中肯的条目，并且很有希望找到自己所需的答案。你的搜索甚至改变了你对自己想要寻找之物的看法。

这种发现体验，就是你实施搜索活动带来的最重要的益处之一。

小结　广泛搜索最佳学习资源

身为4.0学习者，你很清楚，学习资源的领域太过广袤，你不可能独自应对。因此，在投入大量时间和精力去学习之前，你应当花上一定的时间，去搜索最佳的资源与经验。你应当以问题为导向，后退一步，看一看有哪些资源可用，然后利用"扫描器"——它能够帮助你决定学习什么，并且引导你找到满足需要的最佳资源。而且，不要忘记把重心放在日常生活中的学习机会上。你应当把这些方面看作低垂的水果，它们在等着你去采摘，并将其转化为新的能力。你的资源丰富多样，所以不要受制于自己的资源偏好或者多年来形成的学习风格。相反地，你应当根据需求来选择学习资源。

用这种方式进行搜索，有助于你应对身边信息过载的状况。这种搜索会让你形成一种心理框架来组织自己的学习，并建立起各种支持网络，以便随着学习的展开加以利用。你应当继续塑造自己的未来愿景。

此外，你还会获得奖励。搜索阶段常常都是一个令人神往的探索时期，是一段独立自主的学习之旅。由于你采取的是一种更加广阔、以搜索为导向的视角，因此你会发现许多能够开拓视野的思维方式，甚至还有可能改变你对整个学习计划的看法。

联系

可以利用"工具2"中的"技巧3　广泛搜索最佳学习资源"模板，来帮助你实施学习4.0的第3种技巧。

第八章

开创学习道路

学习 4.0 既以你在上学期间习得的学习 2.0 的组织技能和不再接受正式教育之后培养出来的学习 3.0 的方法为基础，又升级了这些技能和基础。利用本章，你可以调整和拓展组织学习资源的能力和行动能力，实现你的未来愿景。其中包括：

- 让自己的努力与学习挑战的难度相匹配。
- 大体上认识自己的学习道路。

你业已听到了学习的召唤，形成了一种未来愿景，而且找到了自己能够利用的学习资源与经验。现在就到了你判断是否还需要其他东西来维持自身的学习，以及如何开创一条学习道路的时候了。在这个阶段，你需要对学习挑战的难度进行评估，确定自己的学习道路，设置路标，并且为踏上学习旅程做好准备。

评估学习挑战

有的时候，学习是很轻松的（比如一款软件升级之后，你想了解它的新特点），但有的时候，学习会非常困难（比如你刚刚成为一名团队主管，想知道如何才能逐渐建立和协调好人员多样化的团队）。比起轻松的学习任务，困难的学习任务需要你付出更多的时间、资源和勇气，因此我们应当提前对学习挑战进行评估。想一想，你需要付出些什么，才能实现自己的未来愿景，并且通过在学习难度渐变图（图8-1）上评估其难度水平，开创学习道路。

并不是说困难的学习就是苦差事，也不意味着难度较低的学习更令人愉快。难度大的学习任务有可能令你释放出惊人的能量，带来惊人的忘我状态，让你完全沉浸在学习当中，以至于不知时光流逝。反之，太过容易的东西则有可能不具有挑战性，不足以激发你的脑电波和神经化学物质（内啡肽和肾上腺素）来进入学习状态。无论在渐变图上处于何种位置，你都需要为学习做好准备。

图 8-1　学习难度渐变图

1　　　　　　　　　　　　　　　　　　　　　　　　　　　　　　10

←————————————————————————————————→

较易　　　　　　　　　　　　　　　　　　　　　　　　　　　较难

- 维持一种现有习惯
- 没有精神负担
- 具有背景知识和基本的理解力
- 所处环境与周围之人能够提供支持

- 与你目前的角色及自我观有关
- 与你当前的价值观、态度和心态有关
- 有正确、简单或者更好的解决办法
- 与学习伙伴的观点和学习过程都相似

- 改变、更换一种习惯或者行为模式
- 含有紧张情绪或者抵触心理
- 一个复杂的新领域
- 所处环境不利于学习或者对学习有抵触感

- 与一种新的角色或自我观有关
- 需要你重新思考自己的价值观、态度和心态
- 问题和解决办法都很复杂，有许多原因，没有完美答案
- 与学习伙伴的观点和学习过程不同

> **思考与关联**
>
> 思考一下自己想要学习的某种东西，将它放到学习难度渐变图上评估一下。

确定学习道路

你的学习旅程可能有 3 条不同的道路：即时学习；为将来的某个目标而进行的前瞻性学习；事后从经验中学习。你有可能走上其中的一条道路，或者同时走在这 3 条道路上，还带着不同的日程安排！

道路 1：即时学习

我们的日常生活中，充满着即时学习的机会。尽管 4.0 学习者拥有广阔的空间来辨识这些学习机会，但绝大多数人会错失良机。

所谓的即时学习，是指你会注意到学习某种知识的机会，然后顺应自己的好奇心，找到所需的信息，或许还会采取某种措施，来确保记得其中的一两点内容。举例来说，或许是在阅读一篇博客时，发现自己想对一个特定主题了解得更多一点。或许是在跟别人交谈、观看视频或者面对工作上的一种挑战时，某种东西激发了你的兴趣。

假设你是一位新上任的团队主管，在与一位同事随意闲谈时，得知她成功地解决了手下团队成员之间的一些矛盾。你正在努力变成一位更有力的团队引导者，所以对此的兴趣油然而生。你问她是如何解决那些棘手情况的，然后仔细聆听，并且在心里默默记下自己该如何利用她的一些方法。这是一次简短的即时交谈，不过你学到了一些非常重要且预先未曾计划的东西。

思考

学习的机会有很多，然而在信息过载的环境里，我们很难看出这些机会。即时学习就是一种未经计划，却会成功吸引你的关注的学习机会。

要注意的是，这些即时学习机会的背后，往往存在 5 大学习召唤中的一种。也就是说，你之所以会注意到学习机会，是因为你的内心、你的世界具有某种需要，促使你回溯过去、吸取经验。你也会因可能出现的一种挑战或愿景、纯粹的快乐或对某个主题的兴趣而去学习。每一个即时学习的机会，都表现出一种迹象，即你受到了学习的召唤。不管什么时候，只要想到"啊哈！这里出现了有趣的事情！"你就应当利用相关宝库开采学习真金、保持学习动力，并且转向生活实践（在后续各章中，你将了解这些方面），去理解、记住并运用所学的知识。

学习机会无处不在。这一点，可以说相当激动人心！这种情况进一步证明，你是为学习而生的。你身上的900亿个神经元及100万亿种连接，正在召唤你去激发和运用它们。

道路2：为将来的某个目标而进行的前瞻性学习

第二条道路，就是大多数人心中有意识且自觉的学习。在你将学习导向一种新的未来愿景时，走的就是这条道路。它有可能是一条复杂的路，其中含有众多的活动路段，但它也有可能是一条简单的路，比如能够娴熟运用一款新版软件。朝着一个目标进行的较为复杂的学习，通常都要求你在前进过程中不断地制订计划和重订计划。你应当预先计划好自己要利用什么样的资源，要在何时何地学习，要利用哪些工具，该如何对某些方面投资（如支付课程费用），要如何挤出时间，以及学习在你的日程安排中占据什么样的位置。你还得预料到一些干扰因素，并且判断自己需要从别人那里获得多大程度的支持，以及如何获得这种支持。

例如，你可能想要为担任某一角色做好准备，想要培养某种能力，或者改善你在某一领域里的整体技能与思维方式。或许，你听到了别人关于你某种性格特质的反馈意见，或是想要为一个新角色做好准备（即你已经听到了学习的召唤）。走上这条学习道路之后，你就会创造出一种未来愿景，搜索最佳的学习资源，制订一个学习计划，计划中会包含时间表、资源清单以及你一路上将要采取的措施。

> **思考**
>
> 为了一个目标而进行前瞻性学习时,你会制订出一个学习计划,然后经过深思熟虑,去实现你的未来愿景。

道路3:事后从经验中学习

经验就是未经开采的宝库。人们经常会带着遗憾或者怀旧之情回顾过往,但还有一种选择,并且往往也是更好的选择,就是从经验中吸取教训、学到知识。身为4.0学习者,你可以利用自己的想象力,深入理解过往的经历,从中吸取教训和知识。

> **联系**
>
> "工具5 资源专用学习技巧"中,包含如何从经历中发掘教训及知识的一些想法。

在回顾经历的时候,你可能会发现其他的学习需求。例如,你发现手下的团队在好几个问题上出现了误判,因为你没有建立公认的问题分析方法,或者没有将不同的观点整合起来的手段。于是,你会规划出一种未来愿景,希望获得更好的团队精神,找到能更好地解决问题的办法。由此一来,一开始的事后从经验中学习(道路3)就变成了为实现某一目标而进行的前瞻性学习了(道路2)。

> **思考**
>
> 回顾一次经历的时候,你常常能够从中发掘出一种学习机会。

军事领导人都需要事后从经验中学习，把它变成所有重要行动与战斗的一部分。他们称这种学习为行动后的回顾。而这一内容极其丰富的学习类型，是每个人都可以获得的。你的过往经历当中，含有大量未经开采的"金矿"。不过，要找出并开采这种金矿，需要你付出时间并自觉地努力！

思考与关联

今天你有什么样的即时学习机会？你正在为哪种前瞻性学习计划而努力？你最近有没有什么经历，可以用于事后学习？

身为4.0学习者，你应当做好准备，随时踏上这3条学习道路。你的身边到处都有潜在的学习机会，你只需更加自觉地发现这些机会。

学习4.0的7大技巧对这3条道路全都适用，只是适用的程度有所不同。有的时候，它们只属于接触点，只需利用其中的一两种技巧，比如说，一种即时性的学习需求，有可能触发一种稍纵即逝但自觉的未来愿景，而后者又能够形成某种未来引力。其他道路，比如为将来的某个目标而进行的前瞻性学习或者事后从经验中学习，则需要你更加自觉地集中注意力，并且利用7大技巧中的绝大多数或者所有技巧。

要记住，学习就是一个发现的过程。在任何一条道路上、在任何时候，你都有可能发现某种东西，它会改变你的未来愿景，改变你在学习资源与旅程方面的决定，改变你想要遵循的各种计划。学习始终都是动态的，以成长为导向，与变化有关。

设置路标

学习是一种探险。因此，不妨把自己想象成一位探险者。此时，对于自己想要前往哪里（未来愿景）、目前所在的位置以及开始踏上的大致道路（即时学习之路、为将来的某个目标而进行的前瞻性学习之路，或是事后从经验中学习之路），你应该心中有数了。你已经了解到，通过搜寻资源并注意自身的学习旅程在学习难度渐变图中的位置，可以在学习领域里做到哪些事情。你甚至可能拥有一份用处非凡的地图和一条具体的道路，可以按部就班地走下去（比如说，你打算取得一个证书或者遵循一个循序渐进的学习计划）。然而，更有可能出现的情况是，你没有一条清晰的学习路线可走。那么，你又该怎样前行？

你无需制订一个详细的计划，因为在如今这个永不停歇的世界上，循序渐进式的学习计划经常会发生变化，所以，你只需在一条潜在的学习道路上设置出路标就足矣。所谓的路标，就是你在学习旅程上前进时迈向的那些重点；当你抵达这些重点之后，就应当评估情况，然后确认或者修正自己的路线。它们包括：

- 特定的学习过程与资源，以及你计划何时利用它们。
- 他人的支持，以及你何时需要这种支持。
- 重大的学习检验点。
- 塑造所处环境或者确保获得所需学习资料时，你需要采取的步骤。

如果做得到，你不妨将这些路标绘制成一幅可视的流程图，表明你希望自己如何沿着学习道路前进。

假如踏上的是一条事后学习的道路，那么你设置的路标会既包括从过去经历中吸取教训后的行动，也包括你对回顾过程中出现的新学习需求所做的反应。

为学习旅程做好准备

探险者都会预先做好准备，来应对他们的独特追求与环境带来的挑战。这种做法也适用于 4.0 学习者。假如学习之旅将把你带入困境或者不熟悉的领域，那么你就该考虑考虑，找一个带路的"夏尔巴人"（Sherpa）[①]，或者说找一个指导人士。假如环境将让你难以留在学习道路上，那么你应当设立一个安全港，以便在其中做一些离线的学习任务，或者利用生活中真实的经历，将其整合进你的学习过程中。假如学习目标要求你掌握一些有难度的知识领域，那么记笔记的办法将帮助你看出一些更深层次的模式，并将你想要学习的知识组织起来，加以内化。你甚至会想在电脑桌面上创建一个特殊的文件夹，将所有与学习目标有关的东西储存进去。

你还应当创造一种有利于学习的环境。如果担心自己会变得无精打采、丧失积极性，就应当确立一些激励办法，或者将自己的未来愿景放在看得到的地方，如办公桌上、电脑里、屏保程序上或者浴室的镜子上。应当每周都有提示，使之出现在日历上，鼓舞你的士气。你还应当确保做到，一旦有所需要，学习材料就在手边，可以供你使用。

你身边的氛围也很重要。学习是一种全身心的体验：大脑和身体与内心及周围的环境不断地相互作用，会使你感受到并未有意识监测的众多细微之处。如果能做到，你最好避开任何令人不快、紧张或者分散感官注意力的东西。例如，四周的色彩会影响到你的注意力：与红、橙两色相比，蓝、绿两色更具支持性且更让人觉得舒适。[②] 一定程度的白噪音可能对学习很有利，因为这种噪声能够提高神经元的活跃水平，同时又不会让神经元变得过度紧张。想象一下，神经元会与低频声音产生共鸣，如河水与大海的声音，或者舒缓的音乐；并且，

[①] 生活在喜马拉雅山脉两侧，主要居住于尼泊尔，少量散居于中国、印度和不丹等国的民族，以善于登山著称。——译者注

[②] N. 卡娅和 H. 埃普斯，《色彩与情绪的关系：对大学生的一项研究》(Relationship Between Color and Emotion: A Study of College Students)，见于《大学生杂志》(College Student Journal)，38（3），2004。

其共鸣方式既有助于你保持清醒，同时又能让你放松地学习。有一个叫作"随机共振"（stochastic resonance）的新兴研究领域，正在用这种方法探究如何利用声波加强学习，将来不妨关注一下这个方面的更多观点。①

关于学习社会性的说明

你在选择、组织和开创学习道路的时候，不妨考虑一下，让别人也参与进来，成为共同学习者和你的支持者。学习当中，始终都带有一种社会性因素。即便是独自学习，在你运用语言、符号以及一代代人习得的知识的同时，也是在利用人类的整个进化历史。你的学习，是在你与生俱来的文化前提与世界观中进行的。你利用的是他人设计的资源，而在学习的不同阶段，你也会与他人相互作用并依赖他人。

联系

第十三章里，有关于社会性学习的更多内容。

有的时候，这种社会性因素还会更具社会性。例如，你可能与一个团队、你的家人或者伴侣共有一种学习安排。或者，你可能会从他人那里获得帮助和指导，或是自己提供此类支持。这些情况都属于绝佳的机会，可以帮助你社交圈子里的每一个人都变成4.0学习者。

社会性因素会给学习增添色彩、动力和积极性。倘若你的学习目标

---

① F. 莫斯，L. M. 沃德和 W. G. 圣尼塔，《随机共振和感官信息处理：应用指南与回顾》（*Stochastic Resonance and Sensory Information Processing: A Tutorial and Review of Application*），见于《临床神经生理学》（*Clinical Neurophysiology*），115（2），2004：267-281。

位于难度渐变图中难度大的那一端，那么社会性因素对你能否获得成功是至关重要的。增添社会性的路标，能够帮助你分摊学习困难，从而将学习过程中的困难最小化。它还会增加友谊带来的回报，以及因为释放催产素而带来的良好感觉。

小结　开创学习道路

学习就是一段旅程，可能涉及众多的资源和个人的行动步骤。因此，你可能必须选择诸多的点，将其连接和再连接起来。有的时候，你拥有一张不错的地图，其中各点间的连接清晰可见。比如，当你的学习目标是获得某种证书或参加学位课程，或者由他人铺设学习道路时。对于这种学习旅程，你就无须花费很多时间，去寻找资源或者制订计划了。

> **联系**
>
> 可以利用"工具2"中的"技巧4　开创学习道路"模板，帮助你实施学习4.0的第4种技巧。

可惜的是，对于你的大多数学习旅程而言，没有一条令人愉快和业已铺就的道路可走。你将在一种未知的或者地图上绘制得很差的地势中独自探险，必须根据不完善和不完整的信息选择路标，并且将这些点连接起来。尽管规划路标会给你的学习之旅赋予某种结构，但你也很清楚，在学习的过程中，你的道路会不断发展变化。

不论学习道路是否畅通无阻，不管你进行的是即时学习，还是为将来的某个目标而进行的前瞻性学习，或是事后从经验中学习，你都应当花点时间，选择并连接那些代表你在学习时计划去做的事情的点。而且，你也不要忘记，将学习旅程上的各个点重新连接之后，你的学习道路可能会发生变化。

第九章

开采学习真金

在本章中，你将了解到如何将新的信息吸收进大脑，以便将信息转化成知识、技能、态度，以及能够利用的创意。这种开采学习真金的技巧，涉及数种具有挑战性但也很重要的学习 4.0 方法，其中包括：

- 能够从信息领域的各种资源和经验中发掘出有用的信息。
- 管理好自己的注意力。
- 区分信息的良莠。
- 透过表面看问题，发现更深层次的模式和见解。

思考与关联

这是在学习旅程中绝大多数人将其等同于学习的一个组成部分，也是你处理新信息的那个部分。在学习之旅的这个阶段，你希望自己把什么事情做得更好？

欢迎来到你的学习旅程中最具挑战性和最引人入胜的一段。此时，就是"外界"的信息和观点进入你大脑的短期记忆中心，准备变成持久的记忆、技能、价值观，以及激发出有创意的思维模式之时。这里就是你开始重新调整大脑，让自己做好准备迎接变化的地方。你会挑选自己将来能加以利用的资源，并将它们吸纳进对自身本质的看法当中。

假如你像许多人一样，那么对于学习过程中的这一部分，就不会安排得很好。你可能会任由学习资源摆布，或者很难集中自己的注意力。你可能会觉得自己是被迫从头到尾看完一本书的，而若没有做到这一点，你又会觉得很内疚。或者，你可能会在一门课程或一个讲习班上随波逐流，按照别人的计划学习，而没有将这种计划与自己的计划关联起来，然后对教学质量而非学习质量进行评价。或者，你有可能在一款学习游戏中玩得不亦乐乎，却没有注意到其中对你的人生具有重要意义的一些深层教训。

你需要学会学习4.0中开采学习真金的方法，才不致陷入此种困境！这种实践的目标，就是将信息纳入你的短期记忆之中，让你自身为自觉和有意识的学习做好准备，因为后者能够创造出持久的记忆和技能、新的思维模式，以及其他一些永久性的学习成果。要想做到这一点，你既需要调整注意力和技巧去适应学习资源，全身心地投入学习，寻找真正的黄金，辨识出假的黄金，也需要让自己做好深入学习的准备。

做出改变，适应资源

你所利用的资源（其中包括工作和生活经历），会以种种独特的方式将信息呈现出来。至于在构思上能否充分帮助你去学习，它们也有所不同。例如，有些视频旨在帮助你思考和吸取关键教训，而其他一些视频只是一路播放下去，要求你自己去推断其中的对话与图像背后隐藏的学习价值。图书、文章和专家的情况也是如此。比方说，有些专家很清楚自己的关键理念和技能是什么，并且能够轻而易举地与你分享这些理念与技能。其他一些人做的虽然是专业工作，却无法说清他们的做事方法，这使得人们难以学习他们的诀窍。当你决定阅读书籍或者向专业人员求助，来帮助你学习某种东西时，就需要做好找出所需知识的准备，只有调整自己的学习交流技巧，才能找出面前的宝藏。

身为4.0学习者，发掘自己所需的知识是你自己的责任，不论它们隐藏得多深或者教训有多不明确。不过，你如何才能做到这一点？有些技巧适用于多种情况，而其他一些技巧则专门针对某些资源类型。不过，它们全都要求你启动自己的意识系统，同时还要在这一过程中启动无意识系统来帮助你巩固自己的学习。

审视地形

调整学习旅程来适应任何资源的第一步，就是要像站在 5000 英尺[①]高的地方一样审视一番。你应当问一问自己："我从这种资源中能够学到什么？我又为什么要信任此种资源？"接下来再后退一步，审视一下"地形"。

审视是学习 4.0 的一项技巧，用于从任何一种资源中找到所需的东西。不过，审视对整体记忆与学习也很重要，因为它有助于确立种种心理关联来激发你的好奇心。审视也会导致一些疑问产生，有助于刺激你的无意识系统和自觉学习系统，并让你把注意力集中在这两个系统上。

你如何进行审视？假如资源是一种东西（比如一本书、一门课程、一款应用程序或者一段视频），那么你需要了解：

- 其中的黄金隐藏在哪里？
- 创建资源的人希望你如何学习或者如何利用此种资源？
- 资源的主要组成部分是什么？你又如何游刃有余地深入理解和利用它们？
- 你需要付出多长时间，才能发掘出其中的宝藏？
- 其中可能还会令你付出哪些代价？

假如资源是一个人（比如一位辅导人员、一名导师或者一位专家），那么你应当搞清楚界限。问问对方下述问题，或者找出它们的答案：

- 你的专业和背景知识是什么？
- 你对这些主题持有哪些主要信条？
- 他人与你一起工作的最佳方式是什么？
- 你认为如何才能帮助我学到想要的知识？
- 需要多久的时间，才能达到下一个层次水平？
- 在包括与你待在一起的时间里，我要做什么工作和付出什么努力？

---

① 英制长度单位，1 英尺约合 0.3048 米。——译者注

对于一种体验式的学习资源，比如一项任务、一个新项目、一种新工艺或者新技术，你又该怎样做？在那种情况下，你需要知道：

- 你能够培养出哪些本领？
- 谁会帮助你，又会以什么样的方式来帮助你？
- 你可以获得什么样的支持来确保这是一种学习机会，而不仅仅是你要去做的另一件工作？

这种办法也适用于你已拥有的经历。你只需把上述问题的时态变成过去式就行了。对于所有类型的资源，你还可以问问下面这样的问题：

- 我想开采的黄金在哪里？
- 我为什么要信任这种资源？
- 此种资源背后，是什么样的人或事物？
- 我可能学到的东西是什么？

让学习策略与资源相得益彰

图书、文章、游戏、生活经历、讲习班、在线学习课程以及与专家的合作，全都具有各自的逻辑和结构。践行学习4.0的人都具有像X光那样敏锐的视觉，他们能够看透表象，看到黄金很有可能埋藏于内部结构中。因此，我们应当有计划地处理所有资源，并且清楚自己期待什么，比如资源的结构、到哪里去寻找自己所需的知识，以及如何获得与手头已有资源相适应的最佳学习体验。

联系

在继续阅读下去之前，你不妨花上几分钟，查阅一下"工具5 资源专用学习技巧"。利用其中的理念，帮助你调整技巧，适应你正在利用的特定资源。要记住，一种标准并不会放之四海而皆准。

专注于学习

在有意识的学习当中,最重要的一个因素就是你必须专注于学习!即便是你身上神奇的无意识系统,也无法对没有纳入大脑的信息进行处理。这就说明,一旦进入学习过程本身,你的一项关键任务就是管控好自己的注意力。

如今,对许多人而言,引导、集中和保持注意力都是真正的挑战。人类具有避免刻意把注意力长久集中于某种东西上的天性,因此刻意学习需要你付出精力与毅力。研究表明,偶尔的小睡、休息和有氧运动,会让我们较易在长时间里集中注意力。

万幸的是,对于自己在意、受到激励、能够解答某个问题或者满足好奇心的东西,你可能更容易集中注意力。新鲜事物也会吸引你的关注,因为新鲜事物都很醒目,会调动你的多种感官。当你认为自己正在取得进步和实现目标时(还记得多巴胺带来的种种好处吗?),当你正在满足一种需求,或者正在与他人共同解决某个具有挑战性的问题时(想一想催产素发挥的作用),你也更有可能集中注意力。

让自己的身边围绕着白噪音,也有助于你集中注意力。白噪音会在你的脑电波中形成随机共振,同时增强神经元之间的信号。前一章中已经提到,这一点能够改善你的学习质量和记忆质量。[①] 然而,同时从事多项任务的做法会分散你的注意力,降低你的效率,此外还会增加在不同任务之间来回转换所带来的压力。尽管紧张和焦虑在程度极低时对你有所助益,但它们会分散你的注意力,释放对神经元具有破坏作用的皮质醇,甚至对大脑中负责学习的部位造成永久性的损害。

假如让注意力准备好去关注某种新鲜的或者与你的目标有关的事物,你就更有可能理解学习旅程中为获得成功所需的所有重要信息。在

[①] 莫斯、沃德和圣尼塔,《随机共振和感官信息处理》,267-281。

恰当的条件下，你会跃升到一种高效和高度专注的忘我状态，你会完全沉浸于这种状态当中，注意力高度集中地与学习资源进行互动。

对学习而言，关注与专心至关重要。下面，我们就来更加仔细地看一看有助于专注学习的一些条件。

思考与关联

你必须将信息吸收进大脑，才能进行学习。学习上的失败，往往就是注意力不集中导致的失败！例如，你不会记得起初就没有听到的名字。想要集中注意力的时候，你一般是如何为自己提供支持的？

掌控好体力

关注既是一种生理过程，也是一种心理过程。这一过程会消耗能量，并且是巨大的能量！（大脑只占体重的2%，消耗的能量却高达全身的20%。）为了在接收信息的时候优化和集中精力，你不妨试下述简单窍门：首先，记住呼吸。（你此刻的呼吸情况如何？）让呼吸保持放松，深入到腹部。倘若觉得焦虑不安或感到紧张，不妨极其缓慢地呼吸5次，让自己平静下来，进入一种全神贯注的状态。这样做会对你的心率产生积极的作用，并帮助你的脑电波进入有益于学习的状态。

你应当限定学习时间，每次从10分钟到1个小时不等，其间还要时不时地花上几分钟四下走一走，或者让眼睛休息休息。设置好一个计时器，间隔5至10分钟，计时器鸣响之后马上休息片刻。接下来，等到习惯了这种做法之后，你就可以延长学习时间。不要害怕在中途停下来。大脑想要完成自己的任务，因此等回来继续学习时，你就拥有了积极性方面的优势。

倘若累了,你不妨休息一下,或者小睡片刻。你的探究活动应该安排在一天中很清醒的时候。或者,倘若做得到,在学习或者思考一个需要解决的问题时,你不妨去散散步。如果是与专家或者项目团队的成员交谈,你不妨在散步的时候与他们会面。舒缓的运动会让氧气在你的体内一直流动。不同的环境也有助于你的大脑形成更多的心理关联。(因此,此后若是你忘记了某种东西,只需想一想学习时自己所在的地方就行了!)

还有一种方法,就是在休息时进行为时很短但极其消耗能量的锻炼。这会让你的体内产生一种功能强大的蛋白质(BDNF,即脑源性神经营养因子),这种蛋白质既能刺激神经元的学习,也能保护神经元不受损害。[1]

管理好积极性

学习是由问题和好奇心激发出来的,因此在学习的时候,你应当不断地提出问题。在自我对话的时候,不妨提出一些像"我想知道……?""如果……会怎样?""这种资源必定说明了……""为什么这种方法会优于……?"之类的问题。这些问题会让你的自我对话保持积极,并且将重心集中于你正在学习的东西以及为何要学习这两个方面。

你还应当顺应自己的兴趣。假如觉得精力正在衰退,你就应当找一个觉得有意思的方面,即便那个方面并非最合乎逻辑的领域,或者你事先不具备理解这一领域的知识,也该这样做。当你顺应兴趣,发现自己需要具备更多基础知识时,就会受到更大的激励,去获得此种知识。例如,多年前我教钢琴课的时候,曾让学生购买他们想要弹奏的任何乐

---

[1] J. J. 瑞迪,《运动改造大脑》(*Spark: The Revolutionary New Science of Exercise and the Brain*),纽约:小布朗出版公司,2008。

曲。倘若学生挑选的乐曲太难无法弹奏，就会促使他们去找一首较易弹奏的曲子，努力学习基础知识，或者比没有出现此种情况的时候更加努力、长久地练习。学生们往往都很喜爱自己所选的乐曲，而他们的表现与上过同等课时的其他学生相比，也要更加优秀。

制定一些小小的中期目标，在实现这些目标之后以某种方式奖励自己，是保持学习积极性的另一个好办法。将某件事情从待办事项列表中划掉后，你的奖励中枢甚至还会分泌出少量的多巴胺。

有一种很有意思也非常厉害的方法，是在你的兴趣与好奇心达到最佳状态的时候停止学习。这种方法被称为"蔡氏效应"（Ziegarnik effect）[1]，你也可以称之为"保留惊喜"（save the surprise）学习法。[2] 在兴趣高涨的中途停下来，会促使大脑做好准备，使之想要完成学习任务。你不妨想一想在就要发现"是谁干的？"之前，放下一部悬疑小说的情形吧。你会迫不及待地想要重新阅读下去！因此，你不妨停下来，休息一会儿，做做运动，之后再回去接着学习。你会觉得精神焕发，而且，由于大脑一直都在隐蔽地运作，想要看完那部小说，所以你会带着一种高度好奇、积极而专注的状态开始阅读。

思考与关联

此时可能就是一个恰当的时机，你不妨停下来，休息片刻，体会"蔡氏效应"带来的益处吧。

---

[1] 亦称"蔡格尼克记忆效应"，指人们对于尚未处理完之事的印象，要比对已处理完之事的印象更加深刻。此现象以其发现者、苏联女心理学家 B. W. 蔡格尼克的名字命名。——译者注

[2] 蔡格尼克，《关于完成与未完成之任务》（*On Finished and Unfinished Tasks*），见于 W. D. 埃利斯（编著），《格式塔心理学资料大全》（*A Sourcebook of Gestalt Psychology*），纽约：人文出版社（Humanities Press），1967。

管控和利用干扰

有些干扰属于让人分心，令你想要彻底消除、控制或者排除在外的事物。不过，若是干扰能够吸引你进一步深入自己的学习过程，或者能够让学习过程变得更高效，那么它们也是对你有所助益的。

只要一件分心之事需要你高度关注并进行密集的思维处理，就会对你的学习造成干扰，这些就是你需要避免的干扰。同时从事多重任务的做法，像一边发短信，一边试图做其他复杂的脑力劳动、能量消耗巨大的有氧运动、响亮而烦人的声音，以及令人分心的视觉环境，都有可能让你脱离学习轨道。这些相互矛盾的任务，会将你用在想要去做的工作上的宝贵的心理能量夺走。在不同任务之间来回转换，也会消耗大量精力。与多重任务及注意力分散有关的研究已非常明确地表明了这种做法带来的负面效果。一项研究表明，同时做多项任务的人与其他人相比，犯错误的比例要高 50%，而在学习上所花的时间也要多 50%。[1] 这就是高昂的代价！

有些干扰则会让学习变得更加深入。比如，让大脑有时间去巩固所学的知识，或者能够激发出创造性关联的干扰。在第一章里你已得知，学习过程的很大一部分都是在大脑的无意识系统中发生的。干扰因素能够让有意识的大脑获得休息，同时创造机会激发你的创造性思维，开启原本没有计划的学习，从而协助你进行这些隐秘的学习活动。

干扰也有可能以新的学习召唤形式出现。例如，在一门项目管理的课程中，你可能在学习某些方法，它们对你喜欢的领导风格提出了怀疑。就在此时，一种情绪反应会突如其来，对你造成干扰。你会觉得自己的肚子不舒服，呼吸状况也变了。你会觉得疲惫不堪，接着开始考虑

---

[1] 约翰·梅迪纳，《让大脑自由：释放天赋的 12 条定律》（*Brain Rules: 12 Principles for Surviving and Thriving at Work, Home, and School*），第 2 版，西雅图：皮尔出版社（Pear Press），2014：103-124。

起晚餐的事情，而不再去想那种新的项目管理方法了。可能你只是有点儿累，需要休息罢了。不过，这些干扰也有可能是一种迹象，说明出现了一个更深层次的学习机会。它们有可能是一种新的学习召唤，激发你审视自己的领导风格，要求你做出原本没有计划过、层次更深的身份与行为转变。

在学习过程中有意地加入干扰因素，则是另一个办法。比如，利用白日梦设想自己在现实生活中运用新技能的情形。你可以任由自己毫无目的地做几分钟白日梦。由于大脑已经做好了完成学习任务的准备，所以从白日梦里涌现出来的想法当中，可能包含具有重大关联、令人惊讶的见解和解决办法。或者，你也可以转而去做一件完全不同的事情。不妨出去散散步或者跑一跑，让无意识系统有一定的时间去处理业已接收的信息，或者在兴趣高涨的时候中断学习，以便激发出"蔡氏效应"。

当然，如果新的信息业已通过你的感官，经由你的丘脑和杏仁体，一路进入了你大脑中的海马体和其他部位，那么让自己摆脱学习处境就会对你有益。如果干扰因素属于你发掘金矿这一过程中的组成部分，而不是取代了这一过程，那么它们会增添学习的价值。假如大脑中业已埋下新知识的种子，那么干扰因素就能提供一种意识氛围的隐秘之地，而你的无意识系统则会让神经元（学习时的生理变化发生在神经元当中）做好准备，应对更长期的变化。

联系

假如你还没有阅读第一章，而关于大脑的这种知识听起来又很有意思，那么你不妨考虑考虑，回过头去看看那一章！

利用干扰因素为下意识的信息处理提供支持，是我们在下一章将再次论述的重要内容。干扰因素是学习过程中必然的组成部分，因为外界的事物往往会与我们内心已有的东西混杂起来。而且，这种情况往往发生在当下，具有自身的特点（比如你的瞬间感受、周围的环境以及与你相处的人），这些特点会变成学习过程的组成部分。

进入忘我之境

你体验过忘我之境吗？这是指你完全沉浸在自己所做的事情当中，觉得精力充沛甚至"极度兴奋"，因此完全不知时间在流逝的一种状态。此时，你通常在做自己喜爱或者感到好奇的事情。当你面临挑战且未被挑战压倒的时候，就会出现忘我状态。忘我之境，就是在高涨的兴趣与足够的能力这两种情况交汇下产生的。

忘我之境是一种令人神往的状态，此时你的大脑效率极高，是在意识系统几乎没有监管的情况下运转的，这种状态只有以问题和好奇心开始学习过程时才能出现。神经科学家发现，当你处于忘我状态时，大脑中通常会消耗巨大能量去监测、计划和评估行为的那个部位，会放慢运转速度。大脑将绝大多数能量集中在学习任务本身，速度较快的 β 波会让位于做白日梦时的边缘型 α 波和爆发出创造力时的 θ 波，表现增强型神经化学物质的释放量也会增加。[①] 你的所有心理能量，全都会变成纯粹的注意力；你辨识深层模式和创造性地思考的本领会增强，信息处理的速度也会提高。

那么，你如何进入忘我之境呢？[②] 你需要确保自己正在学习的东西

[①] S. 科特勒，《超人崛起：解码人类终极效率的科学》（*The Rise of Superman: Decoding the Science of Ultimate Human Performance*），纽约：霍顿·米夫林（Houghton Mifflin）出版公司，2014。

[②] M. J. 布雷夏尼·卢德维克编著，《学习与发展的神经科学：增强高等教育中的创造性、同情心、批判性思维与和平之心》（*The Neuroscience of Learning and Development: Enhancing Creativity, Compassion, Critical Thinking, and Peace in Higher Education*），弗吉尼亚州斯特灵：铁笔出版公司，2016：187。

具有挑战性，但难度不能大到自己的技能水平达不到的程度。让自己沉浸在对这一主题的好奇当中，寻找"谁、什么、何时、何地、为何、如何"等问题的答案。尽量在兴趣高涨的时候开始学习，即便时机并不合理。当你与他人一起协作，解答一些令人陶醉和具有挑战性，且与你在意的结果、情况和目标相关的问题时，进入忘我状态的可能性会更大。

创建反映思维的笔记

在发掘金矿的阶段，你不妨由此开始：把新信息与你业已了解的知识关联起来，协助重新组织形成大脑的巨大连接组网络中的一些神经元之间的关联。你可以通过做笔记来维持这一过程。应当把笔记看成你想在大脑中形成的种种连接的镜像，帮助储存希望记住的东西，最终重新找回这些记忆。创建反映思维的笔记，也需要你的体力参与，需要形成新的神经通路来维持学习过程。

联系

"工具3 思维笔记格式"当中，列有数种笔记格式。

然而，为了获得这些益处，你应当确保不再死记硬背所接收的信息。不妨绘制一些图表，以表明新的信息与其本身以及你业已了解的知识之间的关联。其中应当包括来自其他源头的信息和你自身的经历，并将你正在学习的知识转变为更具意义的说法。你还可以增添面向未来的行动思想，其中包括关于如何及在何时运用所学知识的想法。你应当充分利用好大脑中的情感、创造性与理性、智识，把想象力和未来愿景引入学习过程当中。下一章中会出现做笔记的方法，因为它有助于你形成具有

"持久学习性"的记忆。

寻找真金

学习就是你与资源之间进行的一种会话,你在其中会不停地询问:"我要学习的重要知识是什么?如何将其辨识和发掘出来?"你计划去学习的东西都很重要,包括知识、技能以及与你的未来愿景相关的见解。不过,你也有可能找到原本并未打算寻找的珍宝。因此,你也应当密切留意那些意料之外、令人惊喜的金矿。

思考与关联

暂停片刻,把这一点看成深入的学习 4.0 中的一部分。在此,你会把最聪明和最具创造性的自我带入学习过程。

在运用学习资源的过程中,你可能找到下述金矿:
- 专门寻找的知识、技能和见解会拓宽你的视野,或者让你走上一条比目前所走的道路更有价值的学习道路。
- 对你的设想和信念提出质疑的思维方式,如价值观、人生观和世界观。
- 激发创造性思维以及问题解决办法的信息,且后者是你目前学习计划中的组成部分。
- 你想要与他人分享的资料,因为这种资料对他人很重要。

学习是一个美好的过程,因为它有助于满足你的需求,让你能够发现新鲜事物。重要的是,对自己想要的东西做到心中有数,但同时也要敞开心扉,接受意外的惊喜并对它们保持好奇之心。

发现"愚人金"

并非所有"黄金"都是学习真金，你所处理的信息也是如此。

正如第四章中的叙述，你始终都在受到一些被有意或无意地挑选出来，有时甚至是被故意歪曲的信息的操纵。而你的大脑，并不是一个无端受害的旁观者。你在第一章里已经了解到，大脑会无意识地选择和歪曲信息，来适应你自身持有的世界观。这就说明，大量的"愚人金"，即那些看似准确和中肯、其实并非如此的信息，会进入你的短期记忆当中，然后在长期记忆中驻留下来。一旦到达长期记忆中，这种"愚人金"就有可能影响到你的意图、行动与学习。

因此，身为4.0学习者，你会碰到两大挑战：其一，看穿处理的信息当中存在的歪曲之处和偏见；其二，留意自身的成见与歪曲之处。

做到这一点的难度尤其大，因为它需要你具有警惕性和自觉性，而这两个条件都会消耗大量的精力。它之所以困难，是因为如今你可用的信息多如牛毛。任何一个人，只要有一台电脑且能连接到互联网，就能发布自己想要发布的任何信息，且全世界的人都有可能看到。另一个原因是：察觉偏见正在变得日益困难，因为人们正在把大量资金投入到一些复杂的信息打包技术上。如今有权有势的人和机构之所以关注信息的选择和打包，是因为原有的社会管控方法，比如奖励、惩罚以及信息的保密与控制，在如今这个信息公开的世界里已经不再那么有效了。

你很清楚，注意所用信息中的偏见与歪曲之处很重要，可如何才能做到这一点？而且，如何才能发觉并且管控好自己内心的偏见与歪曲之处呢？答案就是："很困难！"不过，倘若在受到操纵或者自己歪曲事实的时候并未意识到，那么你就不可能成为一名具有转型能力的4.0学习者。

预料偏见

在一种观点当中,很难做到不嵌入信息。有些科学信息和数学知识属于例外,比如 1+1=2,10×10=100,两个氢原子和一个氧原子会结合成一个水分子。显而易见的陈述与直接的因果关系也属例外,比如:"我打翻了杯子,咖啡洒到了地板上。"可你学到的绝大部分知识、技能和观点,并非如此呆板与无味。例如,究竟是总经理的裁员决定导致了绩效提升,还是说绩效提升是由同一时间推出的新产品导致的?或者说,这两个方面都发挥了作用?世界极其复杂,所有事件常常都具有众多的起因,而这些起因可能在时间和空间两个方面没有密切的联系。由于面对的仅仅是部分现实,因此你看到、听到和学到的东西往往都具有选择性,往往都不完整。

这就意味着,问题不在于信息是否带有偏见或者选择性,因为信息始终带有偏见和选择性。真正的问题在于,你是否具备必要的手段辨识出那种偏见。身为 4.0 学习者,你需要为回答一些问题做好准备,比如:此处的观点或者偏见是什么?这种观点的背后有什么?它是如何表达出来的?哪些偏见此时正在对我的学习造成影响?如何才能保持选择、改变和行动的自由?

将偏见公开化

在你发掘学习宝藏的过程中,处理偏见的方法是多种多样的。在下述各节中,我们来看一看不同的方法。

说出看法

尽早将观点确定下来,包括自己的观点和他人的观点。尽力找出那些打包信息和正在提供信息的人的情况。他们都有什么样的背景?

他们位于什么样的组织机构当中？是什么让他们在这一领域里值得信任？他们提供此种信息，是想要获得什么好处或者实现什么目标？与你将从此种资源中获得的观点相比，谁可能持有不同或者相矛盾的观点？目前你对这个主题的观点是什么？他人可能会把哪些方面当成你的偏见或者价值观？你在思考这一主题的时候，什么东西可能会"按下你的情绪按钮"？

设想学习资源在可信度渐变线上的位置

这条渐变线的一端，是尽可能完整和没有偏见的信息。接下来就是不完整的信息，它们被人挑选出来支持一种观点或者一种行为方式。在这条渐变线上较远的地方，则是错误信息，也就是无意当中造成误导或受到歪曲的信息。接下来，就是有意为之的假信息，它们之所以被选择出来，是为了用一种支持个人计划的方式，故意操纵你的思维与行为。这一量表最远的一端与宣传直接相关，即旨在影响大批人群以支持一种政治议程或者政治事业的信息（参见图9-1）。在判断自己想要从中学到什么知识之前，你应当留意学习资源在这条渐变线上所处的位置。①

图 9-1 可信度渐变线

信息	不完整信息	错误信息	假信息	宣传
包括所有的相关信息；公认偏见	支持一种观点；公认偏见	无意中使之具有误导性；否认偏见	有意使之具有误导性；否认偏见	信息受到操纵，用来影响大批人群，以支持一种事业或者信念；否认偏见

---

① 欲知更多内容，建议大家到约翰斯·霍普金斯·谢里登图书馆（Johns Hopkins Sheridan Libraries）的网站上迅速浏览一下人们就如何评估信息展开的讨论。

提防"愚人金"所用的伎俩

你在学习的时候,经常会面对具有选择性的信息、观点和偏见。在一个信息过载的世界,这些情况是不可避免的。作家、课程开发者、游戏设计者和心理辅导人士都各有自己的观点,而且他们会利用影响手段去分享这些观点。这种做法没有问题,你甚至可能会因为他们的观点和偏见而选择某些资源。然而,观点、偏见和歪曲的见解也有可能将你带往原本不会有意选择前往的地方。因此,应当警惕那些企图影响你的思维的伎俩。你应当充分发挥全部的学习能力,来判断自己是否正在被碰到的选择性信息所影响。

在发掘宝藏的时候,要做好应对下述常见影响手段的心理准备——应当注意它们是如何利用大脑的种种倾向,导致你做出仓促的结论、简化信息,并将外界信息从情绪、目前的思维模式和心态中过滤出去的。

"就像我一样"

倘若有个像你一样的人认可一种观点或者行为,那么这种观点或行为对你会更有吸引力。比方说,假如你自视为一位领导者,那么你所在的公司就可以通过让一位你认同的领导谈论变革的重要性,来影响你对一项新举措的观点。

配对

有时,新的信息会与某种能够激发出积极情绪或消极情绪的东西关联起来。想想一只凶猛而皮毛光滑的老虎蹲在一辆跑车旁边的情景吧。或者,想想一种具有忍者符号的新管理技术,与它所取代的败退的勇士符号形成鲜明对比的情况,你就明白了。

思考与关联

为每一种深深留存在你记忆当中的"愚人金"伎俩想出一个例子,以便在出现这种伎俩的时候,能够将其辨识出来。

简单的因果关系

倘若两件事情接连发生,我们就很容易认为是其中的一件事情导致了另一件事情的发生。对原因仓促地做出结论的这种倾向,是在人类的无数个世代进化中定型的。但是要记住,世界是动态的,而且很复杂。听到有人说"这个导致了那个"的时候,你不妨后退一步,问一问自己,是否还有其他因素在发挥作用。在你研究了更多的例子后(换言之,你做了一项统计调查),这种说法还对吗?比方说,在一场经济衰退爆发时,你失去了一位客户。我们很容易把责任归咎于经济的衰退。不过,你的客户有没有可能是因为你的产品出现了问题,或者是因为你们之间的合作关系出现了问题,才离开的?

启动效应

启动效应常常称为"框架效应"(framing)。倘若一种最初的建议或者说法影响到了你对后续事情的理解,就会出现这种效应。比方说,你正在挑选一个度假地,随手拿起了以一片漂亮的白色海滩为封面照的旅游宣传册。你会报名参加宣传册中列出的一种度假套餐,而心中则期待着你选择的海滩会像照片中的海滩那样漂亮。

宣传

与一种观点或者做法接触得越多,此种观点或做法就会越令人觉得可取和可以接受,即便开始时这种观点或做法令人觉得不快。这一点,正是隐藏在"所有宣传都是良好的舆论宣传"这一观点之后的偏见。

损失规避

潜在损失给人带来的情绪负担，会比潜在收益给人带来的情绪负担更多。例如，一句"你要是不改变某种行为就得不到奖金"的话，要比"你可以通过改变行为来获得等量奖金"更加具有内在激励性。

诉诸恐惧

大脑天生在消极信息面前毫无抵挡之力，因为它将消极信息等同于威胁。消极的话语也是这样。因此，听到像失业、评估、专权和失败这样的词汇后，你的注意力就会提升。政治家很清楚恐惧与愤怒的力量，因此常常会利用这一点，团结民众来支持他们的信仰与解决方案。这是一种强大有力的激励因素，可靠的信息源以及具有隐秘动机的信息源都会利用它。倘若用到了你的身上，你就必须确保自己能够看穿这种手段。

故事胜于统计数据

个人的经历和故事，会比统计数据更能影响你的观点与行为，即便其中所举的例子属于异常与例外情况，即便统计数据更为可靠。例如，一个关于某个家庭在一场暴风雨中失去了一切的故事造成的影响，比那种关于受灾家庭数量的枯燥统计数据的影响更大。这就是为什么在人们想要对你的态度与行为施加影响时，会将重点集中在故事上而不是数据上。此时，你应当问一问："这个单一例子的典型性如何？"

后见之明

应当提防那些在事后用无可挑剔的后见之明，说什么有用、什么无用，以此来指责或者赞扬他人的言论。比起在事发之时去看待当时的实际形势，事发后会更容易看出导致一种后果的原因，并从此种角度评判事情的参与者。我们最好利用后见之明来吸取教训，而不要利用后见之明去评判他人。

电影《萨利机长》讲述了在一群飞鸟被吸进飞机发动机之后，航空公司的飞行员将飞机迫降到哈德逊河上的故事，这部影片的情节就说明了这一点。用后见之明来看，那位飞行员似乎完全有时间返回附近的一个机场，根本无须将飞机迫降到哈德逊河上。然而，倘若仔细研究当时的实际情况，我们就会很清楚，在水上迫降的决策挽救了许多生命，是当时唯一可行的选择。①

简单化

相比于复杂的解决办法，大脑更喜欢比较简单的解决办法，因为需要的注意力与进行深思熟虑的精力较少。这使得大脑在面对复杂的问题时，很容易上当受骗，去相信那些直截了当的答案。许多问题和目标都需要付出较为长期的努力，做出多种改变（既有小的改变，也有大的改变），才能解决和达到。因此，你需要提防那些让某种复杂的问题显得太过容易的说法。

例如，你可以想想参加一门沟通技能课程时，所掌握的提出反馈意见的所有方式。回到更加复杂的现实世界之后，你就必须应对种种实力差异以及自身害怕受到拒绝的心理。你很可能会求助于自己一直都在使用的那些较为简单的方法，因为这样做比努力记住你在讲习班上学到的新信息更加容易。

缩窄框架

在零食时间里，对于吃什么的问题即便还有其他的众多可能性，父

---

① 《萨利机长》这部影片由克林特·伊斯特伍德（Clint Eastwood）导演和制片，华纳兄弟电影公司（Warner Brothers）出品，2016。

母也会让孩子在花生酱与果冻之间做出选择。此时，父母运用的就是缩窄框架法。你读到的文字或者听到的话语，可能会让一个问题显得只有一两个解决办法。实际情况却很少如此。假如有人将非此即彼式的选择摆到你的面前，而你对这两个选项都不满意，那就不要害怕，跳出这种框架看看还有没有其他的路可走。比如，有人对你说，你要么去学习一门网络安全课程，要么就与安全顾问协同工作。（想一想，此时真的需要一种非此即彼的情况吗？）

自我偏见

认为自己很理性而别人都存有偏见，这种心态可谓人之常情。之所以如此，是因为我们都是根据意图（对我们具有意义）来评价自身的行为，却根据实际行为去评价别人。[1] 这种自我偏见会降低自我认知的准确性。它还会对你在一种学习环境下接受反馈的能力造成影响。

上述这些方面，全都有可能对你的学习目标产生影响，导致你心生偏见。有的时候，这些影响具有积极的作用，因为它们会引导你获得积极的学习成果。可是还有一些影响，有可能是为他人的别有用心服务，而不是为了让你获得最佳的学习利益。你也不要忘记，自身偏见有可能阻碍你去拓宽视野，使你囿于业已了解和相信的东西之内。在如今这个飞速变化的世界中，这两种情况都是极其危险的。

偏见效应发挥作用的时候，认识到这一点并且判断追随这些偏见效应是否符合自身最佳利益的责任，全在于你自己。这些偏见是否反映出了你想要采纳的观点？在你学习和做出改变的过程中，它们会不会有所助益？你又会不会摒弃那些歪曲的见解，用另一种方式思考？

---

[1] R. R. 韦斯特、R. J. 梅泽夫和 K. E. 斯坦诺维奇，《认知复杂性不会减少偏见盲点》（*Cognitive Sophistication Does Not Attenuate Bias Blind Spots*），见于《人格与社会心理学杂志》（*Journal of Personality and Social Psychology*），103（3），2012：506-519。

为深度学习做好准备

任何一种学习资源，提供的都不可能是纯粹而客观的信息。连科学家也承认，他们无法进行不带有偏向性的实验，因为实验者和观察者始终都是整个实验过程中的组成部分。这一点，就是需要你透过表面看到本质这件事的极其重要的原因。不过，你之所以必须深入学习资源的表面，还有其他一些原因。

深刻而微妙的重要学习经验，常常都隐藏在组成学习环境的信息、故事、游戏以及其他经历之下。因此，你应当寻找反复出现的主题与模式，它们能够帮助你在更深的层面上理解学习资源。你不妨将这些主题与模式看作深埋于地下的真正宝藏。

人类天生具有深度学习、在混乱当中看出模式的能力。想一想，你在儿时第一次发现"卡车"这一概念时的情况。你将一种模式进行了内化，使得你可以辨识出多种多样的卡车，不管它们是画在图书里、你的玩具盒上，还是大街上真正来去的卡车，你都能辨识出来。"卡车"成了一种模式。成年之后，你会辨识出更多难以捉摸的模式，使得你可以说出这样的一些话来："这位记者的报道，通常都会偏袒保守派"，或者"有的时候，让别人赢就是让自己赢得更多"，或者"在关于个人改变的这些故事当中，失败都对主人公的学习和后来的成功发挥了激励作用"。通过看出模式，你也会为大脑的联想过程提供帮助，而大脑的联想过程则有助于你储存和检索记忆。

像有透视眼一样深度学习

进行深度学习的时候，你会运用一种犹如透视眼般的技巧，看透自己正在处理的信息。你会寻找在众多情况下都看似正确的东西。统计学家和大数据科学家在处理一些信息的时候，就有很多办法做到这一点。

他们会对数据进行运算，来确定一场飓风会不会袭击城市。专家之所以成为专家，就是因为他们能够通过发现更深层的模式与规则，迅速辨别出一种情况下哪些是重要因素，哪些不是重要因素。

进行深度学习的时候，你应当寻找在众多情况下都适用的规则。这些规则的呈现形式，可能是"如果甲事发生，那么乙事很可能会发生"。它们也有可能用一种心理模式呈现出来："在这类情况下，重要的是注意这些因素。"

深度学习还有一个方面，就是看出潜在的价值观和思维范式的能力。所谓的范式，是指一种思维框架。例如，自17世纪以来，科学家一直认为，人类从根本上来看是理性的。他们忽视了人类内心世界的影响，忽视了我们的行为并不能像机器那样只进行理性操纵的事实。如今，多亏了神经科学和心理学的发展，我们才知道人类的行为并非只会受到理性观点的影响。这种新的科学观点，正是本书的思想基础。

像超级大师一样深度学习

深度学习是如今人工智能的一个重大主题。大数据专家正在利用新的技术，寻找能够将互联网上的垃圾邮件、欺诈现象与合法信息区分开来的趋势与模式。为了做到这一点，他们会处理大量的数据、运行大量的程控计算机，来探测更深层的因果模式，其中还包括他们原本并未寻找的一些模式。你也具有运算大量数据和辨识模式的同一种本领。不过，你该如何去发挥这一本领呢？

对这个问题的回答，能够说明专业人士与新手之间的差异。专业人士会辨识出在他们的专业领域内发挥作用的深层模式。不妨想象一名国际象棋冠军，当他看着棋盘，会看出别人看不出的走棋模式。酒店专家能够在看到所有酒店的业绩数据之后，将注意力集中在别人完全看不出的问题领域。厨师尝一下开胃菜，马上就知道哪些香料放多或放少了。

有的时候，专业人士完全不知道他们懂些什么，因为他们具有的知识是隐性而非显性的。身为 4.0 学习者，你要学会的就是去发现那些使他们成为专业人士的深层模式。仔细观察他们工作时的情况，让他们描述自己在解决问题时心里想的是什么，或者直接询问他们："在做出决定或者解决问题的时候，你寻找的是哪些关键因素？""引导你去寻找的思维模式是什么？""你在做这个的时候，心里是怎样想的？"

你应当透过接收的信息或者所做练习的表象，看到深层的东西。在你面临的情况中，最重要的特征是什么？类似的情况下是否存在什么模式？将来当你处于需要运用所学知识的情况时，应该去寻找些什么？怎样才能像那位看着棋盘的国际象棋大师一样，看出模式和选项而非仅仅看到兵卒和骑士？

此种深度学习需要你进行更加复杂的学习，而不能只看表面。等到发现了模式、通用的决策和行动规则，你就会确立一种强大有力的关联结构，记住正在学习的东西，并且持久学习下去。

不是只有拥有博士学位才能透过表面看到正在利用的学习资源中隐藏的价值观和模式。你已经具备了此种能力。还记得卡车吗？在一生中的绝大部分时间里，你始终都在辨识各种模式。

小结　开采学习真金

学习旅程中开采学习真金这一部分，就是你的大脑遇到学习资源的阶段。这个阶段的难点就在于，将这种新的信息内化，从而将其转化成持久存在的知识、技能、价值观以及对未来的创意。

> **思考与关联**
>
> 可以利用"工具2"中的"技巧5 开采学习真金"模板,来帮助你实施学习4.0的第5种技巧。

然而,在能够开采学习真金之前,你必须从正在使用的信息资源中发掘出自己所需的东西。资源与人们一样,有不同的个性特点及关联方式,因此你应当调整自己的方法,去适应学习资源。"工具5 资源专用学习技巧"将帮助你做到这一点。

开采学习真金的时候,你应当搞清别人将信息组织和打包起来对你施加影响的方式。你应当确保自己正在学习的东西是真正的宝藏,可靠且值得信赖,而不是"愚人金",因为后者要么旨在基于隐秘的目的来操纵你,要么就是不可靠和不值得信赖的东西。

发现更深层的模式、模型、框架、价值观与教训,会给你带来巨大的回报,而它们常常都深藏于学习体验的内部。你的目标既应当是发掘专业人士所知的深层秘诀,即让专业人士看到问题核心的诀窍,还要清楚在何时、何地去运用你正在学习的新知识或者新技能。

通过发掘真正的宝藏——既在表面上发掘,也深入表面之下发掘,你就能够把最佳和最有用的信息吸收进大脑的短期记忆中。

既然已经获得了这些新的理念与信息,你又该如何处理它们?学习旅程中的下一步,就是确保在将来需要的时候,可以随时找到短期记忆中的信息。你需要保持学习动力。这就是下一章的重点。

第十章

保持学习动力

本章将帮助你掌握任何一条学习道路上都具备的 4 大目标：记忆、培养技能、更新你的信条与态度，以及激发你的创造力。你可以利用学习 4.0 的各种技巧，来实现 4 大目标，但针对每一种目标，你也可以采取一些特殊的步骤。这些关键技巧，将帮助你抵达自己向往的地方。你将学会：

- 改善记忆力。
- 培养出一种技能或者习惯。
- 根据新的信息，更新你所持的态度与信条。
- 利用你的学习活动，激发出具有创造性的想法与解决办法。

在第九章里，你已经学会如何处理不同种类的信息。但是，仅仅将新的信息吸纳进大脑，并不意味着你在学习。新信息在大脑中留下的初始痕迹，是很不牢固的，而且，在需要的时候，你也无法指望从中找到所学的新知识、新技能、新态度或新创意。从大脑的角度来看，这种新信息驻留在短期记忆之中（这是关键的第一步），神经元形成的新结构很不稳定，而大脑中由相互关联的记忆组成的巨大网络，此时才刚刚开始出现变化。

到了学习旅程中的这个阶段，你已经开采出学习真金，只是此种金矿仍然处在原料状态。现在，你需要把矿石变成可以佩戴的珠宝。那么，你怎样才能将信息转化成持久存在的学识？要回答这个问题，需要你的意识系统和无意识系统之间形成另一种伙伴关系。两个系统协同发挥的作用，取决于你想要获取的学习成果类型，以及学习挑战的难度水平。你可以获得下述4种可能的学习结果：

- 知识，就是需要的时候你能够回想起来的信息。
- 技能和习惯，就是形势需要之时你能够做到的事情。它们有可能是精神上、生理上、人际关系上的，或者存在于你处理人生大事与需求的方式中。
- 态度与信条，就是你在理解事物并且判断哪些方面很重要的时候所用的、带有价值取向的"透镜"。
- 创意，就是你身处一种学习模式当中时创造出来的各种新关联。

> **思考与关联**
>
> 本章含有众多的技巧与观点。在继续阅读之前，不妨发动你的注意力，做一个小小的自我测试：你认为，在本章中你将找到哪些学习技巧？将它们列举出来。然后，在本章结束的时候，将所列技巧与你在本章中真正学到的技巧进行对照。

保持学习动力的通用之道

你已经了解了如何将新的信息吸纳进大脑的海马体中，促使神经元发生变化。不过，若想确保自己的学习能够持续下去，你还得采取其他措施。有些学习技巧适用于上述4种学习结果中的任何一种，而其他一些技巧则专门用于拓展知识、培养技能、更新态度或者开发创造性成果。我们不妨先来看看对上述4种学习结果全都适用的学习技巧，即增强未来的引力、由无意识系统负责、交叉进行不同的学习活动、与现实生活中的情况相关联，以及与他人一起学习。

增强未来的引力

开始巩固学习之前，你不妨花上片刻，想一想自己希望看到的学习结果。深呼吸，再次想象你希望为自己创造的那种未来愿景。想一想成功带来的种种好处，以及如果不学习你将失去什么。你应当形成一种足以激励你朝着它前进的未来感。

现在，你不妨让自己沉浸在那种未来当中。在想象中，你应当看到自己正在运用学识，从成就、欢乐、更大的影响力、个人力量感以及做自己重视之事中获得种种好处。这种情景会指挥你的无意识系统，让这种学习目标在无意识中发挥作用，甚至是在睡觉的时候。一种可以感受到的愿景，还会激励你踏上即将到来的学习探险之旅。

由无意识系统负责

绝大部分与学习相关的活动，都会在你做白日梦、休息和睡觉的时候蛰伏。① 不妨试着采取下述措施，提升你在这种学习活动中的收获：

- 上床睡觉之前，想想自己希望记住些什么，或者在心中反复回想正在学习的那种技能。睡觉的时候，大脑非但不再与外部世界联系，还会清理掉当天不需要和没有处理过的信息。大脑也会继续巩固新的神经元结构与连接，为它们编制索引，并将新信息从海马体内的短期处理中枢转移到大脑皮层当中较为永久性的存储区域。有一种理论认为，你在睡觉的时候，大脑会优先处理业已标记为"重要"的信息。② 因此，在关灯睡觉之前，务必告诉自己想要记住哪些方面的信息。
- 假如你想要学习某种难度很大的东西，就应当在美美地睡了一觉之后，或者在做了一段时间的有氧运动之后，马上去学。首先，你的大脑得到了充分的休息，可以进行更多的信息处理。其次，你的体内会有更多的氧气与内啡肽，来为学习加油。
- 学会利用"蔡氏效应"③。当你在自己的好奇心或者兴趣高涨之时中断学习，过后再回到学习中来，带着更高的积极性去搞清楚接下来会发生什么的时候，就会产生这种效应。在好奇心或兴趣高

---

① 大卫·伊格曼，《隐藏的自我》。
② I. 威廉等，《睡眠会选择性地强化有可能与未来相关的记忆》（*Sleep Selectively Enhances Memory Expected to Be of Future Relevance*），见于《神经科学杂志》（*Journal of Neuroscience*），31（5），2011：1563-1569。
③ 蔡格尼克，《关于完成与未完成之任务》。

涨的时候停下来，会在你的潜意识中形成压力，把你正在学习的事项摆在无意识系统中的待办事项的前端。
- 将学习过程分隔成各个阶段，不要想一次做到所有的事情。虽说应当花一些时间进行积极主动且有意识的学习（即开采学习真金和做一些能够让学习持续下去的事情），但也要给你的无意识系统留出时间，使之发挥出深层作用。假如你正在致力于一个复杂的学习目标，那就应当考虑积极主动地学习某种东西，用自己的话将其转换成笔记或者自我对话，在上床睡觉之前迅速回顾一下，然后隔一两天再去思考这个问题。在下一次学习期间，你既要回顾一些较早的信息，同时也要回顾那些新资源。接下来，就是重复这一过程！其中的诀窍在于，学一点儿就停下来，给自己留出间隔时间，然后再去思考，并且将间隔时间不断拉长。[①] 你不妨试上一试！

交叉进行不同的学习活动

"交叉"（Interleaving）是认知科学领域里的新术语，对你的学习具有重要的意义。这是指用一种不规则的方式，将各种不同但具有相关性的活动进行排序，目的是提高效率，形成多条记忆通路。[②] 例如，设想你正在学习一种新的销售方法。你会先阅读一本手册，或者参与一项在线学习任务，时长为 15 分钟或 20 分钟。接下来，你转而开始制订在下

---

① N. J. 塞佩达、E. 武尔和 D. 罗勒，《学习中的间隔效应：最佳记忆的时间分水岭》（Spacing Effects in Learning: A Temporal Ridgeline of Optimal Retention），见于《心理科学》（Psychological Science），11，2008：1095-1102。H. P. 巴瑞克等，《外语词汇的维持与间隔效应》（Maintenance of Foreign Language Vocabulary and the Spacing Effect），见于《心理科学》，4（5），1993：316-321。
② S. 潘，《交叉效应：混合可以促进学习》（The Interleaving Effect: Mixing It Up Boosts Learning），见于《科学美国人》（Scientific American），2015。

一次销售拜访时如何利用所学技巧的计划。然后，你对其中的关键理念做了一些笔记。你可能还会就自己业已学到的东西，与一位同事展开讨论。这一过程的宗旨，就是将学习分成不同的小模块。这样做有助于你时时保持注意力，并让不同的神经元组拥有创建多种连接以维持学习过程的可能性。

或者，你也可以想一想学打网球时的情形。你会花上大量时间，只是将球击来打去。接下来，你会练习发球。然后，你会观看视频，看职业网球运动员什么时候跑向球网，什么时候不会跑向球网。这种做法也适用于更好地进行一般性体育锻炼。你可以交替进行力量和耐力训练。这就是交叉活动。

从一种方法转到另一种方法，而没有一次性完成任何任务，这种做法看似会拖慢你的学习进程，但是，通过交替采用不同的途径，你会加快整体的进步速度。这样做也会保证你有恢复与休息时间，使你能够持续高效地学习并不断进步。在学习涉及身体肌肉相关的内容时，这一点尤其重要。

与现实生活中的情况相关联

最终，你会把所学知识带入日常生活当中。到了那时，你学到的新知识、新技能和态度，就会不可磨灭地与现实情况关联起来。在学习过程之初，你就应当找到方法，让所处的环境与身边的人做好准备，接受你即将做出的任何改变。这样做将有助于快速开始扭转习惯，以免其他人在无意中加以阻挠。例如，一种新的管理方式或者新的问题解决办法，会如何对工作环境中的其他人产生影响？你最好尽早争取到他们的关注与帮助，而不是到后来再去应对他们的阻挠。

> **思考与关联**
>
> 此时就是一个合适的机会,你不妨停下来迅速回顾一下,或许还可以粗略地做做笔记。可以考虑利用"工具 3 思维笔记格式"中的笔记格式。或者,你只需选择自己希望很快就能用到的几种技巧。

与他人一起学习

与别人一起学习的时候,你会获得诸多好处。你会把正在学习的东西转换成自己的语言,然后用新的方式去看待它们,这会帮助你创建多种具有关联性的记忆。谈论自己的目标时,你会增强未来的引力,而其他人也会受到吸引,给你提供支持,帮助你保持专注和积极性。与他人为伴,还会增加体内催产素(这是一种令人快乐的化学物质)的分泌量。而且研究表明,与他人协作从事一个具有挑战性的项目,有助于你进入忘我状态,而这正是提高学习效率的状态。

不论是与团队合作进行一个学习项目,或只是给予或接受提供了道义支持的行为,你都可以从中获得社会性学习带来的益处。

在任何一种学习情况下,你都应当制订计划,不断增强自己的未来引力;充分利用好睡眠、休息和间隙时间;交叉进行不同的活动;与现实生活中的情况关联起来;与他人一起学习。不管学习目标是什么,这些方面都会助力你的学习持续下去。

记忆之道

在上述 4 种可能出现的学习结果当中,第 1 种便是你记住的信息。

成年人经常会说"我记不住事情"或者"我的记忆力没有以前那样好了"。有的时候，我们的确很难回想起一些信息。在你的一生当中，神经元会形成越来越多的连接，因此将所有可能性整理好是极其困难的。然而，你绝不要忘记，大脑是一台了不起的记忆机器。假如在学习旅程中受到挫折，你只需后退一步，想一想此时有900亿个神经元与100万亿种连接正在你体内发挥作用的情景就可以了。

再想一想，你无须努力就能记住多少东西啊！你看到一个孩子哭了，会想知道他究竟是饿了、冷了，还是尿了，这些理解全都建立在你记忆的基础之上。在解决一个销售问题的时候，你会无意识地运用掌握的"销售漏斗"（sales pipelines）①知识，去确定应当关注的重点，这样做又利用了你业已掌握的知识。你之所以会认出马路对面的一位朋友，是因为大脑会将你的所见，与你对这位朋友的记忆匹配。在解决一个工程学问题的时候，你会考虑到可能导致这一问题的多种原因，此时又是在搭建复杂的关联。与世界接触的每一天和每一分钟，你都在从记忆当中提取信息，而不需要有意识地付出努力才能记起。

不过，有的时候虽说你以为自己知道，却还是想不起一些事实、名字、概念或者观点。究竟是什么原因，使你忘掉了这些东西？②教育家和神经科学家提出了一些解释：

- 你实际上并未忘掉，只是从一开始就完全不知道这些东西罢了！也就是说，你当时并没有专注于学习。
- 你的记忆从未彻底稳固下来。神经元并未做出改变来维护新的信息，或许是因为当时一种相互矛盾或者更加有力的观点对你产生了干扰。
- 你并未运用过那种记忆，或者没有长期储存那种记忆。假如你不去巩固大脑网络中存储的信息与检索通道，记忆就有可能出现

---

① 亦译作"销售管道"，是一种科学地反映机会状态以及销售效率的重要销售管理模型。——译者注
② 鲁迪，《学习与记忆的神经生物学》（*The Neurobiology of Learning and Memory*），237。

"衰变"。
- 那种记忆没有与你重视的任何东西关联起来，因此在睡觉的时候，那种记忆就会像垃圾一样被大脑清理掉。
- 那种记忆不够有趣，因此你的好奇心没有被激发到一种很高的水平，不足以释放出像多巴胺这样具有支持作用的神经化学物质。

联系

你在第一章里已经了解到，要想记住某件事情，必须既能将信息存储进大脑，又能在大脑中将信息检索出来。这一切都是自然而然发生的，但你可以让这一过程变得更突出和可靠。

虽然没有人能够确切地阐述学习型大脑的情况，但人们在一些方面还是存在共识的。在下述情况下，你的记忆会更加牢靠：
- 某一概念涉及多种感官，形成了生动形象的大脑关联。
- 你激发了一种"先忘掉后记起"的循环（这个循环能够强化往返于想要记住之物的通路）。
- 你进行了主动的思考。
- 你会寻找更深层的模式和关联。

形成生动的关联

你认不认识那种能够记住每个人的名字，并且能够凭记忆背出一长串名单的人？假如你懂得如何形成生动形象的关联，就不难做到这一点。我们不妨从一个人的名字开始，当然，首先得确实听到这个名字才行。记住，必须专注于学习！接下来，不妨将名字与某种生动形象、能够让你回想起人名的东西关联起来，把这当成一种记忆技巧。比如说，对于约翰·普尔（John Poole），可以想象此人正在一个盛满紫色之水的泳池里游泳。对于丽莎·麦吉恩（Lisa McGinn），不妨想象此人一边手持自己那栋房子的租约，一边喝着吉尼斯黑啤。① 在这样做的同时，也应当仔细观察他们的脸部，与之形成关联。还应当保持时不时地进行回顾性的清理，看自己是否还记得谁，并且用他们的名字以及你所形成的关联来提醒自己。有些人甚至会保留一个小小的笔记本。很费事吗？的确，但你可以把这种做法变成一个习惯。至于回报？绝对有啦！

要想记住列表中的一长串事物，也有一些简单的技巧。一种非常有用的方法是"绑定列表法"（anchor list），即运用一系列经常用到的图，协助你记忆（绑定的）项目。例如，你可以这样想象："1"是一个小圆面包，"2"是一只鞋子，"3"是一棵树，"4"是一扇门，"5"是一座蜂巢，"6"是棍子，"7"是天堂，"8"是一道大门，"9"是一根藤蔓，"10"则是一只母鸡。② 要想记得去邮局、给一位朋友打电话、完成一份报告或者购买食品杂货的话，不妨想象邮局里全都是小圆面包，你的朋友穿着一双老式的大鞋子，一棵树上挂着你的那份报告，一扇门试图关上，一袋食品杂货正挡在里面……这样的话，你就一清二楚了。很离谱吗？是的！可这样做却很有效。大脑热爱联想，热爱能够吸引多种感官的联想，尤其是视觉联想。

不过，对于一些更加抽象和复杂的信息，又该如何去形成联想？上述原则同样适用，只是对于绝大多数重要的记忆任务而言，"1是小圆面包"这种技巧太过简单了。其中的诀窍就在于，始终都应通过其他感官和信息处理模式来形成关联。

---

① 所举例子运用的都是词形联想法，因为"普尔"（Poole）与英文单词"水池"（pool）近似，"丽莎"（Lisa）与"租约"（lease），"麦吉恩"（McGinn）与"吉尼斯黑啤"（Guinness）之间也有近似之处。——译者注

② 这里运用的都是谐音法，因为这些数字的英文发音都与想象之物的单词发音相近，如"1"（one）与"小圆面包"（bun），"10"（ten）与"母鸡"（hen）等。——译者注

将信息转换成另一种感知模式:强调视觉

形成关联的一种方法,就是创造能够生动形象地表明概念之间的关联方式的思维笔记,即创造出能够反映大脑中你想要的关联的图像。有人将这种笔记称为概念图或者思维导图。在这种图上,你描绘的就是概念之间的关联。[①] 在刚开始研究自己想要掌握的知识时,你就应当绘制出这一地图的初稿(参见第九章)。

创建视觉关联时要注意,这种关联对记忆的影响尤为强大,因为大脑中处理视觉信息的部位要多于处理其他任何一种感官的部位。但是,你也不要忘记其他的感官。请用自己的语言在心中好好想一想正在学习的东西。如果有方法将一种气味联系起来,那就不妨形成这样一种关联。气味能够直接抵达大脑,因为它们无须经由丘脑和海马体(想一想那些能让你立即想起家的气味,就会明白)。

从大局到细节,交替切换

纵览一番,厘清学习资源的要点与结构,这样做很有用处,因为它能够让你不时地问自己:"我正在学习的这些概念,在大局当中处于什么位置?"在大局和细节之间来回切换,有助于大脑创建出自己的结构,把正在学习的知识整理归档。你可以利用思维导图和其他视觉笔记,来帮助做到这一点。

学习时走动走动

虽然这种做法的影响不易察觉,但在多种环境下学习,会形成一

[①] J. D. 诺瓦克和 A. J. 卡纳斯,《概念图背后的理论及其构建和使用之法》(*The Theory Underlying Concept Maps and How to Construct and Use Them*),人机认知研究所(IHMC)概念图工具技术报告(2006年1月,2008年1月修订,佛罗里达州彭萨科拉人机认知研究所)。东尼·博赞,《思维导图手册:终极思维工具》(*Mind Map Handbook: The Ultimate Thinking Tool*),纽约:哈珀柯林斯(Harper Collins)出版社,2004。

些日后可能非常有价值的关联。（例如："我学会这种方法的时候，正坐在那棵大树底下。"）其中包括在思考和整合概念的时候去散步。少量的运动还会让体内的含氧量保持在较高水平，从而提高集中注意力的能力。

讲述"未来之我"的故事

大脑在不断地将你的经历编成故事，因此不妨利用此种倾向来帮助学习。在地点、时间和身边的人物等方面，你都应当编得非常具体。形成的图像越具体，将来需要检索相应信息的时候，回忆起来的可能性就越大。

激活情感性和创造性自我

你应当将正在学习的知识，转换成某种会让你发挥出更多直觉和感受的东西。有一种方法就是运用比喻。下面这个例子，适用于在本书中学习的、关于成为4.0学习者的知识：

- **假设本书是一只动物，它会是什么动物？** 一只海豚。这是一种聪明的动物，能够在水面上下来去自如，有的时候很好玩，也是生存时间很久的一个物种。
- **本书会像什么样的汽车？** 一辆豪华大卡车。这是一台复杂、可靠又吃苦耐劳的机器，虽说外表时髦奢华，引擎盖下却内容丰富。
- **本书会像什么国家？** 像一个拥有美丽乡村和城市的民主国家。它是一种民主政体，因为它提倡高度的个人权利和义务；它是一个乡村，因为它尊重你的情感和无意识；它是一座城市，因为它也尊重你的理性和意识。
- **本书像什么样的旅游目的地？** 它像将种种理性的城市结构与荒野中更加自然的世界结合起来的任何一个地方。

只需运用你的想象力，利用一种形象来创建强化记忆的关联，其中包括对正在学习之物的感受。

与他人讨论学习内容

这样做有助于将新的信息用自己的话语表述出来，创造出一种情境，使得别人提出的问题能够帮助你更加深入地探究种种概念和问题。交谈还会创建新的关联性通路，为大脑连接组中业已存在的100万亿种连接添砖加瓦。

教导别人

没有哪种巩固记忆的方法，会比随时准备帮助别人学习某种东西更加强大有力。为什么？因为在这一过程中，你会迅速发现自己不懂的方面，从而提出问题，产生一种学习的紧迫感。在寻找更深层的模式与关联，以便能够用一种通俗易懂的方式阐释概念的时候，你就会做好准备，与强调行动的现实世界产生关联。教导别人，或者仅仅设想自己正在教导别人，就是形成自身可以检索之记忆的极佳办法。

自我测评

在学习某种东西之前、期间和之后进行自我测评，是将信息在记忆中巩固下来的好办法。在学习之前，你应当后退一步，想想自己对某个科目的了解，或者将了解的知识记录下来。你还应当对即将用到的资源做一番快速审视，把各个章节的标题变成问题。例如，本书称4.0学习者理解大脑的学习机制。那么，在阅读学习型大脑的那一章之前，不妨检测一下自己，看看究竟对大脑的运作机制了解多少。接下来，阅读完那一章之后，可以再来检测一次。这种事前和事后进行的评测，会让你注意力集中，并且巩固所学的知识。这样一来，学习过程就会变成一种游戏。在这种游戏中，你的好奇心和高参与度将有助于大脑分泌出各种对学习过程有所助益的神经化学物质。

思考与关联

看完本节关于形成生动关联的内容之前,你完全可以试着运用这些技巧中的一种,来帮助记住正在学习的知识!

忘记,以便能够记住

记忆过程当中,有两个重要的方面。首先,你会在大脑中创建记忆。接下来,你必须能够在需要的时候找到这种记忆。人们持有一种传统的观点,认为遗忘是这一过程的大敌。可实际上,遗忘对记忆过程可能是有所助益的。通过先遗忘、后记住的学习方法,会强化负责搜寻信息的那些神经通路。而且,每次回想起来时,你都会创建出更多的关联。

在试图记起自以为忘记的东西时,你会向记忆中注入新的能量。仔细想想这一点。在搜寻业已遗忘的概念时,你多半会运用多种记忆触发因素。一旦找到,所有这些新形成的关联,其中包括与当前需求之间的关联,此时便会与那种记忆关联起来。即便在必须回顾学习资源才能重新找到自己正在搜寻的东西时也是如此。到了将来,你试图回想起来的时候,那种记忆就会变得更加牢固,甚至会有更多的方法找到这种记忆。[1]

反复法能够产生效果的原因是:通过反复和回顾重要信息,你既会强化心理关联,也会创建新的心理关联。你正是利用遗忘,来帮助自己记住!

---

[1] H. 罗迪格三世和 J. D. 卡尔皮克,《测试记忆的力量:基础研究及教育实践的启示》(The Power of Testing Memory: Basic Research and Implications for Educational Practice),见于《心理科学展望》(Perspectives on Psychological Science),1(181),2006。

抽空思考

假如想要记忆可靠，就要做好计划，交叉进行思考并采取行动。这些记忆技巧中的一部分之所以有效，是因为它们要求你去思考，要求你带着惊奇之心后退一步，与自己及他人对话，谈论正在学习的东西，并且要用对你和你的人生具有重要意义的话语来表达。[1]

诚然，在如今这个花花世界当中，我们很难抽出时间进行思考和深度学习，因为这个世界高度重视行动，思考则看似懒散。不过，若是希望自己的记忆力更佳，就必须抽出时间进行思考。如何才能做到这一点？

- **投身于学习之前，做一个自我测评。**应当问一问自己："对于即将碰到的主题与情况，我了解哪些方面？"或者"我认为自己在这一节当中，会找到一些什么样的建议？"通过回答后一个问题，就会在自己猜测的内容和本节的实际内容之间形成一种有益的张力。即便猜测"错了"，也会增强你的好奇心与关注度。（这可不怪我，因为是你那奇特的大脑在作怪！）[2] 开始阅读本节之前，我曾要你想一想，你觉得自己在这一节中会学到哪些学习技巧？这是一种预测，可以激发你的好奇心，在业已掌握的知识和本节的新观点之间建立起关联，并且通常都会为你的记忆过程提供支持。

- **处理完信息模块之后，马上进行自我测评。**你发现了什么，发现的东西又为什么对你很重要？这样做既有助于强化记忆，也有助于增强你找回记忆的能力。

---

[1] J. 梅齐罗，《成年后批判性思维的培养》（*Fostering Critical Reflection in Adulthood*），旧金山：乔西-巴斯（Jossey-Bass）出版社，1990。

[2] 罗迪格对"测试"效果的惊人研究指出，哪怕是在没有预先了解的情况下猜测要点，这种预测也具有强大的力量。接下来，学习之后还要进行自测。记忆的影响力是极其显著的！详情可参阅 H. 罗迪格三世和 J. D. 卡尔皮克合著的《测试记忆的力量》。

- **践行批判性思维**。你应当在心中反复思考新的观点,并且寻找更深层的假设与关联。把新的信息与认同或者不认同的观点全部关联起来。当自身的情绪反应、对目前的思维和自我形象的质疑有可能危及深度学习的时候,你应当加以注意。换言之,你应当跳出自我和臆想的窠臼。这种额外的信息处理,会让信息变得更令人难忘。

正如一位成人学习研究人员所指出的:"你实际上并不是从经验中学习……你是在对经验反思的过程中学习的。你有可能度过经历丰富的一生,却什么也没学到。虽说有些东西可能会长久驻留,但那也只是一种附带性的学习。"这种学习可能对你有益,也有可能对你一无所用。①

花时间思考与专注学习这两个方面并驾齐驱,是精于学习的两种最重要的技巧。你必须着力于这两个方面,否则就坚持不下去。

寻找主题与模式

想要记住信息的时候,你的注意力会集中于事实和观点上,这是一种常见的现象。然而,身为4.0学习者,应当去寻找更深层的东西;若是找到了,你记住的内容就会更多。不过,这种"东西"又是什么呢?就是寻找那些组织整理信息的更深层模式和心理模型。不妨再次想一想,那位从棋盘上看得出别人看不出之模式的国际象棋大师。想一想那些能够看懂气压、湿度、季节和急流等方面的信息,看得出刚刚形成的暴风雨的模式的气象专家。想一想某个关系亲密之人离去或者逝世之后,你经历的所有情感,这些情感(包括拒绝、愤怒、权衡、沮丧和接受)当中有一种模式,即所谓的"悲伤周期"(the grief

---

① K. 泰勒和 C. 马里诺,《用成年大脑的思维来促进学习》(*Facilitating Learning With the Adult Brain in Mind*),旧金山:乔西-巴斯出版社,2016:217。

cycle）。① 理解此种深层模式，有助于搞清楚你在茫然不知所措的情况下产生的成千上万种反应（并将它们组织起来）。

本书提供了在处理信息时可以用到的一些心理模型。信息处理过程既是理性的，又是非理性的；既是有意识的，又是无意识的。你的学习旅程可能会沿着 3 条道路进行（即时学习、为一个目标进行的前瞻性学习和事后学习），并且会用到学习 4.0 的 7 大技巧。你还会找到一些新的心理模型，它们与学习资源的组织结构相关，与你在团队学习和帮助他人学习的过程中如何把学习 4.0 技巧当成一种体系加以利用相关。

思考

学习的时候，有 4 种学习环境因素、7 大学习 4.0 技巧，以及应当遵循的 3 条学习道路。

在抽出时间想象和描绘基本的心理模型或者框架时，你会确立一种结构，来储存更多的细节信息。这是一种极佳的记忆技巧，是一种完全值得你付出时间去学习的技巧！

小结　记忆之道

要想记住自己所学的知识，你必须确保记忆储存进了大脑，并且确保在需要的时候能够将它们重新找出来。假如你想要记住，那么仅仅对信息进行处理（即开采学习真金）是不够的。你还需要采取额外的措施（参见图 10-1）。

---

① E. 库柏勒-罗丝，《论死亡与弥留》（*On Death and Dying*），伦敦：麦克米伦（Macmillan）出版公司，1974。

图 10-1 记忆技巧

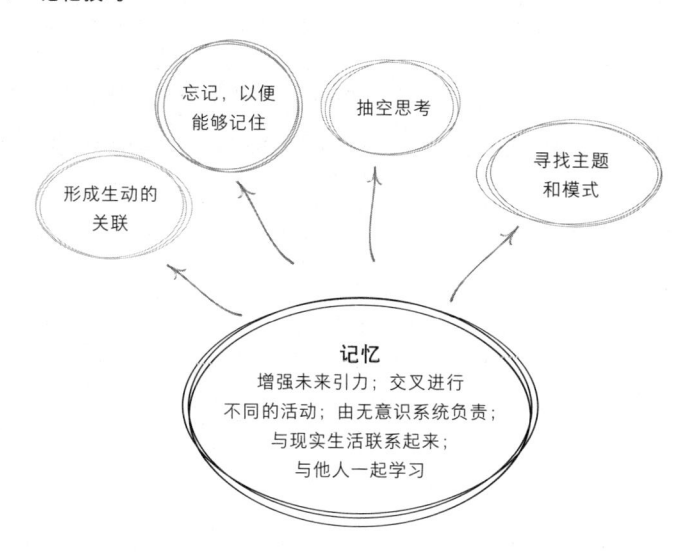

```
形成生动的
  关联
            忘记,以便    抽空思考
            能够记住
                              寻找主题
                              和模式

              记忆
         增强未来引力;交叉进行
         不同的活动;由无意识系统负责;
         与现实生活联系起来;
         与他人一起学习
```

你应当制订计划,将自己的学习时间分成两半:一半时间用于接收信息,另外一半时间用本节所述的方式对信息进行处理。假如没有做到这一点,那就不要把记忆方面的问题归咎于年龄,或者怪罪于生活太复杂。真正的原因就在于你没有花时间将所学的知识恰当地储存起来。你掌控着自己所学的内容,因此应当承担起 4.0 学习者的责任。你应当利用本节所述的技巧,唤醒前额皮层,使之发挥出作用。如此一来,你就会大大改善自己的记忆力。

如何培养技能与习惯

技能与习惯,是你可以获得的第 2 种学习成果。有些技能和习惯,属于**认知上**或者**心理上**的。比如,学会了一种分析问题的新技巧、具有创造性的思维方法,或者在零售商店里处理订单的方式。有些技能和习惯属于**身体上**的。比如,学会了一种体育运动,学会了组装零部件、开飞机或者做外科手术。还有些技能和习惯属于人际关系方面的。比如，学会了给予或者接受反馈意见、处理矛盾冲突或者进行采访的新方法。或者，你还有可能培养出一些个人技能来，比如控制愤怒、应对焦虑或者管理时间。本节的重点，就是帮助你培养出某种技能，或者让某种习惯变为自然。

思考与关联

在继续阅读下去之前，不妨做一个自我评测：你觉得，自己在本节中会看到哪些可以改变技能与习惯的方法？

培养任何一种技能的关键目标，就是做到对这项技能娴熟于心，使之在很大程度上变成一种下意识的技能，即变成一种新的习惯。然而，我们往往需要付出时间，才能将一项技能变得炉火纯青。有的时候，新技能会碰上一种顽固的习惯，或者需要你以一种不同的面貌出现在世界上。在试图做出改变的时候，你甚至有可能暴露出隐藏在原有习惯模式当中的种种恐惧心理。例如，一个想要培养出新的愤怒管理技巧的人，会发现愤怒其实是自身没有安全感的一种掩饰。如今此人面临的难题，就变成采取措施来消除这种不安了！

关于习惯

你很清楚，假如不计后果，一直做同样的事情，你就会养成一种习惯。（从吸烟到抚养孩子，再到领导技巧，都是如此。）大脑喜欢习惯。习惯就是那些属于无意识且能节约能量的行为模式。它们不需要你通盘考虑所有步骤，甚至也不需要你担心后果。习惯可以让你解放注意力，再集中到别的事物上去。

虽说习惯很有益处也很必要，但它们也有一大缺点，那就是可能难以改变。要想改变或者替换习惯，你必须克服神经元业已稳定的关联中种种根深蒂固的无意识反应。接下来，你又必须对触发习惯的情境与你想要采取的新行动之间的关联进行重组。这样做，常常需要你付出巨大的有意识的努力，辨识出什么时候该去做新的事情，阻止自己的无意识反应，进而激励自己去做某件不同的事情！

那么，如何培养出新的技能，即便这意味着必须替换掉一些非常顽固的习惯？不妨试试下述技巧：暂时变成一个新手，利用备忘录和忘我模式，利用感知性学习，支撑自己通过学习之路上的"高原"和"低谷"。

暂时变成一个新手

假如愿意暂时当一个初学者，你就会更快地培养出新的技能。作为新手，不妨尝试下述技巧。

分解

将技能或者习惯分解成若干个组成部分，在强度较低的情况下练习每个部分，直到对每个组成部分运用自如为止。实际上，你应当走出舒适圈去进行练习。假如你在学习一种新的沟通方式，不妨花上几天时间，只是练习倾听和给出自己对所听内容的反馈意见。假如你正在学习一种新的高尔夫击球方法，那就应当在数场比赛中集中关注自己的击球姿势，然后再继续练习向后撤拍。你应当意识到，自己正在重组肌肉和神经元连接。你需要帮助大脑把具有触发性的情况看作做某种不同之事的信号，然后让新的做法变得牢固，足以克服原来的习惯。这正是一些音乐大师练习新曲时的做法，速度虽然缓慢，却会平稳前进，一次攻克一个部分。这样做会加快他们娴熟地演奏所练习乐曲的速度。

暂时遵循一种脚本

应当利用备忘录或者循序渐进的方法,来巩固新的模式。在彻底掌握好更有经验之人列出的步骤之前,即便你认为能够走捷径,也不要那样做。一旦熟练掌握了基本步骤,日后则完全有时间去改变这种专业途径。你可能会发现,在理解新的方法之前,原本可能摒弃的这种遵循脚本的方法已经给你带来了益处。①

观察一位专业人士、与之共事并加以模仿

你可以通过"耳濡目染"来巩固新的技能。也就是说,通过观察一位专业人士运用某种技能,并且想象自己同时也在运用那种技能,来进行巩固。这是运动员常用的一种主动观察法。观察优秀选手的一举一动时,他们会在心里进行练习,感受肌肉的运动并且想象自己获得了成功。这种形象化的技巧有助于创建新的关联,甚至创建肌肉记忆,来支撑那种新技能。一旦做好了准备,你就应当像专业人士一样,到现实生活中进行检验。此时,你可能会想要别人知道,你正在尝试某种新的东西。

听取别人的反馈意见

如你所知,自我认知当中不乏偏见:你很容易将意图与行为混为一谈。因此,应当请别人将他们所看到的你做的事情以及效果告诉你。假如你正在努力学习一项可见技能(与解决问题这样的心理技能相对),不妨请别人制作一份非正式的视频(或者制作一份自拍视频),让你可以看到自己挥动球拍的情形,还可以与之进行反馈性的交谈,或者向他

---

① D. 舍恩,《反思型实践者:专业人士是如何在行动中思考的》(*The Reflective Practitioner: How Professionals Think in Action*),纽约:基础书籍(Basic Books)出版社,1983。

们做一番演示。你可以利用这份视频，对看到的情况进行分析，就像一个不偏不倚的观察者一样。假如你学习的是一项心理技能，那就不妨把自己实行的步骤大声说出来，听取某个在专业之路上远远领先于你的人的反馈意见。

在要求别人提供反馈意见或者自己给出反馈的时候，需要确保自己具有学习 4.0 的思维模式。问一问："起作用的是什么？我正在收获的是什么？"或者"这种技能中需要改变或者完善的有哪些部分？"但是不要问"我做得如何？"或者"给我一些反馈意见吧"，以及任何可以用一个字或者"是""不是"来回答的问题（例如："我有所改善了吗？"）。这样的问题太过笼统，很难获得具有利用价值的反馈信息。你应当请别人提供一些既积极向上又具有建设性的信息："我采取的措施中，有哪两件事情发挥了作用，对哪两个方面能够加以改善？"假如将反馈意见看成是以行为及其影响为焦点的学习资源，而不是针对你或自我价值进行的评估或评价，就更容易做到这一点。

因此，你不妨暂时当一回新手。这关键就在于掌握基本技巧，并且开始在简单的情况下自如地运用这些基本技巧。这样做有助于你打下基础来采取更加复杂的措施，也有助于牢固掌握新本领。更加熟练地掌握了这种技能之后，你就应当让自己置身于更具挑战性的处境中去。

利用备忘录和忘我模式

有的时候，利用备忘录和忘我模式来维持技能，是很有用处的一种做法。备忘录中，包含了想要成功掌握一种技能而必须实行的关键步骤和技巧。对于飞行员、外科医生，以及工作中如果漏掉具体任务就有可能造成灾难性后果的其他专业人士而言，备忘录具有生死攸关的作用。不过，对于任何一种由众多部分组成的技能来说，备忘录都是很有用处的帮手。我们不妨把它想象成一台外部存储驱动器，你可以选择把其中的内容全部下载到自身的长期记忆存储区。

所谓的忘我模式，是指一系列事件在时空中运动时形成的一种心理图像。这是快速确保你遵循技能步骤的一种方法，要比反复运用备忘录更能避免思想走神。航班飞行员在越来越多地利用忘我模式为一次飞行做准备，而将备忘录当成备用方案。在一种标准的忘我模式中，他们都是用眼睛从左至右（或者相反）扫视仪器，并且途中会在不同位置停下来，目的是确保一切都没问题。这种做法，需要飞行员有意识地集中注意力。

你可以利用这种忘我技巧，来为多种技能提供支持。例如，想一想如何培养你的演讲技能。设想你具有一种忘我模式，只要一做演讲，就会运用这种模式。你可能会从想象出听众开始，然后会想象听众的需求。接下来，你会在心中迅速扫视一下自己那几句吸引听众注意力的开场白、关键要点、与要点相关的故事以及结束语。这种忘我模式也能够提高你的可视化能力，发展更有空间感的右脑。

利用感知性学习

所谓的感知性学习，是指你在没人教导、没有参考或者没有准备的情况下，尽可能地深入众多情况中，以便在短时间内掌握某项技能的一种技巧。[1] 这也是一种反复尝试性的学习形式，你会在不断接收什么有效、什么无效的反馈信息的同时，做出回应与反应。你会无意识地学会根据反馈信息来调整自己的行为，直到面临日益棘手的情况也能游刃有余地使用这种技能。

许多游戏利用的都是感知性学习。玩游戏的时候，你会收到以奖励

---

[1] P. J. 科尔曼和 C. M. 梅西，《感知性学习、认知和专长》（*Perceptual Learning, Cognition, and Expertise*），见于《学习与动机心理学》（*Psychology of Learning and Motivation*），58，2013：117-165。

和升级的形式给出的反馈信息。而且，你始终都在潜移默化地学习游戏规则。能够做到这一点，就说明你的无意识学习系统具有强大的力量。经过充分练习之后，大脑就会理解其中的规则和模式。

唯一的问题就在于：通过感知性学习所学的技能，都属于隐性技能而非显性技能。这就意味着，你很难向自己或者他人解释清楚其中的规则与模式。然而，感知性学习可能是迅速培养技能的一种方式。你还可以补充一些更加传统、具有"做法如下"和"原理如下"等说明的学习。

或许这是一种听上去很古怪的学习技巧，可其实并非如此。你在一生当中，已经通过反复尝试和接收反馈信息，学会了绝大部分技能。这是一种非正式的感知性学习。这里的差别就在于，你具有了一个自觉的目标，要将多种蕴含丰富知识的经历进行压缩，在一段很短的时间里学会。这是对类固醇的反复尝试！

支撑自己通过学习之路上的"高原"和"低谷"

正如你从自身经历中得知的那样，技能不是沿着一条平坦向上的道路培养出来的，一路上总会碰到障碍——有可能进步迅速，然后便停滞不前或者不再进步。你早期的收获，甚至也有可能看似丧失了。这是怎么回事？原因可能有很多：

- 你可能太过于关注一种学习方法。学习任何一种东西，都需要在空间、睡眠及交叉使用各种学习方法等方面之间保持平衡。
- 你的积极性在消退，这将对大脑中神经化学物质的分泌产生影响。
- 你可能因为一些无益于学习的内容分散了注意力。
- 你的自我对话可能正在对你产生不利影响。（比如："我掌握不了这个。""这是不可能的。""如果尝试之后失败，我就显得不优秀了。"）
- 你可能碰到了一种更深层的障碍，比如一种情绪或者恐惧心理；

- 你需要确定是哪种障碍，而且要么勇敢地克服这种障碍，要么就费力地坚持下去。
- 你可能是睡眠和锻炼得不够，或者没有摄入恰当的饮食来维持能量消耗巨大的学习。

学习旅程上的"高原"与"低谷"，常常都是巩固所学知识的重要时刻，都有助于培养你的技能。不过，这些时刻也很危险，因为它们出现的时候，你的技能通常掌握得不够牢固，不足以维持下去，或者不足以克服和取代原有的习惯。这就使得你很容易放弃，回到原来的老路上。

那么，怎样才能把握好自己的状态，度过这些起起落落和停滞不前的阶段？不妨试一试下述窍门：

- **获得支持**。与朋友、同事或者配偶谈一谈想要去做的事情，并且请此人来当你的"啦啦队队员"。待在一起的时候，你应当说出自己想要达到的目标，并在交谈中将目标明确地提出来。让学习具有社会性，可以向当时的局面注入某种令人产生良好感觉的"催产素"，充分调动自我，进一步明确自己的未来愿景和目标。
- **制定一些临时性的小目标，或者休息一下**。如果制定小目标，就要确保自己在日后的数日里能够实现这些目标。假如决定休息一下，就要确保自己安排好了重新开始培养技能的具体时间。记住，实现一个目标之后，你将获得多巴胺分泌增加的奖励，因此不妨设定一些小的步骤，然后一路上享受小小成就带来的快乐。
- **设计一份"尤利西斯契约"**（Ulysses Contract）[①]，来帮助激励你不断进步。这是一种与第三方或者自己达成的协议，可以帮助你坚持一个长期目标，确保即便此时正受到诱惑，某件事情有可

---

① 亦称"自制契约"（Self-control Contracts），指为了防患于未然而对自己将来的行为加以限制，通过自我谈判设定的一些条件或措施。——译者注

能毁掉长期目标时也能坚持下去。在神话故事中，尤利西斯让手下的人把他绑在船只的桅杆上，好让他不会被美丽女妖塞壬那种具有催眠作用的歌声诱惑。追随塞壬而去，会阻碍他实现在特洛伊战争之后返回家乡的大目标。他们之间达成的协议是，无论在什么情况下，手下都不要给他解绑，直到他们听不到塞壬的歌声为止。你不妨把获得证书和职位晋升看成是一份具有积极作用的"尤利西斯契约"：完成一门课程并且表现出相应的能力之后，你就会获得一张证书，或许还会被提拔。你可以与自己达成这种形式的契约，答应自己周末去旅行一次，或者给予自己代表了更大学习目标的其他奖励。

小结　培养技能与习惯之道

技能往往很难培养出来，因为原有的习惯会造成干扰，而掌握技能的各个部分并将它们变成习惯，也需要付出时间。心理技能、生理技能、人际技能和个人技能，都是如此。假如你的自我对原有的行为方式产生了依赖性，或者目前的习惯掩饰了你的某种情绪弱点，那么还有可能出现其他问题。然而，一旦你断定一种新的技能或者习惯能够帮助你走向向往的未来，就可以采取一些措施，成功地做出相关改变（参见图10-2）。

如果想要培养一种技能，你应当专心做一名暂时的新手，利用备忘录和忘我模式，试试感知性学习，并且支持自己度过学习道路上的"高原"和"低谷"。此外，还应利用本章前文中列举的通用学习技巧：创造未来引力、利用睡眠和休息、交叉进行不同活动，以及获得他人的支持。有能力成为自身人生中更加强大的参与者，将是这种努力带来的诸多回报当中的一种。

图 10-2　培养技能与习惯的技巧

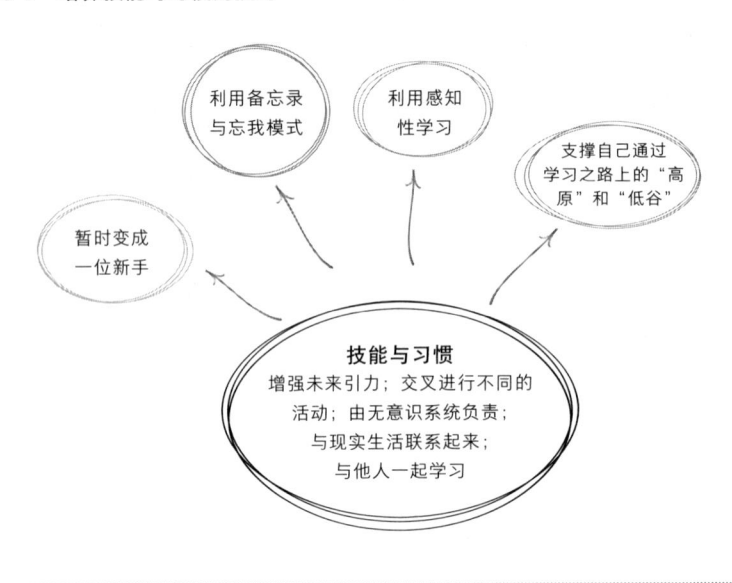

```
        利用备忘录      利用感知
        与忘我模式      性学习         支撑自己通过
                                      学习之路上的"高
  暂时变成                              原"和"低谷"
  一位新手

                    技能与习惯
                增强未来引力；交叉进行不同的
                活动；由无意识系统负责；
                与现实生活联系起来；
                与他人一起学习
```

🌱 思考与关联

　　此时可能就是一个恰当的时机，你可以提醒自己，本章的重点在于 4 种学习结果。你已经做到了前面两种：记忆、新的技能与习惯。你不妨休息一下，在散步或者做其他事情的时候，任由大脑发挥无意识的功能。回来之后，你就会转向第 3 种学习结果：信条与态度。

如何升级信条与态度

　　绝大多数人都以为，学习涉及的只有知识与技能。其实还有第 3 种学习重点，就是价值观、信条与态度。这些方面是你在做出重要决定时，内心深处和情感上所持的标准。①

有的时候，你所持的信条对你或所处的世界都没有好处。许多信条都是年轻时形成的，受到了他人、文化以及自身不成熟的世界观的影响。例如，本书就对人们认为学习者必须服从老师的要求、专家和魅力型领导者说的话总是真理，以及学习能力随着年龄增加而降低等信条提出了质疑。相反，本书要求你对关于自身学习能力的信条持怀疑态度，鼓励你成为一个目光敏锐、能够掌控自身学习过程的人。

身为4.0学习者，重要的是清楚哪些信条正在引导你做出选择和行为，并且你必须愿意对这些信条提出质疑。成为当今这个复杂社会中有能力的成年人，意义就在于此。

信条和态度，是塑造行为的两种深层力量。它们能够随着学习而变化。比如，在你的经历、发现及周围信息证明它们是错误的，或者不适合发展变化的生活和世界时，就是如此。你应如何习得和完善自身所持的信条？本节提出了4种不同的技巧：有自知之明、认识到信条何时发挥作用、并排比较，以及充分获取改变带来的益处。

有自知之明

了解自己持有的信条和态度尤其困难，因为它们在你的绝大部分行为中，发挥的作用是无声而隐蔽的。有的时候，它们有可能被外部因素压倒，比如奖励、权威人物提出的要求，或者其他情境条件。人生中最困难的一些处境（以及品德考验），都出现在你内心所持的信条、价值观与当下的需求产生矛盾冲突之时。例如，你可能认为尊重

---

① "价值观""信条""态度""意图"，全都是具有个人决策标准和感知筛选标准作用的术语。我用"信条与态度"概称之。关于这一重要的情感性领域，有一种出色而可敬的研究资源和观点，那就是 M. 菲什拜因和 I. 阿杰恩所著的《信条、态度、意图和行为：理论与研究导论》(*Belief, Attitude, Intention and Behavior: An Introduction to Theory and Research*)，波士顿：艾迪森-韦斯利（Addison-Wesley）出版社，1975。

每一个人很重要，但群体压力却有可能诱使你将某个与众不同的人排除在外。

由于信条和态度可能会被情境性的压力所压制，因此个别情况并不是说明一种深层信仰的可靠指标。那么，怎样才能知道自身存在一种信条呢？一个办法就是，注意你在不同情况下的行为主题与行为模式。问一问自己："我为什么常常这样做？""我为什么常常认同某些想法和建议，而不认同其他想法和建议？""我对人们或者观点的情绪反应，有没有说明自身所持的信条？"接下来，你就可以利用自己的回答，来判断这些信条和态度如今是否仍在发挥作用。

认识到信条何时发挥作用

你可以假设，正在学习的东西与所持的重要信条产生矛盾后，你将做出哪些决定。你可以不理睬不认可的观点，采取戒备心态并将其拒之门外，或者充满好奇心地探究那些观点。显然，其中的学习型选项就是探究。因此，应当留意这些说明了你的价值观、信条或者态度正在受到质疑的信号。

没有运用自己掌握的知识与技能

或许你拥有实现一个学习目标的知识与技能，但你没有或者不愿意去运用这些知识和技能。或许你原本打算改变某个方面，然而接下来却发现，尽管自己有能力做出这些改变，却没有实施。

例如，你想要变成一名更优秀的领导。你很清楚自己需要付出什么样的努力，而且也认识到，自己拥有一名优秀领导所需的沟通技能。不过，你没能运用自己掌握的知识和技能。相反，你的一举一动都表现得像是一位居高临下的传统上司。诚然，这是一种习惯，但任何一种习惯都能够被新的习惯所取代。你欠缺的，可能是内心深处改变自身行为的积极性。随着发掘的更加深入，你会认识到，自己看重的是掌控力，并且认为除非你密切监督并管控好奖励机制，否则部下就不会努力工作。既定目标与所持信条之间的这种矛盾，表明此时你应该把那些信条当成目标，做出潜在的改变了。

一条更好的途径

有的时候，你的习惯性做法会导致无法继续解决问题，或者可能有一种更好的方法，去应对人生当中的重要阶段。例如，当初你拿起本书的时候，有没有认为学习是一种必须加以提高的重要能力？或许你认为不是。不过，如今你会认识到，学习对自己的成功和个人能力有着至关重要的意义。你所面临的挑战，就是让这种新的信条变得牢固，从而影响今后的学习行为。

对新的观点或想法感到不适

当你觉得自己想要摒弃新的观点，或者觉得自己变得戒心重重的时候，你可能是触及了一种敏感的价值观、信条或者态度。例如，倘若发现自己（带有情绪地）说出像"我知道怎么去学习了！""我已经是优秀的领导者了！""应付客户的这些新方法不会有效"之类的话，那么你可能是出于信条才这样说的。情绪反应常常都是信号，表明此时可能存在一种学习机会，某种东西已经触动了你更深层的神经。此时就是一个大好时机，你应当根据学习的召唤进行调整。假如你不打算接受那种观点，起码也要做到是由于它没有学习价值才去抵制的，而不是由于它让你觉得不舒服，或者与你的信仰体系相矛盾。

注意到了这些信号之后，你就应当后退一步，如此告诉自己：我原有的价值观、信条或者态度，似乎受到了新的价值观、信条或态度的挑战。接下来，就可以把它们放到一起进行比较了。

并排比较

改变所持信条和态度并不容易，因为它们通常属于你长期形成的个性意识中的组成部分。不过，有时新的信息和见解会要求你更新自身的这些重要组成部分。倘若你认为需要重新设定一种价值观、信条或者态度，那就应当花上一点儿时间，将新旧观点放到一起，并排比较一下。是什么原因让你继续保持着目前的信条？采纳一种新观点的理由又有哪些？表 10-1 所示的例子，其重点就是关于学习的信条。

表 10-1 支持新旧学习信条的理由

旧的信条	新的信条
学习时刻都在进行，无须付出额外的努力；改进我的学习方法并不重要。 · 指望别人来承担我的学习责任更加容易。 · 如果一切照旧，我就无须学习如何成为一个 4.0 学习者。这样做，似乎需要许多不同的技能。 · 我的情况一直都不错。	学习是人生当中最重要的过程之一，掌握新的学习方法很有价值。 · 学习更加准确地反映出了现实。我的做法决定了绝大部分学习的效果。 · 在如今这个飞速变化的世界中，学习对我的工作和生存至关重要，我不能依赖别人来替我学习。 · 如果懂得改进学习的更多知识，就能更好地帮助别人。

你应当明白，如果没有迫不得已的原因去采纳一种新的学习信条，你是不会投入精力学习本书中的知识的。对于成年学习者来说，信条常常是一种关键的学习目标。你或许认为自己需要培养一种知识或者技能，可真正的重点却可能与价值观、信条或者态度有关，至少一开始的时候是这样。

充分获取改变带来的益处

假如确定自己想要改变一种信条或者态度，那就要充分获取改变带来的益处。不妨想象自己坐在一块跷跷板上。原有信条的所有好处的分量很重，位于跷跷板的一端，让你动弹不得。你必须利用对你具有重要意义的益处，来抵消这些分量。了解和感受到这些益处的分量，有助于你做出新的选择、采取新的措施，并且学习相关的知识和技能，来支撑新的信条。

小结　改变信条的方法

想一想价值观、信条和态度对你的意图和行为造成的巨大影响。一种新的信条，可以影响你成千上万种行为，可能还会促使你在许多技能和知识领域做出改变。广告商、教育工作者、政界人士等对价值观和信条的关注，甚于他们对个人行为的关注程度。他们很清楚，如果能够改变或者操纵人们的价值观和信条，就踏上了成功之路。你应当管理好自己的学习，清楚所持的信条，认识到它们何时会发挥作用，将它们放到一起进行比较，并且充分获取改变带来的益处（参见图10-3）。

图10-3　影响信条和态度的手段

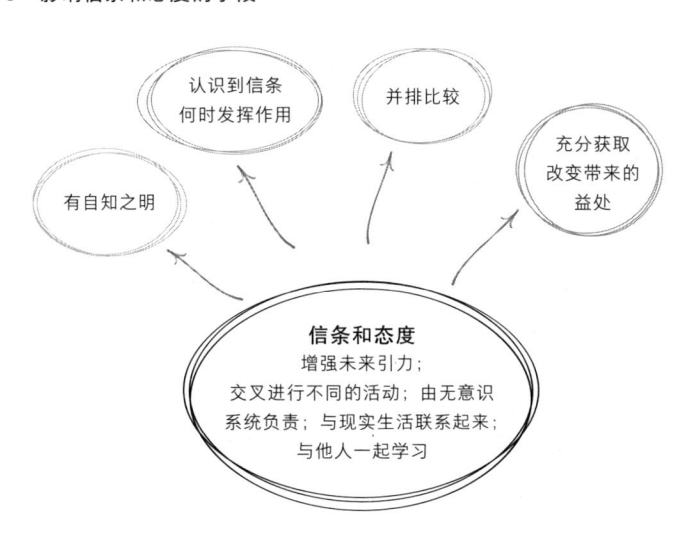

> **思考与关联**
>
> 在论述信条和态度的这一节当中,哪些内容最有意思,对你最有用?你在多大程度上认识到这是一个重要的学习目标?

如何激发出创造性见解

读完一篇文章或者看完一段视频之后,你有没有说过这样的话——"我不记得其中的内容,可它激发了我的好几个创意!"这就是一个例子,可以用来说明那种能够带来创造性结果的学习。这是你在学习时能够获得的第4种结果。

在传统的学习情境里,几乎没有多少发挥创造性的余地,因为你学习的是书本、视频或者案例研究中的内容。接下来,你会在考试中将所学的内容重复一遍。有的时候,这就是你想要的结果。事实上,你在关于如何培养技能的那一节中已经得知,在学习一种技能的时候,做一名新手和模仿专业人士是有用处的。不过,死记硬背和模仿可能并不是学习特定项目的最佳技能。在如今这个一日千里的世界,创造出新的解决方案的能力正在变得日益重要,往往有可能变成你主要的学习目标。

学习正日益被4.0学习者用作产生创意的一块跳板。之所以在此过程中运用学习资源,并不是为了利用其中包含的具体信息,而是为了激发出与一个问题或者项目有关的见解与理念。在这种情况下,你会用自己的疑问或问题启动大脑,然后埋头沉浸到一种学习资源当中,而后者既可能与你的疑问或问题直接相关,也可能没有直接的关联。待你的脑海中浮现出与疑问或问题相关的想法后,就应当把它们记下来,然后回过头去看看所用的学习资源。到了最后,虽然你可能不再记得多少具体内容,但有可能决定继续探究学习资源激发出来的那些创意。如果想为了获得一种具有创造性的结果而学习,不妨试着遵循下述 3 个步骤:为培养创造力做好准备;利用学习资源激发创造力;捕捉自己的创造性见解。

为培养创造力做好准备

在第一章中,你已了解到,睡觉或者从事无关项目的时候,无意识系统仍在发挥解决问题和回答疑问的功能。换句话说,转移对一个问题的注意力,实际上有助于解决这个问题!你可以利用大脑这种奇妙的本领,将学习引向一种具有创造性的结果。你的创造性目标可以与其他学习目标同生共存,也有可能是你唯一的学习目标。

要注意的是,不管在什么时候处理新的信息,你都会无意识地为产生创造性见解创造条件。在学习某种新东西时,你不可能没有创造力。假如身处一种学习模式当中,大脑就会自然而然地将新信息与大脑已有的知识和正在寻求答案的问题关联起来。因此,新的记忆其实就是你对原始信息进行的创意。而且,不管什么时候检索记忆,你都会用某种方式改变记忆,因为此时是在创造新的关联。

在接触到学习资源之前,用自己的疑问和没有解决的问题来发动大脑,这种做法能够增大获得创造性结果的概率。越是"困在"自己的疑问或问题当中,这种概率就越大。此时,你或许正在进行一桩复杂的并购谈判,或者出现了一个棘手的团队问题,让你束手无策。

找出创造性解决办法的第一步,就是深入了解问题或者疑问。在心中对问题或者疑问进行反复思量。将这个难题当成体内的情绪,当成紧张感和兴奋感去体味。你会百思不得其解。接下来,将问题或疑问抛到一边,做好准备,将注意力转到书本、工作经历、在线课程、学习游戏或者其他学习资源上。

利用学习资源激发创造力

在这一步骤中，不妨让自己深入沉浸在所用的资源中（课程、案例研究、模仿、游戏、文章、视频），任由那些没有解决的问题逐渐发展。假如不知不觉中想到了问题，不妨搁置一边。不要对解决问题念念不忘。你可以回过头去看看已有的学习资料，并在做得到的情况下，让自己随着学习资料进入一种忘我状态；心中若是再度想到了问题，不妨让思绪回到起初的那些问题上去。你应当将学习资源看作一种触发因素，像做白日梦一般，想一想正在面对的深层问题。你甚至可以问问自己："我的创造力问题，在多大程度上与从这本书或这段视频中学到的东西类似？"

在你为了激发创造力而学习的时候，大脑会形成恒定的关联，且其中的许多关联会暂时没有什么意义。或许，你想要解决与朋友之间一种棘手的矛盾关系。可你即将玩一个游戏，这个游戏要求你利用种种神奇的方式，绕过有形的重重障碍。因此，你决定利用这个游戏，帮助你找到一种创造性的办法，解决矛盾关系。玩游戏的时候，你思绪纷乱，不时想到阻拦在你和朋友之间的那些障碍，以及如何才能改变它们。接下来，你的无意识系统便会在以往的经历当中，寻找与该问题相关的经历，如果你直接去寻找，则不会记起那些经历与观点。之后，你便会带着新的解决办法，把注意力从游戏转移到你的问题上去。玛丽·路易丝·冯·弗兰兹（Marie Louise von Franz）是一位杰出的荣格学派心理学家，她曾写到这一过程的力量："创意就像（是）一把把钥匙，它们有助于'解锁'事实之间那些迄今人们都难以理解的关联，从而（让人们）能够更加深入地了解生命的奥秘。"[①]

在这一过程中，你既有可能学到游戏中部分或全部的经验教训，也

---

① M. L. 弗朗兹，《个性化进程》（The Process of Individuation），见于 C. G. 荣格编著的《人类及其象征》（Man and His Symbols），纽约：月桂（Laurel）出版社，1964。

有可能学不到。不过，此时这一点并非你的学习目标。

捕捉自己的创造性见解

这就是你大声喊出"找到了！我找到了某种有趣的东西！"的时候。

假如你已经启动了大脑，并且任由思想徜徉于所用的学习资源中，你就有可能神思恍惚，或者陷入一种近乎忘我的状态。出现这种情况之后，大脑中负责判断和评估（因而会消耗大量能量）的有意识部位，便会进入休眠状态。你可能会进入一种有如白日梦、毫不费力地集中注意力的状态，从而有可能在其中产生阵阵顿悟。你应当利用这种状态，将所有想要冒出的创造性想法都聚集起来，无须立即按照这些创造性想法行动，只需将它们记下来，或者将自己的口述记录到手机上，让创意过程继续进行下去。

而且，你应当料到在度过普通的一日或睡觉的时候，也能产生具有创造性的见解。你应当任由无意识系统掌控创造性学习目标，推动你朝着未来愿景前进。假如你的心中已经为发掘创造力做好了准备，就有可能迸发出种种看似随意的深刻见解。想一想你几乎就要放弃为一个棘手的问题寻找解决办法，可一觉醒来却有了具有创造性的答案，或是在洗澡的时候突然想出了解决办法的情形吧！这就是你启动的过程。

小结 激发创造性见解

身为4.0学习者，你的许多学习结果中都会具有创造性的新见解和解决办法。有的时候，你的创造性见解属于意外收获，但也可以把它们当作学习过程中的主要目标。要想做到这一点，你必须为发掘创造力做好准备。首先，确定一个具有指导性、想要回答的疑问或者想要解决的问题。然后，在研究新的学习资料的同时，你不妨任由思绪漫游，做一做白日梦（把学习资源当成触发创造力的因素加以运用）。最后，趁着你处在一种忘我状态、问题与学习资源相互交融的时候，捕捉创造性见解（参见图10-4）。

你能想到的众多创意，多半会让自己大吃一惊。其中有些创意会很怪诞、很不着调，但其他的创意有可能解决你的问题，或者让你走上找到新的解决办法的道路。以创造力为导向，是一种变得越来越重要的学习方法，它要求我们对学习资源持有新的态度。依你的目标而定，运用学习资源来激发创造力的做法是完全没有问题的。你可能决定不去准确记住或者运用正在利用的学习资源中的内容。不过，学习资源会激发新的思路，你可以用这种新的思路回答人生中一些不相关领域里的疑问，并解决其中的问题。

图10-4 激发创造性见解的技巧

```
      为培养创造        利用学习资源        捕捉自己的
      力做好准备        激发创造力          创造性见解

                    创造性见解
              增强未来引力；交叉进行不同的活动；
              由无意识系统负责；与现实生活联系
              起来；与他人一起学习
```

思考与关联

做两次深呼吸，闭上眼睛，对自己说出3种将来有助于你学习的想法。

小结　保持学习动力

哇！学习具有众多的"触角"。但学习旅程的这一段之所以重要，是因为这是你将自己的学习进行转化和储存，供日后所用的一个阶段。假如认识到有 4 种不同的学习结果，即知识、技能与习惯、信条和态度、创造性见解，那么身为 4.0 学习者，你将获得种种了不起的学习成就，并且享受学习的过程。尽管有些学习技巧（即增强未来引力，利用睡眠、休息和间隔，交叉进行不同的活动，以及与他人一起学习）适用于这 4 种学习结果，但其中的每一种结果，仍需要各自的特殊技巧：

- 要想记住知识，需要：
  - 形成生动形象的关联。
  - 先遗忘，再记住。
  - 抽时间去思考。
  - 寻找更深层的模式与心理模型。
- 为了培养技能，需要：
  - 暂时变成一位新手。
  - 利用备忘录和忘我模式。
  - 运用感知性学习。
  - 支撑自己穿过"高原"和"低谷"。
- 要想改变信条，需要：
  - 有自知之明。
  - 认识到信条何时发挥作用。
  - 并排比较。
  - 充分获取改变带来的益处。
- 为了激发出创造性见解，需要：
  - 为培养创造力做好准备。
  - 利用学习资源激发创造力。

○ 捕捉自己的创造性见解。

通过运用这些技巧，你将创造出具有持久性的记忆、技能和习惯、态度和信条，以及在你需要的时候已经准备就绪的创造性结果。不过，拥有一种新的本领并不能保证你能够在日常生活中运用这种本领。假如身边的人和情况都无法为你提供支持，结果会怎样？假如生活中的事件触发了原有的习惯，并且通常是在你没有注意到发生了什么的情况下，结果会如何？你该如何将学习迁移到生活中去？

联系

可以利用"工具2"中的"技巧6 保持学习动力"模板，帮助你来实施学习4.0的第6种技巧。

身为4.0学习者，你会成为推动个人改变的力量，成为社会工程师。下一章将阐述如何才能确保新学的知识变成你人生中的组成部分，甚至改变周围的世界。

第十一章

从学习模式迁移到行动模式

你还记得第八章中的学习难度渐变图吗？那幅图说明，有些学习相对容易进行和运用，有一些学习则相对困难。这些困难当中，有一些与你正在努力学习的东西有关，即知识、技能、信条或其中涉及的创造性挑战。还有一些困难与如何在现实生活中运用学识相关。你必须采取措施，把培养出来的新能力从学习模式迁移到行动模式。要想做到这一点，你必须：

- 认识迁移挑战。
- 为成功做好准备。
- 找到帮手。
- 庆祝一下，并继续学习。

> **思考与关联**
>
> 你有没有什么新的习惯或者技能,想把它带到生活中去?在阅读本章的同时,想一想这个方面。

认识迁移挑战

你可以这样来思考:你即将进入某种情境,并且想要在这种情境中运用自己新学的知识。你的大脑、"大我"以及新学的知识、技能、信条和创造性见解,都做好了付诸行动的准备。你还形成了一种未来愿景,对自己想做和想要改变的方面,也有了一些打算。于是,你进入了这种情境(参见表11-1)。

表11-1 应用学识的意图

你	情境性的你	新的情境
·你的学习型自我 ·你的"大我" ·你的新学识(知识、技能、价值观、创造性见解) ·未来愿景	·自我认同 ·情境触发的习惯 ·未来愿景缩水 ·不牢靠的新能力	·物质环境 ·人们的期望和权力关系 ·规则、进程和奖励

不过，物质环境、规则和奖励以及其他的人，可能并未对你想要带来的改变做好准备。此外，尽管你做出了种种改变的计划，可迈入现实生活环境之后，你的另一个组成部分（我们不妨称之为"情境性的你"）就有可能露面，使得原来的一些习惯又开始蠢蠢欲动。你的未来愿景和种种打算，会在突然之间显得没有适应环境，不像自己一向所做的事情那样重要了。

这是怎么回事？

你只是碰到了属于一个更大体系的组成部分中的自我罢了。重要的是，你应当明白如何将自己的学识带入这个更大的体系，如何将学识迁移到生活中去。这牵涉到自我管理和影响周围环境这两个方面。

变化中的自我管理挑战

从第二章大家已经得知，你会把不同的角色模型带到各种各样的生活情境中去。也就是说，你会扮演特定的角色，并且因为扮演那些角色时的所作所为而为人所知。你的一部分自尊和自我，可能附属于情境性角色及其习惯。因此，你有可能威胁到改变，尤其是新的行为习惯还不牢靠，仍然有待巩固时。这一点，就是在学习过程中应当尽早结合现实经历，尽早让环境中的其他人参与进来的一个原因。如此一来，在学习过程中，你就会让所处的环境随着你一起前进。

还有一种潜在的障碍，就是你所处的环境往往会在不知不觉中触发你的旧习惯。你的记忆在一定程度上也难辞其咎，因为记忆会把行为、想法与现实生活中的情境关联起来。这种记忆就叫"情景记忆"（episodic memory）——你会记住生活当中的一些片段，就像会记住电影中的场景那样。因此，身处现实生活情境当中的时候，此种情境就会触发一系列关联，从而无意识地调动与之相关的旧习惯。在离开此种情境之前，你甚至都注意不到这种情况！

此外，身处现实生活中时，还有其他一些具体情境特有的方面需要你去关注。当下的满足感可能会变得极其重要，从而让与之有冲突的未来目标变得无关紧要。经济学家的说法是，在那种时候，你就是为了当下在透支未来。

而且，这一切都是在你的新知识、技能、信条和创意仍不牢靠、有待养成的时候发生的。要知道，培养过程虽然仍在进行，却不会完全按照本书提出的 7 大技巧的先后顺序进行下去！

影响周围环境的挑战

现实中的环境要求你的行为保持一定程度的一贯性。因此，倘若做出改变，就会扰乱习惯与周围环境的现状。人们可能会惊讶于你的改变，可能会有意或无意地抵制这些改变。但抵制改变的，可并非只有你身边的人！你或许还会发现，一些流程、规则和奖励，并非全然与你的新计划一致。倘若所处的物质环境无法为你提供支持，这种情况会变得更加严重。

设想一下这种情况：在未来愿景中，你把自己看成一位经验丰富的领导者，魅力十足，把周围的人都凝聚在了一起。为了帮助自己朝着这种愿景前进，你学会了更加有效地召开虚拟会议。你已经学会了如何准备虚拟会议、如何运用多种会议技术，以及如何让每一个位于不同地点的人远程参与进来。你还学会了将不同观点引入对话，即便会议室里既有管理人员，也有非管理人员。

虽说希望尽量将这种新的会议管理方法引入工作场所，可你也意识到，这样做会带来一种挑战。因此，在尝试运用所学技巧之前，你会考虑公司会议的实际运作情况。你会意识到，许多同事都跟你一样，认为虚拟会议将浪费大量时间。有些团队成员极少畅所欲言，而有更权威的人在场的时候，情况尤甚。此外你还认识到，同时从事多项工作任务是公司的常态化做法，而你可用的会议技术并不可靠，参会者也极少在会议之前做准备工作。换言之，这些情况都会为你运用所学知识带来挑战。

仅仅培养新能力是不够的，还得把这些技能应用到现实世界中去，可现实世界往往都没有做好为你的改变提供支持的准备。认识到这一点，是将学识迁移到生活中去的第一步。

为成功做好准备

在你将所学知识、技能带到生活中去的时候，会涉及诸多因素。你应当花上一定时间，搞清在应用自己正在学习或业已学到的知识、技能时，将面对什么样的情况，可以从列出自身和环境中的一些力量开始——在将学识迁移到生活中去的过程中，这些力量会为你提供支持，或者抵抗你。这种方法就叫作"力场分析法"（参见表11-2）。

表11-2　力场分析
学习迁移的目标：为你创建的虚拟会议实施新方法。

	积极的力量	消极的力量
自身	+ 在愿景中把自己看成一位受人敬重的会议主持者 + 我为这种新会议管理方法感到兴奋	- 要主持会议的时候，我会感到紧张 - 我的工作理念是"亲力亲为"
环境	+ 可以获得虚拟会议方面的良好的团队训练，但费用昂贵 + 数位具有影响力的团队成员都希望会议开得更好	- 不可靠的会议技术 - 有些团队成员不愿畅所欲言 - 团队的工作区域里，有些地方非常嘈杂
确保迁移的措施	为了增强积极的力量： + 与态度积极的团队成员协作，完善理念与计划 + 获取团队训练的宣传资料；鼓励团队成员参加培训 + 找到一些关于成为一名团队领导的具有激励作用的名人名言，放在自己的电脑桌面上	为了消除或将消极力量减至最低： + 忍不住想做该由他人去做的工作时，我应从1数到10 + 与信息技术部门谈谈解决公司网络带宽的问题，并且询问可以节省多少成本 + 增加自己围着会议桌走动的次数，以便获取每个人的意见

应当确保列出的内容当中，既包括积极的力量，也包括消极的力量。这两种力量，或者可以支持你取得成功，或者让你难以获得成功。①这些力量分为两类，即内部力量与环境力量。

内部力量包括：

- 未来愿景的力量。
- 你希望带入周围世界的根本价值观和思维模式的力量。
- 你在新学习中的自信程度与专业水平。
- 原有习惯的力量。
- 你在此种情况下的情绪力量，既有可能是积极的，也有可能是消极的。
- 阻碍变化或者向往变化的力量有多么牢固。

环境力量包括：

- 你与身边之人的关系，以及他们对你的期望。
- 制度体系的设计方法。
- 你所处的物质环境、手头拥有的工具及有形资源。

理解了这些作用力之后，就必须判断如何确保你的学习迁移到现实世界中去。你应当制订计划，来增强那些积极的力量。这些力量已然在为你所用，因此将它们稍稍增强一点儿，会带来诸多益处。例如，在表11-2所举的例子当中，你可以请一些持积极态度的团队成员，协助你来调试新的会议方法。假如有不利因素（比如不可靠的技术），你就要判断自己是否需要立即采取行动（比如，要求信息技术部门帮助解决公司的会议技术程序问题）。此外，你最好是在增强了积极力量和解决了其他一些难度较低的问题之后，再去对付棘手的问题。

有的时候，所处环境当中有一些较为重大的问题，会让你难以运用

---

① 库尔特·勒温（Kurt Lewin）是人类系统性变革领域早期的一位领军人物，曾在1943年引入力场分析的思想。如今，力场分析仍然是思考和计划对许多因素施加影响的最佳方法之一。这些因素会对你是否利用自己所学的知识产生影响。

所学知识和技能。或许，你和身边之人都无力直接处理或者解决这些问题。在工作当中，可能存在结构、技术、文化、流程、制度或者领导力等方面的各种问题。在家中，家庭收支、对家人角色的设想以及生活的其他方面，情况可能不是很好。你身边的社会或者政治制度可能也需要以某种方式做出改变。

这些方面可能都是你看似无法掌控、觉得生疏的问题。不过，你是这些环境中的一分子，只要下定决心，就能够找到办法将身边的人召集起来采取行动。假如这样做了，那么开始时个人的改变，就有可能拓展到你周围那个更广阔的世界中去。这种类型的变革活动，有时还会开启一场场意义重大的运动（想一想女权运动、种族平等运动、人道对待动物以及改善公司绩效管理流程的运动，你就明白了）。但是，变革也不一定非得那么宏大。或许你所做的一切，只是为了帮助人们多参加一些会议，或者说服信息技术部门购买更好的会议软件。

关键就在于，假如你想要将所学的知识、技能带到生活中去，并且料想到了某些挑战，那么就要制订计划，增强那些积极的力量，减少或者尽量改变那些消极的力量。你应该明白，你就是自身所处环境中的一种强大力量。你的所作所为，会对自己的整个世界产生连锁反应。成功地将所学知识或技能带到生活当中，是你的责任。事实上，在如今这个瞬息万变的时代，你的学习可能撼动周围的世界，甚至理应撼动周围的世界。因此你应当确信，你所实施的那种改变会超越自身，产生全面的积极影响。

找到帮手

确保从学习模式迁移到行动模式的最佳办法之一，就是找到帮手。最佳的帮手，就是那些为你提供支持、使你的学习迁移更易获得成功的人，或是他们的期望和行为有可能让你难以做出改变的人。

例如，在虚拟会议的例子中，帮手包括几个经常参加这类会议的人，以及信息技术部门的一些人。管理人员可能也是重要的帮手，因此你值得寻找这个人，向此人提出重点在于改善虚拟会议的政策、工具或者培训的新计划。这样做会创造出3种强大有力的支持：一个帮手，来自某个具有很大影响力的人的支持，以及政策、制度和培训方面的变化带来的支持。这可是一箭三雕！

对于要在哪个方面或者如何运用自己所学知识这一点，有些帮手可能关系不大或者没有关系。他们可能只是朋友、支持者或倡议者，即在你对学习和改变泄了气、陷入低谷、进入了忘我状态或者有了巅峰体验而想要庆祝的时候站在那里陪伴着你，或者帮助你检验和塑造自身学习技巧的人。你应当确保至少与上述帮手中的一个，一起度过学习之旅，尤其是在你置身于学习难度渐变图中困难一端的知识与技能时。

庆祝一下，并继续学习

把业已学到的知识、技能等带入现实世界时，你仍在继续自己的学习旅程。你仍然会在大脑中形成新的关联，并且经常会听到新的学习召唤，激发你去搜寻更多的信息，来支持这种附加的持久学习。

其中的关键就在于，运用也是一种学习。因此，就算在把新能力迁移到现实世界时你仍在学习。承认自己业已获得某些成绩这一点也很重要。满足成就感的办法，就是在学习过程中庆祝自己的成功。负责学习的自我，需要从目标的实现、进步成果中获得奖励。在学习某种东西、进行尝试、寻找帮手、影响所处环境的某个方面，或者采取某种新做法而非任由旧习惯横行的时候，你应当努力庆祝一下。你可以将这些方面看作自己业已实现的小目标。经过这些点滴认知而分泌出来的少量神经化学物质，会帮助你继续前进。人们在学习旅程中半途而废的最大原因之一，就是没有获得充分的进步感、希望或者成就感。

你可能还想给这种奖励过程增添点儿趣味，不妨跟自己做个交易：假如在一个具体的日期之前尝试了某种新的东西，那么你将来就会对自己进行奖励。这就相当于达成了"尤利西斯契约"，即延迟当下的满足感，为将来的生活创造某种重要得多的东西。

即便看似有许多力量正在与你作对，你也是自己那个世界当中的强大力量。身为4.0学习者，你应当掌控自己的世界。寻求他人的支持，但不要等着别人将你的世界变得适于变革。稍微跳出你的舒适区，并且在沿途逐渐加入一些奖励措施。在学习旅程的各个阶段都自我庆贺一番，尤其是在你将所学知识、技能等应用到现实世界的工作和生活中的时候。

小结　从学习模式迁移到行动模式

尽管你常常会出于学习能够带来纯粹快乐的想法而学习，会为了满足一种好奇心或者探索新的思想和领域而学习，但你也会为了将新的知识、技能、价值观和创见运用到生活的不同情境中而学习。正如《纽约时报》的科学记者本尼迪克特·凯利（Benedict Carey）所言：

> 迁移实际上是学习的全部目的。它就是从一项技能、一个公式或者单词问题中提炼出本质，并将其应用到另一个情境中，应用到另一个看似并不一样的问题上去的能力，至少表面上不一样。假如真正熟练地掌握了一项技能，你就会终生不忘。[1]

---

[1] 辛娜·古德，引自B.凯利所著的《学习之道：关于学习时间、地点及原因的惊人真相》（*How We Learn: The Surprising Truth About When, Where, and Why It Happens*），纽约：兰登书屋（Random House），2014：154-155。

你周围的世界，既有可能支持你想要做出的改变，也有可能不支持。你还有可能没有做好应用新知识的充分准备。不过，正如你在本章中发现的那样，认识到迁移挑战、为成功做好了准备、找到了帮手以及在庆祝的同时继续学习，你就能够重新洗牌，来支持那种改变。在这一过程中，你也有机会用一些有可能改善生活和工作的方式，对身边的人或事物产生影响。

联系

你可以利用"工具2"中的"技巧7 从学习模式迁移到行动模式"模板，来帮助你实施学习4.0的第7种技巧。你应当记住，要运用这种技巧来帮助你制订计划，以便在预料到自身的习惯或者周围环境有可能带来挑战时，能够将所学知识、技能带到生活中去。

第 三 部 分

学习如爱

　　学习，其实是一种爱的行为。这是一种自爱，因为通过学习，你能帮助自己在这个永不止步的世界生存下去和茁壮成长，度过所有的人生阶段，并且在发现和实现自身目标的过程中，发挥出所有潜力。这也是对周围之人的一种爱，因为变成他们的学习榜样或者与他们一起学习，会营造出一种敢于冒险和乐于接受变革的氛围。而在你教导别人、辅导他人或者成为他人的良师，即通过成为学习4.0的榜样、帮助他人成长和学习，或者引导他们度过学习过程的时候，也是一种爱。

　　这一部分将把本书的许多观点与你扮演的所有学习角色结合起来，比如终身学习者（第十二章）、团队中的学习者（第十三章）以及在他人的学习旅程中发挥引导和帮助作用的人（第十四章）。

第十二章

成为终身学习者

4.0 这个层次的学习，是我们在 21 世纪的生活当中不可分割的一个组成部分。这是一个具有创造性和生产性的过程，能够在你发挥最大潜力的过程中为你提供支持。本章描绘了终身学习是什么样子、会给人带来什么感受这两个方面。它会发出召唤，要求你变成一个更加自觉、更有好奇心和能力去运用学习 4.0 技巧的人。

在本书的前文中你已经看到，学习之旅始于你还在母亲肚子里的时候，然后一路经历儿童时期、青少年时期，直到成年早期。在这些时期，你所学知识和技能中的大部分都由看护人和老师塑造而成。你对学习的态度和对自身学习的力量感，也是在这一时期形成的。与此同时，大脑的所有功能也慢慢地发育成熟，而到你快30岁的时候，前额皮层（即你的执行控制中枢）就会发育完善。

对有些人来说，人生伊始这几十年的成长，让他们在学习和力量两个方面形成了一些持久不灭的错误观念。许多人都用取悦权威者的需求和担心失败的心理，取代了儿童时期那种天生的好奇心和刨根问底的习惯，或许你也是如此。上学变成了学习的代名词，而学习技能也变成了"学习技巧"和为考试做准备。学习的权力仍然掌握在老师、教导员、辅导员和学校的手中，最终又落到了工作时的管理人员手中。

学习是一个终身过程，也是我们活着的一个显著特征。不过，在如今这个永不停步的世界和瞬息万变的信息领域里，成为一名终身学习者又意味着什么？做到这一点，当然需要比以往更加自觉和有力的方式，而其意义还不止于此。

本章将让你在学习4.0的旅程上更进一步。它要求你利用自己对学习越来越多的了解，更加充实地度过人生。我们不妨听听法国哲学家、小说家埃米尔·左拉（Émile Zola）①所说："如果你问我来这世间意欲何为，身为艺术家的我将如此回答——我来世间，是为了活得精彩。"

你也一样，被要求成为一位艺术家，去拥有一种精彩的人生。在这种人生当中，你会注意到并且欢迎学习用各种形式进入你的生活，召唤你成为一名终身学习者。如何成为终身学习者，就包括带着好奇心与疑问对待生活、沿着3条学习道路不断前进、对最微弱的学习召唤做出回应、做一个能够筛选信息的聪明人、感受自己的情绪，以及发挥自己的力量几个方面。

带着好奇心与疑问对待生活

带着一种纳闷不已和充满好奇心的态度生活时，你会发现周围到处都有学习机会。想一想每天围绕着你的所有学习机会吧。或许：

- 你在城中一条街道上行走时，发现街角无家可归的人比往常更多，所以想要知道哪个方面正在发生变化。
- 你听说政界人士正在展开讨论，计划在你所处的社区实施一项新的举措，因此决定多了解这方面的情况。
- 你注意到了一片橡树林，想知道如此高大的树木为什么能够耸立于此。
- 你和一位好朋友发生了争执，你对自己掌握的事实没有把握，因此做了些调查研究。
- 你意识到自己不太擅长处理矛盾，因此想要采取措施，提高这方面的能力。

---

① 法国自然主义小说家和理论家、自然主义文学流派的创始人和领袖，代表作有《小酒店》《萌芽》《娜拉》《金钱》等。——译者注

- 你参与了一场对话，讨论了一种新的业务战略以及这种战略对你手下团队可能产生的影响。在对话中你仔细倾听，提出了许多问题。

本书第五章强调的关键，就是学习的召唤来自四面八方，比如内部、外部、过去、未来，或者说它们完全激发了你天生的好奇心。

你既可以决定无视这些召唤，主动将它们拒之门外，也可以带着疑惑探究它们。这些反应中的任何一种，在某种具体情况下都是合理的。随着时间的推移，你可能会意识到，自己往往会用一种方式或另一种方式做出反应。那么，有没有什么深层的因素，在影响着你的反应方式？

好奇心与疑惑，正是终身学习者的两种典型品质，你对它们也并不陌生。[1] 在你年纪尚小的时候，它们就主宰过你的生活，当时的你也以为这个世界有着无穷无尽的魅力。你尝试过能够尝试的一切，直到你碰上了"不"这个字。你当时对"不"字的体验方式，如今可能仍在影响你的好奇与疑惑。假如那时你认为自己需要避免犯错，且保持一种明确的角色，以避免别人对你说"不"，并且担心自己若是进入未知领域，身边的大人就不会再爱你，那么你在面对新鲜事物时的第一反应，可能就是对学习机会敬而远之。这种自我保护意识对于儿时的你来说是很合理的，因为你的生活依赖于父母或者看护人的首肯，而你不断发育的自我，也正处在危急关头。不过，如今这种态度却可能拖了你的后腿！

另一种对"不"的观点是，大人说"不"时针对的是行为，而不是针对你。如此说"不"的父母会肯定孩子的疑惑与好奇心，即肯定孩子的自我与"大我"，同时保护孩子的安全，培养孩子的自我管理能力，使之能够应对日益复杂的生活环境。心理学家称，这才是不因犯了错误或者失败而导致个人羞愧感的"不"。建设性地运用"不"的做法，会为孩子度过充满探索精神的人生打下坚实的基础，让孩子在面对各种探

---

[1] 伊恩·莱斯利（Ian Leslie）的《好奇心：保持对未知世界永不停息的热情》（*Curious: The Desire to Know and Why Your Future Depends on It*）一书，对这一课题进行过了不起的探究。纽约：基础书籍出版社，2014。

索机会、学习机会和改变机会时信心十足。

如今，许多成年人仍在苦苦克服人生早期那种更具羞耻感的"不"所导致的诸多消极影响。这些消极影响的表现形式是，需要显得完美无瑕、害怕尝试新鲜事物、不愿提出问题，甚至不愿表露出兴奋、喜悦或疑惑等情绪。

令人高兴的是，这个瞬息万变的时代就是一个机会，使得业已成年的你，能够重新体验或者重新审视自己与生俱来的好奇心。不过，除了好奇心和刨根问底的精神，你还需要掌握好技能，掌握能够在数条学习道路上学习的本领，才能应对日益复杂和丰富多彩的学习形势。

成为走在 3 条学习道路上的专业旅人

身为终身学习者，你很清楚学习可以采取 3 条可能的途径，而学习 4.0 则会帮助你成为一个"旅行专家"。你会辨识出即时学习的机会（道路 1）。与人对话、阅读或者工作的时候，你会注意到一些可能有意思和有用的信息，并且会沿着那条学习路线往前走，看它究竟通往哪里，就像一名侦探。或许，今天上午你看报纸或电视，一篇文章或者一档新闻节目引起了你的兴趣时，就出现了这种即时学习。

联系

请参阅第八章，了解 3 条学习道路的详细内容，以及"工具 1 3 条学习道路指南"，了解与学习道路相关的技巧。

当需要并且希望为了实现一个目标而进行学习（道路 2）时，你也会意识到它。你很清楚，通过在学习难度渐变图上进行评估，可以确定

实现目标的难度究竟有多大。接下来，你会形成一种具有引导作用的未来愿景，搜寻资源，开创学习道路，从而形成一个计划，并且利用学习技巧坚持不懈地实现目标。此时，你可能正在努力定下一个新年决心，或者定下另一个更大的目标，后者需要在日常事务之外留出专门的学习时间才能实现。

出现事后学习（道路3）的机会时，你也会认识到。对于业已完成的项目、情绪波动或者变化的时期，甚至是长期的相对平稳期，你都会将其看成充满了深刻见解的潜在宝库，并将它们带往你的未来。你会从学习的角度回顾过去。你会思考自己以前的打算、当时发生的事情、你的所做所感、他人的参与程度，以及对结果产生影响的各种条件。你会将过去那些隐蔽的教训转化成自觉的洞察力。而且，假如听到了其他的学习召唤，你还会做出是否响应以及如何响应这些召唤的决定。例如，你最近很有可能回想起了以前做过的某件事情，在心中再现当时的情形，并且反复思索，将来自己会以怎样不同的方式去做那类事情，或者其中的哪些方面效果很好，可以用于未来（事后学习）。

换言之，无论何时，只要对学习的召唤做出的响应合情合理，你就会让自己踏上这3条学习道路（即时学习、为了一个目标的学习和回顾过往的事后学习）。而且，无论什么时候需要，你都会利用4.0学习者的7大技巧，来帮助自己获得成功。

响应不易察觉的学习召唤

几乎每一次经历，都是一种学习机会。不过，其中有一些学习机会，要比其他一些学习机会更难辨识。身为终身学习者，你会比别人更具适应性，因此在下述情况出现时，你更有可能去学习。

你的观点有别于他人

自己所持的观点有别于他人的时候,你很容易忽视各种学习机会,而把时间和精力花在思索自己要怎样表达以及如何捍卫自身观点上。

不过,成为终身学习者之后,你就更有可能在心中后退一步,通过认真倾听、提出问题并且确认理解(其中还包括那种观点为何对另一个人很重要),与对方建立一种情感关联。采取一种学习的态度后,你就会很清楚,倾听和提出问题并不意味着你赞同或者认可对方的说法。相反,你是在提供自己的视角、提供另一种观点,同时也在了解思考问题的其他方式,以及为什么人们相信自己的做法有道理。

日常生活经历

你每天所做的事情中,很可能有一大部分都属于例行之事。你会下意识地行动,对正在发生的事情不会考虑太多,看到的也是意料之中的结果。例行工作很重要,大脑会努力做到尽可能地自动行事。不过,身为终身学习者的你很清楚,例行工作有时候会过犹不及,甚至对学习造成阻碍。

身为4.0学习者,你会把一些日常生活经历从下意识模式中剔除。这就意味着,你会密切关注自己正在做的事情,以及这样做的原因。你会注意到所做之事的结果,以及它们是如何相互影响的。你甚至会在做事的时候,检查自己的身体姿势和感受。你会思考自己想要改变哪些方面,以及用不同的方式去做事,例如每周的例会、孩子们上学前或者放学后与他们进行的交谈、就餐习惯、踢足球或跑步的方式,以及已经订阅了多年的杂志。

意外机会

很多改变之所以发生,是因为学习机会都是在毫无征兆的情况下出现的，比如工作结构或工作角色的变化、客户取消了一份大订单、犯了有可能危及一个重大项目的错误。身为终身学习者，你起初可能会觉得受到了威胁，从而采取戒备心理，希望这种变化会自行消解。但是，你也会把它们看成是种信号而非威胁或者令人恼火的事情，改变自己的反应，把它们当成学习的召唤。

思考与关联

在你的生活当中，近来有没有出现什么意外的学习机会？想一想你对这种学习机会是如何做出反应的。

人生目标与发展需要

第二章鼓励你去探究自己的本质，看一看你正在变成什么样的人，即探究自己的需求和人生目标。人是一种复杂生物，所以你的需求与目标始终都在变化，召唤你去学习、发展、成长和做出改变。处在4.0这一层次的终身学习者，既清楚这些内在动力，也会发展这些内在动力。像所有人一样，你的身上具有许多奥秘，连自己都无法彻底弄懂。不过，随着人生逐渐展开，你可能会越来越善于观察自己内在的情况。而且，你还可以透视内心，发现自己的深层目标和价值观，使得它们在你做出选择和进行学习的时候，能够发挥出更加重大的作用。

变成聪明的筛选者

每一天，你都会对大量的信息进行筛选。你会判断哪些信息需要注意，哪些信息值得了解和学习，哪些方面应当忽略，哪些方面又应当加以怀疑。

身为终身学习者,你更有可能去思考自己在新闻节目中听到的消息,在博客和社交媒体上看到的文章,以及营销人员和政客们想要向你兜售的信息。学习 4.0 会教导你保持好奇之心和开放的心态,但同时你也要保持怀疑态度,寻找关键性的见解与其他观点。不过,你也会提防信息失真的现象,因为你很清楚,自己的大脑容易受到操纵(参见第一章和第九章)。你会维护自己的价值观与信条,但同时也会认识到什么时候该去质疑和替换它们。

你还会更深入地观察事物。你很清楚,表面上的东西可能仅仅是冰山一角。你想搞清楚人们到大街上示威的深层原因。你想知道,一种新的肥料为什么效果很好,其中的主要成分是什么,怎样施用这种肥料,以及这种肥料是否安全。而当有人说"这一政策会导致负面结果",或者为你举了一个例子来说明"事情就是如此"时,你还会要求对方提供可信的支持性证据。

你会保持好奇之心。你会深入探究,然后再去相信自己的所见所闻。你会问"为什么?"你会去寻找真正的宝藏。

感受自己的情绪

思考与关联

你是一个较为情绪化的人,还是较为理性的人?一种情绪涌上心头之后,你会干什么?你是感受并去探究这种情绪,还是尽量无视这种情绪并继续前进?你觉得本节将如何评价情绪在日常学习中的作用?

恐惧、悲伤、快乐和愤怒等情绪,在日常生活中都是不可避免的。

身为终身学习者，你会注意到自己的感受，并且认识到它们在什么时候代表了学习的信号：它们有可能要求你去培养技能，以便更好地应对特定情况；或者，你会对某件事情感到兴奋，意识到自己想要多做那件事；或者，你的感受是自儿时起就被隐藏在内心深处的学习召唤。在触发或者逃避事后学习这个方面，情绪常常扮演着重要的角色。例如，尽管后悔的感受属于学习召唤，但你也得慢慢地走出失望、沮丧甚至内疚的阴影，吸取其中的教训，如此才能让未来变得更加美好。

许多人都不大注意他们的情绪。可你不同。身为终身学习者，拥有学习4.0视角的你明白情绪是人类不可或缺的一个组成部分，大脑的情感中枢（即杏仁体）也会为绝大部分信息处理过程赋予感情色彩，且通常会给新信息赋予积极或者消极两种色彩。实际上，在受到威胁或者感到紧张的状况下，杏仁体甚至会压制你较理性的一面。

你很清楚，当你努力压抑自己的情绪或者无视它们，那些情绪可能会蛰伏于你的内心深处，消耗你的精力，影响你的反应。想一想，在生气、悲伤或者对自己感到不满意的时候，专注学习会变得极其困难，你会觉得筋疲力尽。然后再想一想，当埋头于学习或者改变了与上述情绪相关的问题之后，你又会多么地精力充沛啊！

你应当把自己的情绪当成一种优势利用起来。将情绪带入你的未来愿景中，想一想它们在你想要创造的未来中，会带来什么样的感受。把任何一种强烈的情绪，都看成是表明你正在探究一种深层挑战、一种重大需求、一种原型或者阴暗面问题的迹象。它们都属于学习召唤，而在你进行深度学习的时候，它们也是其中不可或缺的参与者。

发挥自己的力量

学习和掌控学习的本领，是你的人生中一种重要的力量之源。人类进化过程的晚期阶段，主要集中于大脑的进化，而大脑进化有两大目的：一是帮助我们适应当前的环境，二是为将来的生存与成功创造出新的工具和环境。这种学习和掌控学习的本领，是让你能够成为自己人生当中的"活化剂"，对周围环境产生影响的原因。而此种"活化"作用，就是所谓的"力量"。

成为一名更优秀的学习者之后，你会不断增强在人生当中的力量。你会认识到，自己有机会尽情恣意地活到100岁。你会认为，自己的学习态度和学习能力是做到这一点的关键。学习的时候，你会积极主动、训练有素，因为你会持续不断地完善本书提供的学习4.0技巧。

作为自己人生舞台上的得力演员，你会认为学习就是帮助你听从内心的学习需求（技巧1）。你会创造和利用强大有力的未来愿景，将学习召唤变成决策指南（技巧2）。你会信心十足地迈入信息领域，相信自己能够搜寻并且找到所需的资源（技巧3）。你会将资源与行为的各个"点"关联起来，开创容纳自觉学习的3条道路（技巧4）。你会开采学习真金，并且在处理信息的时候避开"愚人金"（技巧5）。你懂得如何保持学习动力，即记住自己的需求、逐渐提高技能、提升态度与信条，并且用学习来激发创造性的见解（技巧6）。此外，你还会把学习带入自己的生活，管理好自我，管控好有时可能会让学习难以为继的周围环境（技巧7）。你会利用这些技巧，了解自己所处的学习形势，其中包括：你的学习型大脑、负责学习的**自我**、日新月异的世界，以及瞬息万变的信息领域。

这样做会在生活当中赋予你力量，让你利用内心及周围环境中的种种变化，不断增强学习能力。此外，你还会获得一种额外的益处：与他人分享这种力量。

小结　成为终身学习者

学习是终身的。你无法停止学习，但可以促进、专注和拓展这种学习。因此，不要阻碍自己充分体验和发挥学习潜力。如今，你对自己奇妙的大脑（第一章）、学习型自我的力量（第二章）两个方面都有了更多的了解。你明白世界正在飞速变化（第三章），而信息领域也在不断扩张（第四章）。不过，你也掌握了新的学习能力，即 4.0 学习者的 7 大技巧（第五章至第十一章）。

联系

描述一下自己身为终身学习者和 4.0 学习者的简要情况。

这种了解让你能够成为终身学习者，变成一个保持好奇心、刨根问底的人。这种人不仅能够在 3 条学习道路上进行转换，在生活中的众多情况下听到学习的召唤，而且非常聪明，能够明辨信息的良莠。你还会感受自己的情绪，发挥出自己的学习能力，充实而勇敢地度过人生。必要的时候你会坚持自己的立场，但也能够敞开心扉，接受新的思想和生活方式——只要那样做合情合理。这就是你，这就是你负责学习的自我：一个终身学习者。

第十三章

支持团队中的4.0学习

在团队或者其他一些群体环境下与他人一起工作时，你的学习态度和学习方法也会影响到他人。本章提出了一些方法，能让你在团队环境下更加慎重地斟酌如何对学习产生影响。同时，本章还提供了一些与他人分享 4.0 学习思维与技能的方法。

在如今这种复杂的学习形势下，团队学习正在变得日益重要。社会问题、商业问题、家庭问题，甚至许多个人问题与挑战，都需要团队一起协作和学习才能解决。创新也依赖于团队学习。因此，帮助团队营造和践行学习态度非常重要。

思考与关联

目前你是哪个团队或者群体中的一员？阅读本章的时候，你可以想一想这些团队或者群体。

学习很少成为团队关注的重点。通常来说，团队的主要目标都是业绩。之所以组成团队，是为了一起完成某项任务，因此大家的关注点会迅速转向团队要实现什么目标、哪些成员会做出贡献以及团队如何协作等方面。在人们相互分享信息或者参与团队建设活动时，他们对人际关系方面可能会稍示肯定。然而团队关注的焦点，总是会回到完成工作、赶上最后期限、解决问题、让一切保持正常状态以及在团队内外汇报进度等方面。

这种以业绩为导向的做法，通常都出现在这样一种氛围下：人们就种种权力关系、何为失败及如何看待失败、恰当的工作和沟通风格以及如何举行会议等方面，达成了心照不宣的共识。他们很少会提及学习目标。事实上，在有些人看来，承认学习目标就是一种缺点。必须显得优秀、必须成为领导、必须成为无所不通之人的需求，往往是个人行为的驱动因素。制度（比如获得有权之人的奖励或者关注）有时也会参与进来，共同形成这个"定式"思维与"成长型"思维相互抗衡的世界。

然而我们没有想到的是，只关注业绩和竞争，其实有可能损害业绩。这种做法可能导致风险规避、责怪别人、戒备行为、不信任以及不愿意合作、不愿意共享信息等现象。还有可能抑制团队行为原本旨在激发出来的团体效应，比如承担风险、创造性地解决问题的方案以及创新。要发挥这些协同效应，需要整个团队采取以学习为导向并且熟练实施这种导向的措施。

假如一个团队的日程安排与集体精神中，学习并非其组成部分，那么就不可能是一个高效的团队。学习是一种重要的团队动力，而你为这种动力提供支持并从中获益的方法也有数种。因此，你应当制订计划，将自己掌握的学习4.0知识、技能等带入你所加入的团队，引领同事踏上团队学习的新层级。通过让团队踏上学习轨道、从学习的角度看待问题、认识3条学习道路并将4.0学习者的7大技巧变成团队的能力，就可以做到这一点。

让团队踏上学习轨道

成立一个团队的方式，会对团队成员怀有的期望产生影响，并且为日后团队成员之间的关系和行为打下基础。因此，你应当确保从一开始就让学习成为每个团队自我形象中的组成部分。你可以运用对学习召唤（技巧1）和创造未来愿景（技巧2）的了解，帮助塑造团队的目标。接下来，就要让团队达成一致意见，确定在整个项目过程中成员们如何支持彼此的学习。

下面就是召集第一次团队会议时，可能出现的场景。

你们在进行讨论和为团队记录下述方面时应当确保，除了业绩安排，学习也是对话中的组成部分。

- 呼吁整个集体行动起来和进行学习。
  - 组建这个团队的目的是什么？
- 行动召唤包括哪些方面？
  - 这种召唤源自哪里，其动力又是什么？（记住，召唤会源自内心、外界、过去、未来，或者仅仅源自机会和好奇心。）
  - 作为一个整体，团队的学习召唤是什么？
- 创造未来愿景。
  - 大家希望一起创造些什么？
  - 你们会大胆进入学习的哪些前沿领域？
  - 怎样才算成功？成功带给大家的感受是什么？（在工作和学习的过程中，你的观点可能会发生改变。）
  - 大家一起设想出一种未来，并且尽可能栩栩如生地描绘出来。并不是设想团队将来要做什么，而是设想大家会共同创造出什么。可以加入一场关于学习机会（包括突破、创新、创造力、拓展）的对话。
- 为现在定位导航。
  - 帮助整个团队尽量清晰而实事求是地了解清楚，目前形势中有哪些方面即将改变，或者会受到你们集体工作的影响。
  - 这样做，会在目前的情况与未来愿景之间形成一种张力，并且帮助团队成员将无意识系统同步起来，朝着共同的目标努力。

接下来，在同一次会议上，帮助团队成员对彼此的学习做出承诺。

- 分享各自的学习召唤。这是开创学习道路中至关重要的一步。

请团队中的每个成员都面对整个团队，说一说下述方面：
- 他们会给团队带来哪些可激发的能力（即他们具有和想要运用的知识和技能）？
- 是什么东西将每个队员吸引到这个项目中来（源自内心、外界、过去、未来还是机会）？
- 每位队员希望学到什么东西？
- 他们想要加强或者培养出什么样的技能或知识？
- 他们想要探究哪些信条或者态度？
- 他们希望在哪些方面获得创造性的见解？
- 每位队员可以怎样帮助其他队员学习？
- 他们希望其他队员提供什么样的支持？

- 鼓励队员提出问题。
  - 让团队成员向彼此提问，然后对他们的回答进行探究。
  - 把这当成人们彼此了解并且准备协作和相互支持的重要手段。
- 无论什么时候，只要是针对团队情况进行检查，就要重温一下团队的未来愿景，回顾团队的学习进展。

团队开始这项工作时的状况，会为团队日后能够获得的成就打下基础。因此，组建任何一个团队时，都应当确保学习计划是团队组建中的组成部分。这样做会营造出全力以赴和相互支持的氛围，如果只关注业绩，则不可能创造出这样一种基调。

从学习的角度看待问题

想一想那些对你来说意义最为深远的学习经历吧。这种经历当中，很可能涉及问题、障碍、失败、意外后果或者惊人的命运转折。不过，你视为学习机会的同一种问题，却有可能引发别人的戒备或责怪。这种情况也会出现在团队里。任何团队当中，始终存在权力大小与自尊强弱的问题，因此戒备与责怪心理带来的危险也始终存在。

尽管问题与危机都是很好的学习机会，但当问题和危机出现之后，我们往往不会采取客观和探索性的眼光看待它们。此外，对于任何一个问题，团队成员必然会具有不同的看法，并且带着各自的成见去理解和形成解决方案。时间带来的压力也会增加团队解决问题的难度。起初，所有成员都承诺去探索、学习和相互支持的一个团队，最终有可能演变成派系林立、出现保护自我意识的做法，或者造成最有发言权或实力最强的成员既可以解决问题也可以隐瞒问题的局面。

倘若具有了学习的视角，一个团队就会把问题、危机和意外的机会当成学习内容进行发掘。第九章中提到的建议，对这个方面也有所助益。你应当努力做到：

- **把问题当成一种学习资源**。问题是一种独特的学习资源。与对待其他学习资源的方法一样，你可以运用一些特定的方法分析问题并且想出解决办法。一个以学习为导向的团队会后退一步，共同遵循一种解决问题的过程，然后再去总结导致问题的原因，或者决定采取什么样的行动。

- **专注于学习**。问题或危机出现之后，你的前额皮层（注意力的控制中枢）能否铆足马力，透过种种偏见和干扰去寻找最重要的信息，这个方面非常重要。此时可不是进行辩解或者逃避问题的时候。

- **找到深层的主题和模式**。倘若以学习为导向，团队就会看透问题的表面，跳出眼前问题的局限性，洞悉其中更加微妙的原因。例如，一个看似属于销售信息传播方面的问题，实际上有可能是团队产品已不适应市场的征兆。

拥有一种学习视角，更有可能让一个团队迅速地认识问题，并且找到可持续性的解决方案。它会激发出团队成员的积极性和能力，而不会约束他们或者让他们转向权力游戏。

认识 3 条学习道路

正如个人的学习可能采取即时学习、为了一个目标而进行的前瞻性学习以及事后学习这 3 条途径中的任何一条，团队学习也是如此。你应当帮助自己所在的团队认识这 3 条学习道路，并且在出现学习机会之后付诸行动。

团队的即时学习

团队具有的即时学习机会，可以说数不胜数。团队需要解决问题、制订计划、与同事进行对话，并且进行重点在于回答问题或找到替代方法的研究活动。任何一种即时学习机会带来的挑战，通常在于是认识到这种机会并且采取学习的态度，还是将其转变成权力游戏，在于团队成员是充满好奇心、愿意探究和质疑，还是愿意暂时性地不去了解。或者是，这些偶然情况会不会变成"我赢你输"的竞争，以表明队员中谁最聪明或者谁的知识最渊博。

当你所在的团队面临一种即时学习机会，以及让队员产生好奇心并去探究的选择时，队员体内的催产素水平很有可能会上升，从而营造出良好的团队氛围。整个团队甚至有可能在忘我状态中协作，产出具有创造性的见解。当然，这种经历也会强化大家的团队献身精神和团结精神，而这些精神是你在日后一些更为棘手的时期，能够加以利用的优势。

团队为实现一个目标进行的前瞻性学习

为了实现一个目标而进行的前瞻性学习，是指培养出一种你希望具有、迄今并不具备的能力，且能够有意识、有计划地学习它。对于团队来说，有两种层次的前瞻性学习，即团队层面的学习与队员个人层面的学习。假如你的启动会议让团队走上了一条学习道路，那么这两种层次的学习就开始了：

- 阐明团队的学习召唤和个人的学习召唤。
- 形成一种未来愿景和对现在进行定位，为团队营造出未来引力。
- 帮助队员发掘出他们希望从团队工作中获取的学习益处。

随着团队的计划逐渐展开，其他的 4.0 学习技巧有可能开始发挥作用。一个以学习为导向的团队会后退一步，寻找最佳的学习资源，并且在"扫描器"的协助下找到这些学习资源（技巧 3）。团队的一大优势，就是队员能够分工合作。例如，有些队员可以查阅印刷资料，其他人则可以咨询学科问题专家，或者看一看可能与团队的目标及问题相关的课程或应用程序。

联系

"工具 4 '扫描器'及其用法"中，列出了你可以借助其筛选外界所有信息的一些服务、工具和人物。

有了最佳资源之后，团队就可以开创学习道路（技巧 4），为业绩和学习行动制订总体计划和时间表了。凡是个人对信息进行处理或者团队一起处理信息的时候，开采学习真金（技巧 5）和保持学习动力（技巧 6）中的技巧就有可能发挥作用。例如，在一次气氛热烈的工作会议上，一名队员可能会提出，整个团队正在被自身的偏见拖后腿。或者，另一名队员可能注意到，整个团队都该休息一下，好让队员们的无意识系统有时间来思考最近所做的决定。还有一位队员知道交叉进行相关活动对学习有利，可能会建议团队转向一种新的活动，来提高学习效果。或者，有人可能会建议，团队应当在工作热情高涨或紧张之时中断一下，并且做出计划，待队员们都由于"蔡氏效应"而变得精力更加充沛、积极性仍然高涨的时候，再重新将团队组织起来。

在你和团队都做好准备、实施有计划的变化之后，就可以转向技巧7，从学习模式迁移到行动模式了。身为4.0学习者的你很清楚，变革措施常常会失败，因为人们的习惯或者所处环境中的一些条件会造成干扰。你很清楚，为成功做好准备、找到帮手和庆祝成功有多么重要，因此会支持团队去采取这些额外的措施。

当所在团队为了实现一个目标而进行前瞻性学习时，你会根据一个计划进行有意识的学习。然而，改造自身正是学习的本质。你在学习的过程中，会发现更多与想要学习和应当学习的内容相关的知识。你和所在团队都需要做好准备，修正甚至重新设定你们的未来愿景；如果你们的工作属于一个更大计划中的组成部分，那么还得重新进行协商。换言之，团队的学习会超越队员一起完成工作任务的这个范畴。

团队的事后学习

很少有团队会回顾自身的经历。事实上，团队几乎不会庆祝或者承认一个项目已经完成，因为队员通常会迅速转向接下来的挑战。这样一来，反而留下了很多可以学习的东西，因为许多同样的问题都会一而再、再而三地反复出现。现代生活中盛行的对行动的偏见，正是导致这种现象出现的原因之一。大脑偏好无意识思维而非缜密思考的习性，则是另一个原因。这也是学习之所以不像它本可能做到的那样有效的原因：持久学习需要在缜密思考与行动之间保持一种平衡。在思考的过程中，你会暴露出隐藏的教训，并且储存起来供日后所用。学习需要一半的实践与一半的内化吸收，而这一点也适用于团队。

团队有很多机会，可以去进行事后学习。实际上，每一个团队项目或者团队活动，都是一种学习资源，都是进行"微型学习"的机会。我们不妨在一天下班之前或者活动结束之前，花上几分钟的时间，回顾一下当天或者活动的情况。每一个团队项目，都值得我们进行以业绩和学习两方面为重心的回顾。具体而言，你可以看一看下述 4 个方面：

- 已经完成的项目：
  - 你们原本打算干什么？
  - 实际情况如何？
- 团队的学习：
  - 你会发扬哪些有效的做法并与他人分享，以便他们不必再艰难地吸取相同的经验教训？
  - 其中出现了哪些教训和新见解，会让未来的项目进行得更好、更成功？
  - 协同工作的过程进展得怎么样？
  - 你会把哪些方面带到未来的项目中去，哪些方面又需要改变？
- 个人的学习：
  - 每一个人的发展情况如何？
  - 团队成员相互帮助学习的情况（包括团队成员之间明确的称赞）如何？
- 拓展学习的目标：
  - 回顾性的体验，可以激发你为了一个新目标进行前瞻性学习。

你可以通过分享自己在其他团队中吸取的经验教训，对目前所在的团队产生更加广泛的学习影响。这样做对你也有好处，因为教导别人是把学到的知识更加牢固地储存在大脑和团队文化当中的好方法。自然，这样做还会给其他团队、给你所在的更大的组织带来好处。

回顾一个项目，需要付出时间和精力，因为此时人们的精力可能已经开始转向其他项目了。不过，对学习进行仔细回顾具有深远的意义。你可能想把"我们学到了什么？"这样的交流，与一场庆功会挂钩。我参与过的最有力量的团队学习项目，始终都会把回顾与庆祝关联起来。

当时我在一家啤酒公司工作，因此派对与社交聚会就是公司文化的一部分。不过，在团队协同工作期间和工作结束的时候庆祝一下，没有理由不成为你所在团队或者任何一个团队协作过程中的一部分。

将学习 4.0 技巧变成团队的能力

> **思考与关联**
>
> 你能将学习 4.0 的 7 大技巧列举出来吗？第十章中的"记忆之道"一节中，提出了一些记忆方法。

本书第二部分的重点，是属于个人能力的学习 4.0 的技巧。不过，你也可以认为它们属于团队的能力；如果能够让自己和同事利用 7 大 4.0 技巧，那么你的团队经历会多么奇妙！想想这种情况吧。

1. 听从内心的学习需求

我们这个团队中的成员，都很清楚自己和别人的学习重点。我们会注意到当前环境中的变化和即将到来的挑战。我们会谈论学习机会，无论这些学习机会源自何处。

2. 创造未来愿景

对于大家要一起创造的未来，我们团队中的每个人都有共同的愿景。身为那种愿景中的一分子，我们清楚每位队员会带来哪些技能，以及我们每个人在团队协作中想要学到哪些知识。

3. 广泛搜索最佳学习资源

我们会寻找最合适的信息，来支持我们的观点和学习。我们并不会囿于轻易可得的信息，或者局限于符合自身观点的信息。我们会利用"扫描器"找到最佳资源，并且会分工合作，提高效率。

4. 开创学习道路

我们会对拥有的资源进行组织整理（连点成线），通过为业绩和学习活动制订总体计划和时间表，来实现我们的目标。然而，我们在学习的过程中，也会对变革持开放态度。

5. 开采学习真金

我们都是有能力利用信息的人。我们怀有好奇之心，专注于学习，并且尊重他人的观点。我们都提防着"愚人金"，乐意去寻找深层的关联和见解。

6. 保持学习动力

我们会相互支持，以实现4种学习结果：记住信息、培养出新的技能与习惯、改变态度与信条、产生具有创造性的见解。我们会相互帮助，利用以脑科学与心理学研究成果为基础开发出来的先进学习技巧。

7. 从学习模式迁移到行动模式

我们都明白，变革举措通常都会失败，因为习惯或者环境条件会造成干扰。我们会通过支持对方改变习惯和重组环境，成为彼此的帮手，举行成功庆祝活动，帮助彼此将学习迁移到生活当中，来支持新的价值观、行为和结果。

有一个办法可以将这些技巧转变为团队能力，就是在组建团队的时候引入这些技巧。接下来，我们可以把这些技巧的组成要素变成问题，定期进行检验。比如，在1分至10分的范围内，根据上述学习4.0技巧，给我们的团队打分（1分相当于"我们没有做到这一点"，10分相当于"我们很擅长！"）。

思考与关联

可以考虑一下，将本书当成你所在团队的必读书籍。只要与团队的工作及学习有关，你就可以参考不同的章节，以及本书第四部分中列举的各种工具。

小结　团队的学习

团队成员的身份，既有可能是人生中的一大幸事，也有可能变成一个诅咒。其中的许多方面，都取决于这个团队究竟是学习型团体，还是完全是表现职位高低和推销自我的媒介。不过，具有一种学习导向，并非只对团队成员有利。它也是使团队获得不俗成绩的重要力量。它有助于营造团队的协作精神，形成信任、灵活以及勇于创新的氛围，而对我们在如今瞬息万变的复杂学习形势下做好工作来说，这些方面都具有至关重要的意义。

第十四章

帮助他人学习

每一天，我们都会碰到帮助他人学习的机会。比方说，一位同事请你去帮助他解决一个问题。一个孩子向你求助，请你帮助他完成家庭作业。有位朋友被个人问题或者人生阶段带来的挑战所困扰，求助你提出建议。或许你正担任一种正式的领导职位，而你的职责就是帮助他人发展。除非你是一位训练有素的辅导员、心理学家、顾问或者教育工作者，否则你多半不具备为别人的学习提供支持的正式能力。因此，你对别人的支持都属于非正式的支持。本章将说明怎样才能将学习 4.0 的技巧带到这些重要的帮助关系中。在分享学习 4.0 体系，使得别人能加以运用的同时，你会变成一位更加受人敬重的帮手。

思考与关联

如今在你的家庭中、工作上或者其他的人际关系当中，哪些是你能够去教育、训练或者进行指导的人？在阅读本章的过程中，你可以想一想这些人。

在成年人的学习当中，非正式帮手的参与比例占到了20%或者20%以上。[①] 然而，这种出于好意的支持并非总会起到作用，甚至还会对学习造成干扰。例如，你在本该倾听的时候却说个不停，扮演评判者的角色（这会增加学习者的焦虑和表现压力），甚至越俎代庖，而不是帮助学习者掌握学习过程。

假如没有努力掌控好自己的学习进程，那么你很难去帮助别人学习。不过，多亏有了本书中的真知灼见，你如今才能明白学习涉及了哪些方面，也更有能力去帮助他人学习。你已经了解到学习的大脑、负责学习之自我的心理机制、学习4.0的7大技巧，以及3条常见的学习道路。这些都属于基础性的见解，你既可用于自己的学习，也可用来帮助他人学习。

[①] A. 图赫，《成人学习计划：成人学习理论与实践的新途径》(*The Adult's Learning Projects: A Fresh Approach to Theory and Practice in Adult Learning*)，安大略省：安大略教育研究院（Ontario Institute for Studies in Education），1971。

现在，就到你利用在本书中学到的知识帮助他人的时候了。你应当思考并且重视自己作为帮助者的角色，因为帮助他人既是一种爱的行为，也是培养自身学习技能的最佳途径之一。成功地帮助别人，包括下述方面：具有正确的（即关爱）意图，利用 7 大 4.0 学习技巧并将其当成自己的帮助体系，担任各种不同的帮助角色去交谈和倾听，把帮助看成是一种学习。

具有正确的（关爱）意图

帮助别人学习，是慷慨大度和友爱的行为。你会与他人分享自己的专业知识和时间，同时表现出你对另一个人的兴趣与关注。你会与他人一起进入懂与不懂之间的那个脆弱空间。在那种空间中，一个人的自我意识可能会受到威胁，究竟是封闭起来、保持戒心，还是敞开心扉去学习，他必须做出决定。

在这个神圣的空间中，作为帮助者，你的意图非常重要。而且，你的意图应当源自一种充满了关爱、同情和友爱的空间，这一点也很重要。从这个角度来看，有 4 种意图尤为重要，且都以我们从神经科学与心理学领域中了解到的知识为基础：

- 为学习者的需求及其所处的人生阶段引路。
- 帮助提高学习者的自我管理能力。
- 支持一种以学习而非业绩为主的思维模式。
- 帮助学习者内化吸收一种学习体系。

为学习者的需求及其所处的人生阶段引路

你有没有听到过这样一句谚语："学生准备好了，老师自然会出现。"换种方式来看，这句话的意思就是说，当你为别人的学习提供支持时，重点在于别人，而不在你自己。人们在接收信息和支持的时候，都会运用自己的筛选标准。决定他们最终会学到哪些知识和采取哪些行动的，是他们自己的感官、需求、认知、情绪和意图。你可以通过操纵奖励、惩罚，以及可以触发新态度与新行为的环境，来对这方面施加影响，这样做似乎可以引导个人去学习和做出改变。不过，除非你正在帮助的那个人具有学习和掌控学习的内在动力，否则你充其量只会使对方短期顺从，而最糟糕的情况是招致对方的怨恨。

当然，有时你也要依靠外部控制、劝说和奖励，才能帮助他人学习，比如在帮助一个孩子学会尊重他人而不是欺压他人的时候。但一般说来，在帮助成年人学习时，合乎道德的（也是最有效的）帮助立场，就是为那些正在听到源自他们自身的学习召唤或者正在经历学习召唤的人提供支持。这些学习召唤源自他们的需求和所处的人生阶段，源自他们对过去、当下和未来一些问题的感受，或是源自他们的惊奇感。倘若认为一个人走在一条并不符合其最大利益的学习道路上，你就应当帮助此人看到后果，好让此人能够在自由和知情的状态下，做出行动与否的抉择。

提高学习者的自我管理能力

心理学家、职业辅导员、顾问和教育工作者通常一致认为，任何一种支持性活动的关键目标之一，是提高一个人的自我引导与自我管理能力。有的时候，别人可能会对你施加某种约束（想想一个正在研修一门高度结构化的学位课程的人，或者一个正在实施学科成绩提高计划的人，你就明白了），但这属于例外情况。对于绝大多数成人学习的情况而言，学习者都会对自己的学习进程负责，也必须始终对自己的学习进程负责。为什么？因为正如你在第二章中了解的那样，所有成年人的自然发展进程，都是朝着获取更大的自主权和责任前进的。代行一个人的自我管理角色，其实就是要求此人在心理上倒退。因此，在帮助他人学习时的一个关键目标，就是增强他们将来对自己的学习进行管理的信心。

支持学习的思维模式

许多人都不敢尝试，害怕犯错、失败，让别人发现自己正在学习，甚至害怕抽时间思考而不是付诸行动。帮助者常常也会起到不好的作用，让学习者产生这些害怕和焦虑的心理。在学习的过程中，有的时候重要的是表现，哪怕仅仅是参加一次测试。此时你作为帮助者的作用，可能就是对学习者进行评价和打分。不过，你应当只在这种时候把重点放在完美、成绩和评价上。在帮助他人的时候，应当将绝大部分重点放在探究、反复尝试以及思考与行动的交替等方面。你的作用就是提出问题、倾听见解、提供鼓励与支持，并且为他们的学习过程提供视角，而不是对他们进行评判，或者告诉他们该干什么。

帮助学习者内化吸收 4.0 学习体系

你所帮助的学习者当中，极少有人把他们的学习方式提升到了如今这个永不止步的学习世界所需的 4.0 层次。绝大多数人在绝大多数时候都想当然地认为，学习不过是无意识过程中的一种。想到自己是一个学习者的时候，他们常常会觉得能力不足。但是，在如今这个飞速变化的世界和迅速扩张的信息领域里，我们不可能全凭偶然、全靠随意地进行学习。扮演帮助者这一角色的时候，你就可以改变这种情况。你在支持他人学习的时候，可以向任何一个人介绍这种由 3 条学习道路和 7 大 4.0 学习技巧所组成的、更加自觉的体系。这样做会让你成为 4.0 帮助者，即在提供帮助的过程中能够真正帮助别人学会学习之道的人。

运用7大4.0学习技巧，将其当成你的帮助体系

你在帮助他人的时候，应当利用属于本书核心内容的7大4.0学习技巧。下面就是利用这些技巧的方法：

1. **听从内心的学习需求**：在学习发出召唤的时候，帮助人们注意到这种召唤。
2. **创造未来愿景**：帮助人们创造出一种具有多重感官性的未来愿景，因为这种愿景会激励他们付诸行动，并且对他们那些经过深思熟虑的目标，以及处于意识之下的无意识学习进行引导。
3. **广泛搜索最佳学习资源**：帮助人们在日益密集且种类繁多的信息领域里展开搜寻。你应当向他们说明"扫描器"的使用方法，以及如何选择适合自身需求与情况的最佳资源。
4. **开创学习道路**：帮助人们选择资源和计划，并且组织好资源和计划的学习顺序，以适应他们面临的挑战及其目前的生活状况。你还应当帮助他们把计划当成可能会随着新的机遇和信息发生改变的指南。
5. **开采学习真金**：与人们谈论他们正在学习的东西，帮助他们充分利用不同的学习经历，辨识不同的观点，找到深层的模式和体系。
6. **保持学习动力**：应当利用最佳的技巧，比如用于记忆的技巧、培养一种技能或者习惯，提升一种信条或态度，或者产生创见的技巧，帮助他人获得他们想要的学习结果。
7. **从学习模式迁移到行动模式**：帮助别人管控好自身及其所处的环境，以便他们能够并且愿意将所学的知识与技能带入日常生活当中，并且保持下去。

由于学习无所不在，你可以在任何时候涉足别人的学习进程，因此，应用这些技巧并没有什么放之四海而皆准的方案。此外，与受帮助者个人之间的关系质量，以及受帮助者的人格特质（例如需求、所处的

人生阶段、技能和态度），将决定你能够提供的最佳支持是什么。假如在帮助他人学习的时候懂得如何利用上述7大技巧，那么在各种情况出现时，你就能够决定采取何种最佳应对措施了。

帮助他们听从内心的学习需求

你很清楚，学习召唤源自人们的内心，源自他们的周围环境，源自未来，源自过去的经历，源自当下的有趣信息。但是，人们常常听不到学习的召唤，或者不会充分探究此种召唤的意义。身为一个旁观者和潜在的帮助者，你可以帮助他们在受到学习召唤时认识到这一点。比方说，孩子可能在上学方面存在种种问题。你注意到了一种模式：在必须运用数学知识解决问题的时候，孩子总是解答不出来。你会把这种现象看作学习逻辑思维的召唤，并让孩子认识到这一点。不妨设想你和一名同事刚刚听说你们的业务战略出现了变化。你认识到，这种变化需要你的朋友去了解一个新客户群，可这位朋友却没有意识到。你会把自己的想法与他分享，让这种学习召唤变得一目了然，以便他能够思考并且付诸行动。

创造未来愿景

当人们将未来愿景藏进内心深处之后，这些愿景可能会发挥出目标的作用，在一项学习计划当中，会始终激励他们去学习并将注意力集中于学习之上。倘若对未来的意识具有多重感官性，那么这些愿景对学习的力量会更为强大，因为学习者在那种未来意识的影响下，能够看到、感受和想象出一种新的现实。不过，只有坚定不移的4.0学习者付出时间，才能自行创造出这种力量强大的学习引力。这一过程可能是一项寂寞的任务，因此与别人一起完成会愉快得多。这是一个随缘而至的机会，帮助者可以介入进去，为这一过程出力。

身为帮助者，你可以让学习者设想他们在将来一个具体时间愿意去做、去成就、去看到和感受到的事情，为他们提供支持。问一问他们，在这种想象当中他们身处何处，那里有什么样的人。他们应当将这种愿景看成是一种拓展，并且让多种感官参与。就算看似不可能做到，也用不着担心。学习的过程中有许多机会可以进行自我修正。从具有高度激励性的愿景开始，可能就是克服惰性与旧习的关键。

广泛搜索最佳学习资源

一旦人们决定去学习，他们就需要找到学习所需的信息。不过，学习者如何找到他们所需的信息？他们天生具有一种倾向，会依赖那些最容易获得和最容易利用的信息。或许，他们会求助于隔壁办公室的那位专家，会去学习一位朋友推荐的课程，或者在互联网上搜索，打开搜索结果中的第一个网站或第一篇文章。不过，这些通常不是满足他们需要的最佳资源。

你可以帮助他人在信息领域里进行搜索。身为4.0学习者，你很清楚，"扫描器"（即能够帮助你和他人撒开一张大网，并且缩小可选学习资源的人和工具）对找到专业人士、文章、书籍、课程、网站和工具来说极其重要。"工具4"中列出了一些"扫描器"，以及利用它们的窍门。你可以利用这张列表并将其推荐给你正在帮助的人。

开创学习道路

一个人的学习，可能是追溯以往经历的事后学习，或者为了实现某个目标而进行的前瞻性学习，或者即时学习。这取决于相关挑战的难度水平，其中可能涉及众多或很少、容易或困难的学习活动。你可以扮演一个重要角色，帮助他人衡量学习计划的难度，然后再去决定和安排他们必须实施的学习任务。你应当帮助他们理解其中的关联，连点成线，找出能够达到他们学习目标背后的未来愿景的最佳途径。

开采学习真金

当人们运用一种学习资源,如一本书、一个讲习班、一门在线课程和一种经历之后,真正的探险之旅就开始了。身为4.0学习者,你明白不同的学习资源需要不同的学习方法,而你也知道,能够集中注意力并且看穿偏见、找到真金究竟有多重要。因此,作为帮助者,你应当鼓励人们运用有效的技巧。你应当向他们提出一些问题,鼓励他们获得自己需要了解的知识,并将知识化为己有。你可以利用"工具5"中的资源专用学习技巧,并将它们推荐给别人。这样做将有助于你帮助他人调整学习,适应可能面临的各种情况。

保持学习动力

从最终来看,学习涉及的就是个人的改变。当一个人把信息转化成下述4种学习中的一种或者多种之后,情况就是如此:持久不忘的知识,技能和习惯,信条和态度,以及具有创造性的见解。你应当向别人说明,这4种学习结果需要不同的学习技巧,并且运用第十章中的小窍门,提出一些可以将特定的学习结果内化吸收的选项。你不妨让人们都购买本书,并且建议他们阅读第十章,以便能够管理好自我,获得持久的学习效果。

从学习模式迁移到行动模式

在这一阶段,身为帮助者的你可以发挥重要的作用。你既可以当学习者的帮手,又可以为学习者推荐帮手,来为他们在现实世界当中的新行为提供支持。在学习者有习惯需要改变、有新技能需要完善的时候,你还可以帮助他们改造环境，持续不断地对他们施以鼓励和支持。有很多方法可以做到这一点，比如：每周打个电话问一问进展情况；劝说对方改变步骤和流程；创造一种激励机制，如在获得了一种具有里程碑意义的成果后去好好吃顿晚餐，或者定期就你观察到的情况向对方提供反馈意见。假如涉及一种重大的习惯改变，你应当做好长期帮助的准备，因为对方可能需要数周或数月的时间才能改掉那个习惯。

因此，当你扮演支持他人学习的角色时，应当将学习 4.0 的 7 大技巧当成一种心理框架去运用。不要代替他们去学习，你的主要作用就在于帮助他们变成更具自控力和更加自信的学习者。你应当想一想学习者在学习过程中所处的位置，时时提醒自己你的目的是什么，并将你认为最有用和最受欢迎的支持提供给学习者。

以不同的帮助角色去交谈和倾听

你可以通过承担一个或多个角色来帮助他人。这些角色，因你展示和讲述的东西以及倾听程度的不同而各不相同。我们很容易认为，帮助就是指示、引导、告诉或者教导；在有些人看来，帮助甚至就是替代别人做一部分工作。然而，尽管你的有些做法可能属于展示和讲述那一类，但帮助他人时至少有 50% 的时间需要与之相反的做法。帮助成年人学习的时候，你应当做好准备，少展示、少讲述或者不进行展示和讲述；相反地，你应当尽量通过提出问题、倾听，或者帮助人们将"什么""为何"以及"如何"等问题转化成他们自己的话语，以此发挥你的影响。帮助他人思考的时候，你应营造出一种感同身受和理解的气氛。这样做会增加他人对你的信任，减少对方的自我表现和自尊带来的焦虑，从而让对方学到更多的知识。

思考与关联

第一章和第二章中的内容，对你在帮助他人学习方面做出的任何决定而言，都是非常有用的背景知识。这两章会帮助你理解大脑的运转机制，以及个体的心理会如何对学习造成影响。掌握了这些知识之后，你就会更多地注意别人的需求，并且能够提出一些深层的问题，来为他们的学习过程提供帮助。

当人们听到与阴暗面、人生阶段的过渡以及深层或者隐藏的需求相关的学习召唤时，像倾听、提问和感同身受这样的反思性技巧就具有至关重要的意义。在鼓励别人采取其他行动之前，你应当抽出时间，帮助别人理解究竟是什么在召唤他们学习，并且帮助他们创造出具有未来引力的愿景。你还应当想一想你们之间的关系在渐变线上所处的位置，而在这条渐变线上，根据你扮演的角色，平衡状态会从展示、讲述逐渐转向聆听与感同身受。

与你正在帮助的人在一起时，你可能扮演下文所列角色中的一种或者全部角色。然而，应当确保你始终信守下述4种目的：为学习者的需求和所处的人生阶段引路，帮助学习者提高自我管理的能力，支持形成一种以学习而非表现为主的思维模式，以及帮助学习者内化吸收一种学习体系（就像内化技巧体系一样）。

思考与关联

想想目前你正在帮助的一个人。在继续阅读本章的时候，你应当注意自己扮演的究竟是哪种角色。你始终都要心存一个目标，那就是降低对方的依赖性，增强其自我管理的能力。

主管

主管既会告诉人们要做什么，也会为其提供做事的框架体系。身处此种角色时，可以帮助人们迅速度过新手阶段，达到使他们有技能可以依赖和能够掌控自身学习进程的水平。不过，假如学习者不愿意暂时性地依赖于你，不愿意暂时性地扮演新手的角色，你可能也会导致学习者产生戒备和抵制心理。

环境工程师

环境工程师可以为学习与行为改变提供奖励、认可、角色描述以及其他的外部支持。假如你能够对学习和行为环境施加影响，那么这就是一种重要的帮助方法。具有正式领导身份的管理人员，都能够利用这种方法为下属的学习和改变提供支持，并且鼓励人们在现实世界中运用新的知识和技能。只是你必须确保学习者理解和接受你的这些做法，把你的做法当成支持而不是摆布。

老师

老师是能够提供与特定学习目标有关的事实、观点和方法等专业知识的源头。有人前来求助，要你提供学科问题方面的专长时，你经常会扮演这种角色。你应当确保在传授知识的过程中，帮助学习者发掘到真正的宝藏，应当利用保持学习动力的专用技巧，帮助学习者形成记忆、技能、态度，以及学习者想要获得的创造性学习成果。

辅导员

辅导员会提供反馈意见与建议，来帮助一个人增强自信和在某个特定领域内的能力。这一角色涉及一种紧密的个人关系，而你则会在此种关系中与学习者达成约定，帮助其实现一系列的特定目标。扮演辅导员这一角色时，你多半会在 7 大 4.0 学习技巧中的各个方面，尤其是在开创学习道路、保持学习动力和从学习模式迁移到行动模式（即技巧 4、技巧 6 和技巧 7）的过程中为学习者提供帮助。

导师

导师所起的作用，相当于一个人全面发展过程中的一位倾听者、参谋、见证者和鼓励者。身为导师，你很清楚对方有哪些一般性需要、处在什么人生阶段，以及怀有什么样的人生愿景。你是支持他全面发展的朋友，还会帮助他辨识出学习召唤，创造出未来愿景。你也会鼓励他勇敢地穿越学习旅程中的起起落落。

赞助者

赞助者会为学习者打开大门，提供获得学习经验的途径，让学习者找到可以提供支持的人。身为赞助者，你可能不会与对方进行太多的个人交往。不过，由于对学习者的意图与能力抱有信心，因此你也会帮助学习者接触到你的人脉网络。

小结　帮助他人学习

帮助他人的时候，你也会学到知识。你会完善自己的学习技能，即本书提出的 7 大 4.0 学习技巧。分享知识的时候，你会在组织并用语言表达出来的过程中，培养出新的视角和关联。结果是，你自己的知识结构会发生变化，并重新得到巩固。通过提出问题与进行对话，你会发现自身的偏见，获得动力去回顾已经忘记的知识和技能，并且拓展和提升自己的专业知识。你还会培养出沟通技能，包括感同身受与倾听的能力。你会利用和拓展自己所掌握的与学习型大脑相关的知识，因为你正在寻找方法去帮助他人学习。你还会提升自己的能力，聆听受你帮助的人身上正在发挥作用的深层需求，以及其所处人生阶段带来的各种问题，这会让你成为身边人更有能力的伙伴与朋友。还有一种附带的结果，就是你很有可能会增强自身的自我意识。

帮助他人学习的时候，你既会出力，也会扩大你的影响力，同时还会体验到一种特殊的快乐。这种快乐，是超出自身范围的更大的生活环境带来的。你在人类进化中的最大领域里，与他人产生联系。在你早期的学习中，他人曾经发挥过一种重大且多重层面的作用，这种情况直接或者间接地在你的整个人生中持续存在着。通过榜样的力量与直接的互动，如今你也能将自己所学的知识传递给朋友、家人、同事，以及社交网络里的人了。

思考与关联

本章的内容，对你自视为辅导员、向导或导师等角色的看法产生了何种程度的影响？在本章学到的知识，又会如何影响你将来帮助他人时所用的技巧？

在余下的人生当中，你还会继续处于学习和帮助的这种循环当中。在结束阅读本书的这一部分之前，不妨问一问自己，你究竟擅不擅长帮助别人？擅不擅长利用别人的帮助？我希望，不管在帮助过程中是属于给予帮助的一方还是接受帮助的一方，你都在利用且会继续利用本书，帮助自己成为一位睿智且能力不凡的参与者。

第 四 部 分

学习 4.0 工具包

21世纪的学习属于一种技艺，需要我们具有特定的知识、技能和专长，其中还包括升级了的学习4.0这种精神和心理上的"软件"。但愿你与《学习进化论》一书的互动，正在帮助你启动这场至关重要的个人提升之旅。

本书第四部分提供了一些工具，可以帮助你走过学习4.0旅程。你在自学的时候，在团队和小组里学习的时候，在教导、辅导或者指导他人学习的时候，都应当将这些工具利用起来。

"工具1"会引导你沿着下述3条学习道路前进：即时学习之路、为了将来的某个目标而进行的前瞻性学习之路和事后从经验中学习之路。"工具2"为学习4.0的7大技巧中的每一种都提供了一些简单的模板。"工具3"提出了一些笔记格式，它们会通过协助大脑进行联想处理，帮助你更加有效地记忆所学知识，反映出大脑管理信息的机制。"工具4"和"工具5"属于两种参考工具，你可以从中获得利用"扫描器"方面的帮助，以及与具体的学习情境（比如通过阅读来学习，或者通过一款应用软件来学习）相关的小窍门。

　　身为4.0学习者，你获得成功所依赖的，就是在这个瞬息万变的周围世界以及你的内心世界不断提升自我的能力。这种提升还包括利用最佳的工具和框架体系，来为你的学习技能服务。从儿时的反复尝试到成年时期的自我管理，再到如今变成一位势不可当的4.0学习者，你已经走过了一段漫长的旅程。

　　恭喜你已经走了这么远，也欢迎你踏上这段终身旅程的下一阶段！

工具 1

3 条学习道路指南

不管你是独自学习、与他人一起学习还是在帮助他人学习,这一部分中提出的建议全都适用。它们是以第八章中对 3 条学习道路的论述为基础拓展出来的。

道路 1 即时学习

如果此刻有某种东西让你产生了兴趣(即你听到了学习的召唤),那就应当:

- 注意到这种召唤,并且对自己说出来,即用自己的话,以提问的形式或者"我想知道……"这种说法,将你的兴趣表达出来。你应该让自己的兴趣变成一种自觉的和经过深思熟虑的兴趣。
- 设想将来可能会在何时、何地运用这种信息,以及运用时可能给你带来什么样的感受(创造未来愿景)。
- 将好奇心变成你的主要搜索工具。如果你正在与人交谈,不妨提出一些问题。假如在阅读某种资料,就跟着自己的兴趣走,哪怕这样做意味着你要略过某些内容。对于媒体和信息源，你应当运用最恰当的开采学习真金的技巧（参见第九章）。
- 假如你决心要记住某种东西，形成了一种具有创造性的见解，那么应当快速记下来，或者将其保存到手机上。应当设定一个你可以从所有设备上访问的笔记区，即专门为即时学习保留的学习日记。这样做有助于你开采学习真金和保持学习动力。

如果是在团队中学习，那么你可以利用这些建议，引导团队充分地进行即时学习。如果是帮助他人学习，那么你应当建议对方采取这些步骤，并在学习过程中对其进行引导。

道路 2　为了将来的某个目标而进行的前瞻性学习

假如心怀需要付出时间、精力和计划才能实现的学习目标，那么你应当利用学习 4.0 的 7 大技巧来进行引导。

听从内心的学习需求

- 你的学习召唤源自哪里（内心、外界、未来、过去，还是当下的好奇心）？
- 学习召唤要求你去学习什么？

创造未来愿景

- 用文字描述你希望自己未来成为的样子，或者用图画描绘出来。
  - 你身处何处？与何人一起？你正在做什么、想什么和感受什么？哪种不同之处让你感到兴奋？

- 尽量利用多种感官。在想象中营造出一种可以让你身临其境的虚拟现实。
- 记住自己这样做的目的：
  - 启动你的无意识系统，以便学习机会出现之后，你马上会注意到。
  - 设立一个引人注目的目标，来引导自觉的学习选择与行动。

广泛搜索最佳学习资源

- 确定自己要利用的学习资源之前，应当做一番仔细调查。
  - 与"扫描器"协作，或者运用"扫描器"。
  - 参考"工具4　'扫描器'及其用法"中的建议。
- 列出你有可能利用的学习资源与经验。
  - 到了此时，你会列出一些有可能加以利用的资源。
  - 利用最佳资源，即便它们并非你通常所用的资源。
  - 准备好做出一些选择，起码要做好下一步从哪方面开始的准备。

开创学习道路

决定自己想要干什么，以及如何将学习进程中的各个部分关联起来。你应当把这一过程当成一条初步的尝试性道路，理解它很可能会在学习过程中出现变化。

- 在学习难度渐变图上评估学习的难度水平。
- 用一些日期标注出路标（行动），据此绘制出一条学习道路。其中包括：
  - 学习资源和经验，以及你打算何时运用和完善它们。
  - 用于回顾的检验点，以便你可以修正自己的愿景、理解进展情况并解决问题。
- 与一位辅导员、朋友或者导师一起回顾，并且进行其他方面的对话。

- 为学习做好准备：
  - 建立一个笔记文档来储存你的笔记和见解。你可以考虑考虑，利用本书中论述过的笔记格式。
  - 购买课程和学习资料。
  - 营造一个能够为你提供支持的学习空间。
  - 记住蓝、绿两种颜色以及白噪音都能支持大脑发挥出强大的功能。
  - 为观看一段视频或阅读一篇文章这样的学习活动确定"等候时间"（比如坐火车或坐公交车的时间）。
  - 留意能够帮助（或者干扰）学习的人，并且获得他们的赞同，使之为你提供支持。

开采学习真金

这是接收信息后，对信息进行处理的阶段。你可以试着运用下述开采技巧：

- 调整自己的学习方法，使之适应学习资源。
  - 确保在开始学习之前，对自己掌握的学习资源进行审视。
  - 参见"工具5　资源专用学习技巧"，并且运用其中所列的技巧。
- 专注于学习。
  - 不时停下来锻炼或者休息一会儿，管理好自己的体力。
  - 通过不断提出问题和保持好奇心，制定短期目标和停止点，追随自己的兴趣行事，管理好积极性。
  - 管控并且慎重地利用干扰因素。

- 创建并利用思维镜像笔记。
  - 可以考虑利用"工具 3　思维笔记格式"中列出的笔记格式。
- 用 40% 至 50% 的时间来处理你正在学习的知识。
  - 思考所学的知识，做一些笔记，用自己的话语表达出来，并将所学知识与你的未来愿景联系起来。
- 让你所处的环境为成功做好准备。
  - 消除环境中的噪音与干扰。
  - 制定一个目标，避免一心多用。（应当将干扰因素记在某个地方，以便过后可以解决这些干扰问题。）

保持学习动力

有 4 种相互关联却又大异其趣的学习结果：记住的知识、新的技能与习惯、信条和态度转变，以及具有创造性的见解。有些通用技巧对上述 4 种学习结果全都适用，但你也要做好计划，利用适合每种目标的学习方法。

你可以利用适用于 4 种学习类型的下述技巧：

- 完善未来愿景。重新关联你的未来愿景，并在必要的时候修正未来愿景。
- 发挥无意识系统的功能。利用睡眠、休息和间隔。要记住，做其他事情的时候，你也会继续学习。你应当完全确保已经将想要获得的信息进行了内化吸收。
- 交叉进行不同的活动。你应当在一段学习时间内交替运用多种学习方法来生成多重学习通路，并且保持高度的兴趣和关注。
- 与现实生活中的情境联系起来，形成有助于巩固记忆的心理关联。
- 与他人一起学习。这样做既会拓展你的学习，也有助于把所学的知识用自己的话语表达出来，从而增强记忆的存储和检索。

接下来，还应增添与你想要的学习结果有关的特定技巧：

- 用于记忆：
  - 形成生动形象的关联。
  - 先遗忘，再记住。
  - 抽时间去思考。
  - 寻找更深层的模式与心理模型。
- 用于培养技能与习惯：
  - 暂时变成一位新手。
  - 利用备忘录和忘我模式。
  - 运用感知性学习。
  - 支撑自己穿过"高原"和"低谷"。
- 用于提升信条与态度：
  - 有自知之明。
  - 认识到信条何时发挥作用。
  - 并排比较。
  - 充分获得改变带来的益处。
- 用于创造性见解：
  - 为培养创造力做好准备。
  - 利用学习资源激发创造力。
  - 捕捉自己的创造性见解。

从学习模式迁移到行动模式

你应当让自己和所处的环境都做好准备，为你想要做出的改变提供支持。

- 认识到迁移的难度。你应当明白，将学习带入日常生活环境后，你很可能会面临自身的习惯带来的挑战。而且，你的周围环境可能也不希望看到你的这些新行为或者创新之举。
- 为成功做好准备。为自己加油打气，并且引导他人改变期望，引导身边的环境做出改变。
- 获得帮手。将自己想要做出的改变告知他人，解释这种改变对他们可能意味着什么，并且寻求他们的支持。
- 庆祝一下，同时继续学习。观念、目标和新的技能进入现实世界之后，学习还会继续下去。你应当找到方法，支持自己度过这个变化阶段。比如，进行小小的自我奖励、在备忘录中记下来，或者在日历上标注出自己达到的水准。

这 7 个步骤也与团队学习有关，并且是在帮助他人学习时，可以推荐给对方和引导学习者的方法。

道路 3　事后从经验中学习

应当发掘出过去一种经历（比如一个项目、一件事情或者一种行为）中，可能隐藏着的丰富的学习资源。
- 确定过去的事件或者经历，判断自己的前进方向以及应当与谁交谈（搜索），回顾往事，并从往事中吸取经验教训。你应当考虑下述几个方面：
  - 过去曾经赞助、参与、受到某事影响的人，或者可能具备有用的专业知识和见解，会确保事后学习能够透过表面，获得深层学习教训的人。
  - 收到过或者使用过项目产品或者有此经验的人（比如客户）。
  - 文件，或者你认为有用的其他信息。
- 应当拥有以学习而非评价为主的视角。拥有正确的思维模式，对深入探究经验教训有着至关重要的作用。为成功做好准备：

- 设想一下回顾过往经历带来的所有好处（创造未来愿景）。假如还涉及其他人，你应当与他们一起这样做。
  - 让自己和别人都做好准备，认识到回顾过往经历可能让积极和消极情感再次浮现出来。你们应当达成一致意见，把这些方面都看成学习机会，而非评头论足的机会。
- 从客观公正的旁观者视角，来讲述经历中的故事。你应当认识到，回忆是一种具有创造性的行为，因此应当获得多种视角，看到该项目的多个方面，使得出的结论更接近现实。

你应当去寻找：

- 结果：你原本想要获得什么结果？曾经出现过什么样的直接结果，如今又出现了什么样的结果？当时有没有出现间接的影响或者意料之外的结果？看一看那次经历的最终结果，然后再确定如今的结果及其造成的连锁反应。
- 行动：那时发生了什么事情？当时人们都做了什么，用到了哪些技巧和方法？中途出现了什么意外事件，而那些意外事件又带来了什么样的影响？描述一下那次经历的表面过程，即可见的过程。其中有没有出现什么转折点？

- 现在，你应当透过表面，去寻找深层的模式与教训。
  - 深入自己的大脑和无意识自我。想一想各种转折点出现之前、期间或者之后，你有过哪些没有明说的感受和想法。参与这次经历，你有什么样的感受？别人说过什么话或者做过什么事情，对你的行为与有效参与产生过影响（包括积极影响和消极影响）？
  - 你当时注意到了哪些微妙的线索，没有注意到哪些线索，从而使那次经历的展开产生了不同的结果？
  - 你会如何描述这次经历所处的环境、氛围与文化？有哪些范围更广泛的臆想与偏见影响到了你的所见、所做和所感？

- 对于这种经历，你又了解到了将来对自己有所帮助的哪些方面？
- 假如当时你正在教导别人如何在这种经历当中获得成功，你会教对方什么内容？从中吸取到的教训又有哪些？
• 设想这种类型的计划在未来逐渐展开时的情形。
    - 形成这种计划的未来愿景。假如你是与一个小组协作，这样做就会营造出一种共同的未来引力，使得再次处在类似情况下时，所吸取的教训会发挥出作用。
• 假如未来愿景意味着要制订一种新的学习计划，那你就应当选择为了一个目标而进行的前瞻性学习的道路。

不管是回顾一次个人经历，与团队协作并从一次群体经历中总结教训，还是帮助他人从过去发生的一件事情当中吸取教训，你都可以按照这种事后学习的计划去进行。在这三种情况下，对话和分享多种视角都是能够让人增长知识的做法。假如你正在回顾自身的经历，或许希望别人也参与进来，做你的参谋，或者提出一些具有探究性的问题，帮助你更深入地了解过去的经历以及你在当时做出反应的方式。

工具 2

学习 4.0 技巧的指南模板

这一工具包中的模板,将有助于指导你去运用学习 4.0 的 7 大技巧。在独自学习、与他人一起学习或者帮助他人学习的时候,都可以利用这些模板。

技巧 1　听从内心的学习需求

目的

为了明确你的需求或者兴趣,并且确保你的学习动机清晰明了。假如你属于团队中的一员,那么应当确保大家对团队日程的推动因素达成一致意见。

方法

提出问题:

- 是什么在召唤你或者你的团队去学习?
- 学习召唤源自何处?
- 这种学习召唤要求你们做出什么样的改变,或者获得什么样的发展?
- 这种学习召唤,与深层的基本需求、人生阶段带来的挑战、阴暗面、价值观或者原型等方面,有没有什么关联?

联系

欲想了解这种技巧的详细内容,可以参阅第五章。

技巧 2 创造未来愿景

目的

确定一种学习方向,激励你学习并把精力集中到学习上。启动你的无意识系统,使之注意到与学习方向有关的学习机会。设置起点和终点,帮助你确定自己的学习道路。

方法

开动大脑为学习提供支持的最佳途径之一,就是对你、你所在的团队以及正在帮助的人所向往的那种未来,进行具有多重感官性、令人身临其境的描绘,即创造出一种虚拟现实的未来。然后,你就可以通过描述目前的现实情况,在当下与未来之间形成张力。

在这两种情况下,你都应当注意:

- 未来是一种什么样的环境或者情况？
- 谁与你在一起？
- 你与他人正在干什么和创造什么？
- 你摸索、看到、思考、听到、感受到了什么？
- 正在发生什么事情？
- 此时是一种什么样的气氛？

联系

欲知这种技巧的具体内容，请参阅第六章。

技巧 3　广泛搜索最佳学习资源

目的

确保用来学习的信息、资源和经历，都最适合你和你的目标。

方法

在投入时间、精力和金钱去探究学习资源之前，你应当后退一步，仔细看一看信息领域，包括在日常生活当中可以获得的各种学习机会。你应当利用"扫描器"（即人和服务），来帮助自己找到所需的资源。这样既可以节约时间，又可以提高在学习上获得成功的可能性。

选择"扫描器"

看一看下面列出的"扫描器"，将你认为可以帮助你找到最佳学习资源和经验的"扫描器"挑选出来。"工具4'扫描器'及其用法"将帮助你理解这些"扫描器"究竟是什么，及其利用方法。

- 引文索引
- 课程整合者
- 社交媒体上的众包
- 馆长
- 人力资源、培训和职业发展专家
- 公司领导
- 图书管理员和搜索专家
- 大众传媒渠道
- 工作和生活经历
- 期刊数据库
- 个人助手软件
- 专业协会与会议
- 搜索引擎
- 学科问题专家
- 自己处于激活状态的大脑

了解可能性

在调查研究的时候，应当将你认为会帮助自己朝着未来愿景前进的最佳学习经验与资源都列出来。下面就是一些你可以考虑的学习经历类型：

- 文章
- 博客和网站
- 图书
- 案例研究
- 辅导人员与导师
- 对话与会议
- 课程与讲习班
  （面对面的或者在线的）
- 讨论
- 模拟游戏
- 社交媒体
- 专家
- 游戏
- 讲座与演讲
- 移动学习
- 工作与生活经历
- 期刊或报纸
- 播客
- 角色游戏
- 搜索引擎（作为学习资源）
- 团队学习与协作性的工作场所
- 视频与"优兔"（YouTube）

判断最佳选项

在调查研究之后,列出你会用来帮助自己学习的专用资源与经历。(例如,阅读文章甲、参加在线课程乙,或者利用在职项目丙进行练习。)

联系

欲知这种技巧的详细内容,请参阅第七章。

技巧 4 开创学习道路

目的

为你的学习提供最佳的结构体系,以便你能够将关注焦点一直集中在未来愿景上,但同时也能保持开放的心态,接受有可能出现的新召唤。

方法

评估一下你所面临的学习挑战的难度。接下来,描绘出一条稳健且足以帮助你面对此种挑战的学习道路。

评估挑战的难度

此时,你该决定采取什么样的措施去学习。不妨从评估学习项目的难度开始。可以在难度渐变线上画一个"×",标出你的起点。

1 ←——————————————————————→ 10
较易　　　　　　　　　　　　　　　　　　较难

确定你的学习道路

辨识出你选择的学习道路属于下面 3 条道路中的哪一条：

- 即时学习。你正处在从现在就可以开始学习的情况中。你原本没有打算学习，但还是可以利用这种情况。
- 为实现将来的某个目标而进行的前瞻性学习。你想要朝着一种未来愿景前进，并且已经浏览过学习资源，而那种愿景，需要你付出额外的时间和努力才能实现。现在，你该描绘出一条学习道路了。
- 事后从经验中学习。你想要从过去的一种经历中进行学习，因为你还没有充分发掘出其中的经验教训。

绘制路标

现在，就到了规划前进路线的时候。在广泛搜索最佳学习资源（技巧 3）的过程中，你已经找到最佳的学习资源和经验，可以朝着自己的未来愿景前进了。把这些方面全都摆到通往你的未来愿景的道路上。你可以把它看成一名向导，而在学习过程中，你很有可能对其加以修正。通过描绘自己的学习道路而不是列出一份清单，你可以更多地运用大脑为成功提供支持。

为旅程做好准备

你可以把摆在自己面前的学习道路，看成一场探险之旅。下面就是一份备忘录，其中列举了一些方法，你可以据此为获得成功做好准备：

- 在旅行图上添加查验点，以便知道什么时候该停下来进行回顾、修正自己的愿景、理解自己取得的进步，以及解决问题。
- 创建一个文件，用来存储学习资料和笔记。
- 将自己业已了解和能够做到的、与未来愿景有关的东西写下来，或者记录下来。明白自己已经踏上了一段旅程，要从这里通往你想要创造的未来。

- 购买课程、应用软件、图书以及为走完这段旅程所需的其他资料。
- 营造一个有利于学习与思考的学习空间。
- 在日历上标出用于学习和思考的时间。
- 确定等待时间（比如上下班的途中、等待配偶去购物或者接孩子的时间）；你可以用观看一段视频或者阅读一篇文章之类的学习活动，填补这种时间。应当把这种时间列入自己的路径规划当中。
- 列出一份有助于学习或者会让学习变得难以为继的力量清单，其中包括你内心的、所处环境中的或者源自周围之人的力量。判断如何强化那些有利于实现目标的力量，如何应对那些不利于实现目标的力量。
- 想一想你运用新的知识、技能和态度时，那些会待在你身边的人。应当将学习计划的内容以及制订学习计划的原因告知他们。
- 与朋友、同事谈一谈你的学习目标，争取他们的支持。

联系

欲知这种技巧的详细内容，请参阅第八章。

技巧 5　开采学习真金

目的

将有用的信息储存到大脑的短期记忆当中。这样做会开启神经元的变化过程，让你的整个大脑为形成各种长期的新能力做好准备。

方法

这是你卷起袖子,开始与经验、文章、图书、课程或者辅导交流等方面进行互动的阶段。你会将新的信息和观念引入大脑,稳固大脑中已有的记忆痕迹,以便使它们做好准备,实现持久性的学习效果。

开始

- 使你所处的环境有利于成功。消除任何一种有可能让你分散注意力的噪音与干扰,将自己置身于白噪音或者某种音乐当中,因为后者有助于你降低压力水平,并且保持清醒的学习头脑。
- 在利用学习资源之前,应当对其中的每一种进行审视。利用"工具5"中的学习技巧,帮助你发掘出隐藏于特定经历或者资源中的"黄金"。

开采学习真金

- 专注于学习。如果你没有将信息引入大脑,大脑就不会有新信息可以储存和利用。
  - 管控好自己的体力和积极性。可以休息,进行短时间的锻炼,并且利用提问和寻找答案的方式进行自我对话。
  - 管控和利用好干扰因素。不要试图同时做多项需要集中注意力的工作,其中还包括不要听声音响亮的背景音乐。应当将干扰变成中场休息,变成让你的无意识系统巩固信息的机会,或者变成你展开创造性思考的机会。
  - 要尽可能地采取措施进入忘我状态,增强对所学内容的好奇心,并且以问题为导向,从最感兴趣的信息开始。
- 创建思维笔记,使之能够反映出你想要在大脑中储存的东西,能够帮助你处理正在学习的内容,以及将新的信息与你的需求和业已懂得的知识联系起来。

- ◦ "工具3"中提出了数种笔记格式，你也可以设想出自己的格式，只需让这种笔记看得见，并且能够说明上述关联。
- 找到真金。你之所以利用学习资源，是因为想要学会某种东西，并且希望这种资源会帮助你朝着未来愿景前进。你应当对你关注的东西进行精挑细选。可以想象自己在跟资源（书本、人、课程设计者）对话。问问自己需要什么？为什么有些东西很重要，你必须去了解？或者询问到哪里才能找到自己所需的东西？不要觉得自己必须了解摆在面前的一切。牢记自己的愿景、需求和兴趣，而不要被它们蒙蔽。
- 区分"真金"与"愚人金"。辨识内心及所用学习资源中的观点与偏见。你有哪些与学习相关的观点、信条和态度？你的信息源中又有哪些观点、成见和价值观？应当牢记信息就是力量，牢记任何信息当中都会带有某种偏见。当信息（还有你自己）被带有偏见的手段操纵时，你应当注意到。此外，你还应提防第九章中说明的那些带有偏见的手段：
  - ◦ "就像我一样"
  - ◦ 配对
  - ◦ 简单的因果关系
  - ◦ 启动效应
  - ◦ 宣传
  - ◦ 损失规避
  - ◦ 诉诸恐惧
  - ◦ 故事胜于统计数据
  - ◦ 后见之明
  - ◦ 简单化
  - ◦ 缩窄框架
  - ◦ 自我偏见

- 寻找深层的主题与模式。什么是专业人士看得出和懂得，而非专业人士不知道的知识？有没有哪些方面，你能够加以归纳？最重要的信息有哪些？说明内容要点以及它们之间关联的图表，又会是什么样子？

联系

欲知这种技巧的详细内容，请参阅第九章。

技巧6　保持学习动力

目的

将你正在学习的东西转化为长久保持的能力，包括记住的知识、新的技能与习惯、信条与态度的改变以及具有创造性的学习成果。

方法

将你所学的知识整合进大脑，从而获得自己想要的结果。调整自己的方法，获取新的记忆、技能、信条、态度和创造性见解。

用于所有学习环境

你可以利用下述技巧，来形成持久性的学习：
- 增强学习目标的未来引力。
    - 花点时间重新关联你的未来愿景。
    - 确保这种未来愿景具有多重感官性。

- 将其当成一种虚拟现实，然后让自己心无旁骛，沉浸其中。
- 体会成功学到知识与技能之后是什么感觉。
- 利用睡眠、休息和间隙。
  - 在清晨或者一天当中精力最充沛的时候，进行强度最大的学习。
  - 上床睡觉之前，在心中迅速回顾一下当天学习中的关键见解。
  - 将学习过程分成多个时段，用体育锻炼或者其他活动间隔开来。
  - 利用"蔡氏效应"，即在巅峰状态时中断学习，使自己再次学习时拥有更高积极性，可以去探究更多知识。
- 利用交叉活动。
  - 在限定的时间段（如5分钟、10分钟、15分钟、30分钟）内，轮流进行不同类型的学习活动。
  - 思考，然后阅读，记一些笔记，或者在心里对自己进行测试。
  - 你仍在努力实施自己的学习计划，只不过用的是能够彼此促进的不同方式。
- 定期将你的生活和当前掌握的知识联系起来。
  - 在心中将学习与某种现在对你非常重要的东西挂钩。
  - 告诉自己，你正在学习的东西与你业已了解和所做的事之间存在何种关联。
- 与他人一起学习，或者与他人谈一谈你正在发掘的知识。
  - 这样做能够确保你将所学的知识转化成自己的话语。
  - 别人提出的问题，也会有助于检验你对所学知识的理解与洞察。
- 运用所学的知识和技能。
  - 留出40%至50%的学习时间，进行思考并精心制作笔记，用自己的话语表达所学的知识，将它们与未来愿景联系起来。

记住你想要记住的东西

- 通过在大脑中创建具有多重连接的强大记忆痕迹，形成生动鲜明的关联。
- 将你想要记住的要点彼此关联起来，并将它们与你业已掌握的其他知识进行关联。
- 想象自己运用此种知识时的情景（视觉皮质层是大脑中的一个重要部位）。
- 教导别人并且与他人进行交流。
- 对自己进行检验。

- 忘掉，以便能够记住。
    - 在学习某种知识的最初几个小时内，应当努力记住这种知识。一两天之后再去学习和记忆一次，一周之后、一个月之后再重复这个过程。
    - 你会忘掉某些东西，但先忘记、后记住的作用会创造出更多的关联，并且强化你的记忆检索通路。

- 思考。
    - 想一想你正在学习的知识。应当将你的自我对话集中于这种知识之上。
    - 向自己提出一些具有检验性质的问题。
    - 猜想隐藏在信息背后的观点，看哪些方面看似正确，哪些方面看似不正确，以及哪些方面可能存有偏见。
    - 采用多种方式进行思考，这种做法有助于记住所学的东西。

- 找到深层的主题和模式。
    - 其中的要点是什么？主要的概念与模式又是什么？
    - 其中有没有能够在多种情况下进行迁移的概括性结论或者指导方针？（例如，在音阶中，第二、第三、第六和第七种三音和弦都属于小和弦。）
    - 将这些方面描绘出来，或者以某种视觉形式进行想象。

用于培养技能与习惯

- 暂时做一名新手。十全十美的需求，是技能培养方面的大敌。
  - 开始时一小步一小步地迈进，逐一掌握一项技能的各个部分，而不是一次性掌握整项技能。
  - 遵循一种脚本、模仿一位专业人士或者获得别人的反馈意见，来塑造那些小的技能要素。
  - 这是一个由慢到快的过程。在此过程中，你会越来越娴熟地掌握技能，并且不会形成日后需要改掉的坏习惯。
- 利用备忘录和流程来确定主要步骤，确定所学技能或者方法的各个部分。
  - 利用备忘录确保不会略过一些重要的要素，或者设想出按照流程顺序组成技能或新习惯的一系列活动。
  - 在心中形成一幅图画，反映出你根据可靠的步骤顺序，从一个部分前进到另一个部分的情形。
  - 确保你能想象出正在发生的事情，而非只是用文字去描述每个步骤。
- 利用感知性学习，也就是带着自觉的学习目标而进行的反复尝试性学习。
  - 让自己置身于多种成长情境中，这些情境需要你希望培养出来的那种技能或者习惯。
  - 将目标设为在每种新情境中都变得更加优秀，因此务必思考哪些方面有效、哪些方面无效，获取别人的反馈意见。
- 支持自己顺利穿过学习道路上的"高原"和"低谷"，因为在逐渐培养新的技能和习惯时，必然会碰到这两种情形。
  - 不要中途放弃或者泄气，应当获取别人的支持，制定一些较小的短期目标并且努力朝着它们前进；获得了小的进步之后，应当奖励自己，即使仅仅因为坚持下来了。
- 明白你的无意识系统很有可能正在重组大脑中的连接、放松肌肉、处理原有习惯的残留痕迹，甚至正在检验新做法的真正价值。

改变信条和态度

- 有自知之明。
  - 这一点很难做到，并且似乎否定了让自己心无旁骛地沉浸于未来愿景中的重要性，但处于学习模式时，应当让部分自我超越学习体验。
  - 留意你的关注重点，注意你的感受、信条以及对新观念的情绪反应。
- 认识到信条何时会发挥作用，以及何时需要改变一种信条或者态度，朝着自己的未来愿景和学习目标前进。
  - 应当留意这些迹象：你掌握了所需的知识和技能，但没有加以运用；你的一些习惯以前很有效，但如今不再有效；对于践行一种新的观念，你保持着戒心或者感到不舒服。
  - 问问自己，有没有一种态度或信条正在对你的学习造成阻碍。
- 将新旧态度和信条进行并排比较。
  - 列出保持原有习惯和培养新习惯这两种情况的所有理由。
  - 判断自己是否想要做出改变。
- 充分获取态度转变带来的益处。
  - 假如决定改变一种态度或者信条，你不妨列出不改变这种态度或信条的所有理由，以及采取新的态度或信条之后带来的所有好处。
  - 让转变带来的好处说话，直到你确信它们的重要性压过了不做出改变的那些理由。这种转变可能很难做到，并且常常会影响到你在多种情况下的诸多做法。
  - 想象一下这些好处，以便你能够创造出未来引力，朝着自己想要做出的改变勇敢前进。

为获得创造性见解而进行的学习

- 培养创造力。
  - 充分利用大脑的无意识处理系统,帮助你为一种疑问找到创造性的答案,或者为你面临的问题找到解决办法,即便这种答案或者解决办法与你当前的学习活动没有直接联系。
  - 抽出时间思考一下这个疑问或者问题,提醒自己要找到一种具有创造性的见解。
  - 之后,将疑问或者问题放到一边,去阅读一篇文章、参加一个讲习班或者投身于一个项目。
- 利用学习资源来激发创造力。
  - 在与学习资源互动的同时,你应当保持开放的心态,接受那些可能与你的疑问或者问题相关的见解。
  - 想法出现之后,你应持欢迎的态度,不要去评判它们。
  - 学习的时候,尤其易于接受创造性的思想,因此应当重视让大脑处于探究状态时带来的益处。
- 捕捉你的创造性见解。
  - 创见可能是更大的学习目标的核心,也有可能不是;它们可能与你想要解决的问题或疑问有关,也有可能无关。
  - 将这些创造性见解记在某个地方,就不致忘掉。

联系

欲知这种技巧的具体内容,请参阅第十章。

技巧 7　从学习模式迁移到行动模式

目的

当你想要把所学知识或者技能带到生活中时，原来的一些习惯和周围的环境，可能会让你陷入保持现状的困境之中。你可能需要采取一些额外措施，才能将所学知识或技能带入生活，并且长期保持下去。

方法

可以采取下述步骤，来确保学习获得支持并维持下去：
- 为成功做好准备。
  - 列出你自己身上、所处环境当中有利于和不利于改变的所有力量。
  - 判断如何巩固积极的力量，同时减少一些消极的力量。
  - 假如其中含有决定性的力量，你就应当找到办法，去应对这些力量。
- 找到帮手。
  - 可能还有一些人，能够为你的改变过程提供支持，如同事、经理、朋友、配偶或者辅导员。
  - 只需告诉别人你正在做出改变，就会让你的承诺公之于众，从而使之更加具有心理上和社会上的约束力。
  - 你会让谁来当自己的帮手？
- 庆祝成功。
  - 获得某种成绩，哪怕是很小的成绩时，你也应当加以认可。
  - 建立奖励与庆祝机制，比如在日历上做一些每隔几天就会出现的笔记，用某种令人愉快的东西犒劳自己，或者制订一个计划，让团队成员肯定自己取得的进步；在改变的早期阶段，应当更频繁地进行这种奖励和庆祝。
- 重视自己向前迈进的每一步和每一次的功亏一篑，并从经验中吸取教训。
- 中途你又会采取什么方法来庆祝成功？

联系

欲知这种技巧的具体内容，请参阅第十一章。

工具 3

思维笔记格式

下面是 3 种做笔记的方法，它们会在开采学习真金和保持学习动力的过程中为你提供支持。你应当利用这些笔记方法，反映出学习时想要在大脑中创造的那些关联。

笔记图表

这种笔记格式，有助于将你起初听到、读到或者体验到，却可能并未加以组织的一些想法联系起来。其中的一些关键主题，可能彼此没有关联。例如，图 A 中那些图表的主题，可能分别涉及你正在进行的不同学习项目。辨识出一个主题的时候，只要创建一条对角线，将相关想法添加在你认为它们所属的地方，或者添加在它们出现的地方就可以了。你应当用简短的语句和寥寥几个词加以概括，而不要用很长的词句，因为视觉关联会营造出一种有意义的环境，使得额外的词句变得多余。

图 A　笔记图表范例

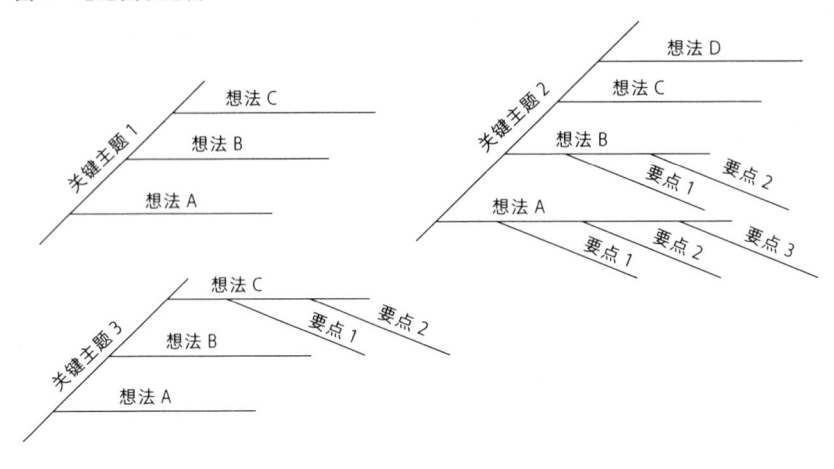

直观图

　　以直观的方式来说明思想和观点之间的关联，这种笔记理念已经有数个世纪的历史了。1974 年托尼·博赞（Tony Buzan）在电视上介绍过思维导图之后，直观图便得到了世人的大力推广。这种图通常都像是一幅幅蛛网图。它们说明的是你从正在利用的学习资源中提取的主题和想法网络，或者是某些观点与你的想法及计划之间的联系。绘制直观图是一种既具创造性又引人入胜的活动，因为任何一个主题都可能具有多种多样的关联。这种方法能够为高级信息处理提供支持，有助于你寻找深层的模式，并且强化短期记忆和长期记忆。你只需将想法记下并关联起来，表明它们彼此之间的联系就行了。

　　本书的开篇就附有一幅直观图，但直观图的形式也可以像图 B 中所示的那样。要注意的是，图中的每一项可能不止与其他一项产生关联。其中的关键，就在于形成关联，找出对主题的内容和你的需求都合情理的组织方法。

图 B 直观图范例

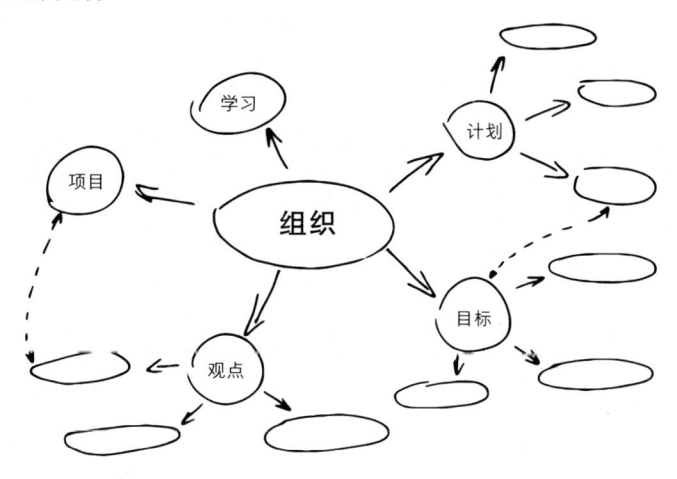

个人学习翻译器

个人学习翻译器是一种很好的笔记格式，它可以帮助你集中注意力，让你更加深入地处理信息，并将信息转化成第十章中所述的 4 种学习结果。在任何一种复杂的、具有大量信息的学习情境中，你都可以利用表 A 中的这种格式。

设想自己身处虚拟未来当中，并且已经掌握了信息。接下来，在阅读、倾听或者尝试的时候，你应当把想要记住的知识、想要培养或者完善的技能与习惯、想要重新审视的信条或者态度，以及心中想到的创造性见解，全都记录下来。这是集中注意力的极佳办法，可以帮助你专注于学习，因为在阅读文章和书籍、收听播客、学习一门课程的同时，也是在汲取它们的内涵。这种笔记格式，还有助于你就如何将学习带入生活制订计划。

表 A　个人学习翻译器

未来愿景：			
需要记住的知识（事实、观点、概念）	需要培养和完善的技能和习惯（生理技能、人际技能、个人技能、智力技能）	需要提升的信条和态度（新的思维方式、新的优先事项和价值观）	创造性见解（具有创新性的想法）
我如何在变化中为自己提供支持		我如何为了改变而对所处环境施加影响	

工具 4

"扫描器"及其用法

为学习找到最佳资源，是 4.0 学习者面临的难度最大的挑战之一。幸好，世间有各种各样的"扫描器"可以帮到你，而扫描服务和方法也始终层出不穷。下文列举了一些服务、工具和人物，你可以让他们协助你在杂乱的信息中进行筛选。

利用这些"扫描器"，需不需要耗费时间呢？是的！但从长远来看，你不仅会因此节省时间，还会获得一种更好的学习体验。其中的每一种，你都不妨试一试。成为一个灵活的运用者，正是学习 4.0 的本质意义！

引文索引

范例

- 像"谷歌学术"（Google Scholar）这样的免费索引。
- 像《科学引文索引》（Science Citation Index）、《社会科学引文索引》（Social Science Citation Index）、《艺术与人文科学引文索

引》（*Arts and Humanities Citation Index*）以及"科学网"（Web of Science）这样需要订阅的服务。

注意事项与成功诀窍

这些搜索工具能够帮助你找到一些人物，以及专业人士引用和参考次数最多的书面资料。在评论文章质量优劣的出版物中出现的资源，级别都较高，因此更加可靠。索引通常都以一个科目问题领域为重点，或者以学科为重点，比如社会科学、心理学或商业，因此你需要判断自己的学习需求是否属于学科问题的范畴。假如你的学科领域正在迅速变化，那么你需要将搜索范围限定在最近几年。搜索的时候，你可以指定时间范围和搜索主题。

社交媒体上的众包

范例

- 脸书（Facebook）
- 领英网（LinkedIn）
- 推特（Twitter）
- 照片墙（Instagram）
- 社交与专业网络

注意事项与成功诀窍

想要学习某种东西的时候，可以在社交网络和专业网络上发出请求。你也可以请别人提出建议，推荐最佳的课程、文章、在职经历、专家，以及其他适合自身学习计划的资源。人们通常都乐于提供帮助（部分原因在于，这样做会分泌出让人感觉良好的化学物质，即催产素），因此不要害怕让别人知道你正在学习什么知识，正在寻找什么资源。结果很难预料——他们可能会向你推荐近期的信息与资源，或者一位崭露头角、其研究还没有广为人知的学科问题专家。

馆长

范例

- 根据学科对资料进行组织的出版商
- 你所在公司中的项目管理者
- 拼趣（Pinterest）
- 红板报（Flipboard）

注意事项与成功诀窍

博物馆和美术馆里都有负责对藏品进行组织管理、确保藏品为真的馆长。这种形式的组织管理正在信息领域里迅速推广，目的就是应对急剧增多的免费和付费的在线资料。

有些企业和网站会为不同的专题领域找到主题与发展趋势，对它们进行组织，甚至是概括。馆长是一种新兴的"扫描器"类型，所以在信任他们推荐的资源之前，一定要搞清楚馆长的学历资质、学科范围和工作守则。你可以问一问学科问题专家、出版商、专业协会，以及你自己所在的学习和发展部门的人，看看在你的学习领域里有没有什么馆长在发挥作用。

你还可以设计出自己的归纳整理过程。"拼趣"和"红板报"就是两个流行的范例。你可以在这两个网站上执行归纳整理的任务，确定自己感兴趣的主题，并且利用这种服务帮助你搜集相关信息。

所在公司或者机构中的领导

注意事项与成功诀窍

假如你在一家企业或者机构中工作，则可以向担任领导职务的人求助，把他们当成"扫描器"。你可以与他们分享你的未来愿景，听取关于考虑培养何种知识与技能这个方面的建议。请他们为你推荐一些在职经验、学习资源，以及能够帮助你学习的人。这样做还会逐步巩固你的人脉，帮助你尽力让这些领导成为你的学习帮手。

所在机构中的学习专家

范例

- 人力资源
- 培训部门
- 职业或人才发展部门

注意事项与成功诀窍

不论你所在公司是大是小，多半会有一些人知道到哪里才能找到学习资源，培养通用技能或特殊技能，积累知识。你可以给这样的人打电话，讨论一下你的未来愿景，请他们帮助你找到课程、在职机会和特殊任务，以及其他学习支持。你甚至有可能发现公司内部的学习项目、资金扶持或者与脱产学习相关的政策。

通过与这些内部人士交谈，你可以继续强化自己的支持网络。他们会进一步了解你，了解你的兴趣以及学习精神。通过与他们交谈，你就有可能开启建立长期关系网的过程。而这一过程，必将对你未来的机会产生影响！

图书管理员、图书馆指南和信息科学家

注意事项与成功诀窍

如今，新型的图书馆已不再是过去那个样子。以前的图书管理员通常都在信息研究方面接受过训练，而现在这种本领是指他们能够找到外界存在的任何一种信息。这些研究专家知道如何提炼搜索问题，以及如何找到大量的资源。他们还能帮助你做出判断，比如你找到的资源是否可靠。

大学图书馆或者公司里的图书馆都值得你去调研，它们通常也会提供在线搜索服务。可以在任何一所大学的网站上查阅"图书馆"部分，然后滚动查找与你的学习主题、学习目标相关的资源。许多大学图书馆还为关键领域提供资源指南，并且定期更新。澳大利亚昆士兰大学就有一种绝妙的图书馆导航服务，你访问网址 guides.library.uq.edu.au. 即可获得这种服务。

在线课程整合者

范例

- "在线大学课程"网站（Onlinecollegecourses.com）
- "你的大学"（Udemy.com）
- "课程时代"（Coursera.org）

- "在线大学"（Udacity.com）
- "可汗学院"（KhanAcademy.org）
- "Lynda 教育"（Lynda.com）
- "技软公司"（SkillSoft.com）

注意事项与成功诀窍

如今，世界上已有成千上万种课程与讲习班。虽说你不可能一一了解它们，但还是有一些办法，可以有针对性地获得更有可能帮助到你的学习资源。"在线课程整合者"就是一个了不起的搜索工具。其中有些可以帮助你找到在线课程，给你推荐包含这些课程的网站。这些整合者发挥的作用，好比一站式购物，因为一些主要的大学和教育机构常常都会在这些网站上列出它们开设的在线课程与其他课程。还有一些整合者则会提供范围广泛、按照主题列出的免费或者收费课程。

但你不要只是参加搜索结果中列出的第一个讲习班或者学习第一门课程，除非你的老板要求你这样做，或者提供的就是这种讲习班和课程。利用这些在线课程整合者的时候，你应当花上几分钟搜索一番。而且，滚动浏览可以学习的课程，很可能会帮助完善你对自己需要什么的看法。

期刊数据库

范例

- "报刊网"（Newspapers.com）
- 维基百科："学术资料库及搜索引擎一览表"（List of Academic Data Bases and Search Engines）
- "谷歌学术"（Scholar.google.com）

注意事项与成功诀窍

所谓期刊，就是定期出版的出版物。它们在学术水平、可信度规则的严格程度以及是免费还是订阅等方面，都各不相同。

最具学术性的是同行评审期刊，因为其中的文章都要经过同行的评审，并且在可信性和可靠性方面达到其他一些标准。其次，是由那些接受过培训、按照一种客观的职业准则来行事的记者撰稿的报纸和杂志。最后就是通俗杂志，其中既可能含有你能够信任的信息，也可能没有。

目前我们可以参考的期刊数量多得惊人，但期刊数据库能帮助你搜索所需的资源。你可以花上几分钟的时间，找到一个能够引导你发现有用资源的数据库。你不但应当看一看文章的作者们如何论述你想要学习的知识，还应当找出一两篇可以用于后续学习阶段的文章。

个人助手软件

范例

- 苹果智能语音助手（Siri）
- 微软小娜（Cortana）
- AI 虚拟助手维夫（Viv）
- 亚马逊语音助手（Alexa）

注意事项与成功诀窍

个人助手软件能够帮助你找到信息。在运用这类迅速崛起的"扫描器"时，问题和清晰的语音指令是你获得成功的关键。你应当留意那些专业的助理应用程序和软件，因为它们能够帮助你在这个日益纷繁的信息世界中组织管理或者找到优质信息。

专业协会与会议

注意事项与成功诀窍

假如有一个专业协会或者会议涉及关乎你的未来愿景的一些问题，就应当去调研一番。你可以找来一份会议议程，迅速浏览一下会议涵盖的主题，看看谁会就你感兴趣的领域发表演讲，并且找一找发展趋势是什么。你应当利用所学知识、技能，完善你的未来愿景与搜索效果。

查看协会的领导与委员名单。他们当中有没有人撰写过有用的图书或文章，发布过与你的学习追求相关的视频或在线讲座？或许，其中就有你希望与之交流的专家。领导这个协会的人或者领导协会的特殊兴趣小组中的人，或许能够帮助你完善学习目标，找到合适的学习资源。

成为任何一个正在发展的专业领域或者兴趣领域中的一员，能让你的扫描过程继续下去。

搜索引擎

范例

- 谷歌
- 雅虎
- 必应

注意事项与成功诀窍

大家都会利用搜索引擎来回答一些心血来潮的问题。那么，倘若利用它们来帮助你确定和找到用于学习项目的资源，情况又会如何？

要想获得成功，你需要明白搜索引擎的组织方式，以不致被它们的广告性偏见所欺骗（它们会把付费广告排在首位！）。而且，你所用的搜索词也很重要，必须针对你正在搜索的内容。通过仔细浏览搜索引擎，提出问题——阅读头条信息——提出更多的问题，然后继续跟随它们寻找所需的信息，你可以学到很多知识。运用不同的搜索引擎，会让你在努力越过搜索出来的头条信息，寻找"真金"之前，对自己的学习领域进行一次神奇的概览，帮助你塑造自己的思维，甚至是未来愿景。

搜索的时候，你应当做到具体而有针对性，首先使用最重要的词语。搜索引擎利用的都是布尔逻辑检索（Boolean logic）[①]，像"和""或""非"这样的词语，有助于扩大或者提炼搜索范围。因此，你应当利用符合"布尔逻辑"的准确条件与短语，将搜索具体化：

- 利用"和"或者"+"号缩小搜索范围。
  - 例如，搜索"学习"与"成人"意味着搜索出的条目中必须含有这两个词，但两个词不一定连在一起或者按照先后次序出现。
  - 倘若好几个词在一起，搜索引擎会假定它们之间是用"和"连接的。
- 对于非此即彼的选择，用"或"。
- 用"非"来缩小搜索范围。
  - 例如："领导力大学，非图书"。
- 假如"和"与"或"连用，那就要将含有"或"的条件用括号括起来。

[①] 指利用"布尔逻辑"运算符连接各个检索词，然后由计算机进行相应的逻辑运算找出所需信息的方法，是使用面最广、使用频率最高的一种检索法。——译者注

- 例如："学习和（成人或老年人或大学生）"。
- 如果想指定准确的短语，就要用引号。
  - 例如："正规学习"。
- 除非对搜索来说很重要，否则应当避免使用标点符号，以及像"一（个）"或"那（个）"之类的词。
  - 例如："文章名或者书名，'学习者指南'"。
- 不要用大写字母。
- 利用词汇的基本形式，不要用复数或者过去式。
- 留意输入时搜索框下方出现的词语，其中可能含有你想要寻找的观点或线索。
- 假如接受近义词或者同义词，则可以利用波浪号（~）。
  - 例如，搜索"~学习"，则搜索结果中出现"学习"的同时，还会出现"教育"。

学科问题专家

注意事项与成功诀窍

假如认识一些在你的学习领域内有人脉或者专长的人，你就应当跟他们取得联系，并向他们提出一些具体问题，比如："哪些重要的知识、技能、价值观或者信条，是成功的关键？""谁是领军人物？"谈一谈你的未来愿景，获取他们在资源、经验和专业人士等方面的建议，并将这些方面整合进自己的学习旅程中。请他们对如何才能继续前进提出建议。这样做还会帮助你拓展自己的人脉，找到学习方面的潜在帮手，获得不断扩展的人际关系与支持。

视频、电视服务与电视频道

范例

- 电视或者有线频道
- 网络流媒体服务
- "优兔"

注意事项与成功诀窍

电视、有线电视、网络流媒体频道或者视频服务，可能会与你感兴趣的领域相关。像奈飞公司（Netflix）和"亚马逊金牌服务"（Amazon Prime）提供的服务中，也具备可以找到潜在视频资料的搜索功能。"优兔"具有强大的搜索功能，可以帮助你找到各种电视频道与个人视频。

通过搜索这些服务，你会看出什么东西正在流行，以及人们对一些视频的评价。然而，你必须明白流行只是一个因素，它可能并不符合你的最佳搜索标准。

开动起来的大脑

注意事项与成功诀窍

大脑是一种不可思议的搜索引擎，可以让你仔细搜索眼前的世界。一旦具有了一种未来愿景，你的大脑就会提高警惕，自动注意到与这种愿景有关的学习机会、资源和经历。因此，关键就在于你需要怀有一种未来愿景，并且保持充足的好奇心，让你的大脑时刻留意！

工具 5

资源专用学习技巧

身为 4.0 学习者,你可以从任何一种资源中学习。你理解所用的每一种学习资源具有的益处,其中存在的困难及深层结构。而且,你也清楚哪些技巧会对每种学习资源产生最佳效果。"工具 5"将帮助你从众多学习资源中获得更佳的学习效果。无论何时,只要身处一种学习情境中,并且希望自己尽可能地做到高效,就可以参考这种工具。

期刊文章或专业出版物

4.0 学习者所知

具有的好处:

- 可以按照自己喜欢的速度、自己的顺序和深度去阅读。
- 你可以停下来进行思考、关联和做笔记。

应当认识到:

- 你很容易陷入被动状态,丧失兴趣。

- 你需要的信息可能会被隐藏。

你可以预计的结构：

- 关键信息会位于摘要、开头和结尾处（结果、结论、讨论、有待进一步研究的领域）。
- 每节的开头几句话，通常都说明了该节的要点。

4.0 学习者所做

- 查明作者的资历和所属单位。确保此人具有你能够信赖的专业知识，并且尽量做到让阅读过程近似于与现实中的人物进行对话。
- 先纵览全局，阅读开头的摘要或者概述、引言段、最后几段、每节的标题以及各节的开头几句。然后停下来，跟自己说一说这篇文章的内容，以及这篇文章重要的原因。应当注意分辨这篇文章是一项研究、文献综述还是一篇理论性的文章。应当明确自己想要的究竟是什么。
- 提前阅读文中含有结果、讨论和结论性的章节。停下来，起身，对自己说一说文章的要点，形成一种记忆框架。你还可以创建一幅直观图，帮助自己在学习过程中整合思维。
- 你不必阅读所有内容，只需阅读需要或者想要阅读的部分就可以。（通常来说，只需采取前3个步骤！）设想自己正在与文章作者对话，然后跟着问题走。你根本不必从头读到尾！
- 如果是一篇很长的文章，你可以在兴致高涨的时候停下来，短暂地休息一下。或者，你也可以设一个计时器，每阅读15分钟至30分钟就停下来，四下走动走动，或者换个环境。

新闻专稿

4.0 学习者所知

具有的好处：
- 含有当前的信息。
- 由训练有素的记者撰写，因此其中应该具有某种客观或者公认的偏见。
- 文章的结构适于快速阅读与浏览。

应当认识到：
- 文章的重点通常都放在事件上，而不是分析上。

你可以预计的结构：
- 文章的关键信息，即人物、事件、时间、地点、原因和过程等，通常都出现在开头的一两段里。
- 较详细的信息则会根据各自的重要性，（从最重要到最不重要）顺次展开。

4.0 学习者所做

- 阅读第一段，了解关键信息，然后决定要不要继续阅读。
- 获得足够多的信息之后，就停止阅读。
- 记住新闻专稿的结构适于迅速浏览。

博客

4.0 学习者所知

具有的好处：

- 信息通常都很简短，但有时也可以点击"继续阅读"按钮，去了解更多的内容。
- 博文都标注了日期，并且通常都是由新到旧排列。
- 假如博文作者或网站笔者是一位专业人士，那么博文通常会反映出此人最新的一些思想。

应当认识到：

- 博客是表达观点的文章，而不是客观的文章。
- 任何人都可以发表博文。一定要查明博文作者的学历背景及可信度。
- 作为网站的一种功能，其中提供的信息可能会倾向于向你营销某种东西。

你可以预计的结构：

- 博文通常都很简短，会反映出博主的思考过程。

4.0 学习者所做

- 查证博主的背景情况和其他作品，判断此人的可信度以及可能存在的观点与偏见。
- 假如博文中有章节标题，你应当迅速概览一下，将你的理解与博文内容挂钩。
- 假如文中含有关于事实陈述或者统计数据的内容，你就应当牢记博文整体的偏见。你还可以核查引文出处，分析引用资料的可信度。

非虚构类书籍

4.0 学习者所知

具有的好处：

- 作者付出了时间，才搜集到论述一个主题的想法与信息。
- 专业出版的图书当中，信息都经过了一定程度的编辑和复审，以确保内容的可读性与质量。
- 你可以灵活把握：略读、跳读、细读或者浏览。

应当认识到：

- 倘若略过了某些章节，或者没有把一本书从头读到尾，许多人都会觉得愧疚。
- 有的书籍可能写得很糟糕。

你可以预计的结构：

- 版权登记日和作者简介，会让你对作者在这一领域里的专长以及书中所讲内容有所了解。
- 书中的引言、总论和目录会说明作者希望你如何阅读和利用本书。
- 书中的小结和结论，通常会对其中的关键信息和要点进行简明扼要的回顾。
- 索引部分说明了作者对各个主题的着重程度，以及可以在哪里找到论述一些特定主题的信息。
- 参考书目部分，会让你对书中内容涉及的范围以及该书背后可能存在的知识偏见有所了解。这一部分还会说明书中某些信息是否是最新信息，并且可能含有你学习所需的其他资源。

4.0 学习者所做

- 阅读之前先迅速概览一番，看一看书中有哪些内容，了解各个章节的情况。（有没有章节标题、摘要或者图表？）
- 查证作者的背景情况与资质。假如该书属于自助出版，那么你应当更加仔细地查证。
- 研究一下目录，用自己的话总结一下全书的内容。

- 阅读概述与总结性的章节，或者阅读任何一段能够让你了解整本书的内容。注意作者的观点、价值观和偏见。
- 为自己创建一种心理框架。告诉自己哪些内容会对你很重要，并且快速制订一个计划，确定如何阅读或利用本书，判断是否需要做笔记。这样做会让你更有可能记住书中的内容，你完全应该这样去做！
- 阅读该书的时候，应当设想你在与作者进行双向交流。你会从该书的开始，让作者发起对话，领着你前进吗？还是说你会从其他某个地方开始，来解答一些重要问题？
- 阅读索引部分，找出你最感兴趣的术语，然后从索引开始阅读，并且只阅读涉及关注之主题的页面（这是一种奇妙且能够高度集中注意力的技巧）。
- 跟着自己的好奇心走，不要担心自己究竟有没有阅读所有内容。不了解所有的背景知识，可能也是一种优势，因为你可以这样告诉自己："我不知道这个术语的意思。我看到前一章里引用了这个术语，所以觉得接下来应该去看看那一章。"
- 时不时地简要复述一下自己正在阅读的内容，并且将它们与你的未来愿景或者觉得重要的东西联系起来。

案例研究

4.0 学习者所知

具有的好处：
- 这是一种安全的方法，可以让你在低风险的情境下应用新学的概念，锻炼解决问题的技能。此种情境当中，含有专家协助组织而成的众多潜在的学习要点。

- 如果与他人一起阅读研究报告，那么与他人讨论观点和方法，就是做到持久学习的好办法。

应当认识到：

- 其中的教训可能与你自己的情况及需求没有明显的相关性。
- 总结报告中讨论关键教训的地方通常都不完善，或者直接省略掉了。

你可以预计的结构：

- 案例研究报告的开头部分，一般会介绍关键的参与者、他们的兴趣、问题所在的情境以及案例中的难点。
- 其中可能含有作为背景知识的历史资料，会影响你的回应。
- 你可能需要理解含有金融信息或其他信息的图表和数据。
- 其中可能含有需要进行分析的潜在解决办法。
- 其中应当含有一份总结报告，你可以据此来检验自己获得的观察结果和解决办法，并将它们与更多的经验性结论进行对比。

4.0 学习者所做

- 浏览案例，弄清内容，并且要特别注意引言部分和最后几段，以及你必须回答的那些问题。
- 跟自己说一说，你打算利用这份案例研究的原因：想要从中学到和运用什么？它符不符合你的未来愿景和对未来情况的预期。
- 通读案例，寻找线索，并且牢记过程。在试图解决其中提出的任何问题之前，应当理解属于案例核心的那些关键问题。
- 进行态势（SWOT）分析[①]：影响这一案例的优势、劣势、机会和威胁都有哪些？

[①] 指将与研究对象密切相关的主要的内部优势（Strengths）、劣势（Weaknesses）和外部的机会（Opportunities）、威胁（Threats）四个方面通过调查列举出来并加以分析，从中得出一系列相应结论的分析方法。这种方法被广泛应用于企业战略制定、竞争对手分析等领域。——译者注

- 利用任何一种适用于理解案例或机会的分析模型或者备忘录。你可以运用一种模型，帮助确保不会漏掉其中的重要观点和思想。
- 总结所学知识：你想要记住哪些内容？有没有想要培养什么技能？有没有接触到新的价值观或信条？有没有产生什么创意？概括深层的主题、模式和最佳解决办法；对案例的研究不要流于表面。假如没有发掘出真正的宝藏，那么案例研究就只是一种经历，不是学习。

帮助性关系中的正规辅导员和导师[1]

4.0 学习者所知

辅导员会支持你实施一种特定的短期或长期性发展计划。尽管他们会向你提供自己掌握的知识，但不会为你提供技术性的建议或者指明方向。他们的主要价值，就在于能够为你的直接改变或者转型提供支持。

导师提供的则是不同的支持（比如技术上的专业知识，对整个行业或者你所在机构的深入了解）。这种支持与你的全面发展和成功有关，并不是具体的短期或长期目标。他们的主要价值，就在于所提供的内容支持与途径。

具有的好处：

- 辅导员会帮助你学会设定目标、制订学习计划并且管控好个人的变化。

---

[1] 感谢担任国际教练联合会（International Coach Federation）执行董事兼首席执行官一职的玛格达琳娜·穆克（Magdalena Mook）和身为 River 公司创始人兼首席策略师及《现代指导》[*Modern Mentoring*，人才发展协会出版社（ATD Press），2015］一书作者的兰迪·埃默罗（Randy Emelo）两人对这一节所做的贡献。

- 辅导员会帮助你深入探究自己的"大我"，将你的学习与深层的自我洞察、需求以及目标关联起来。其中的一大目标，就是让你在学习过程中得到成长。
- 导师能够在未来愿景中的学科领域内为你提供专业知识和引导，或者帮助你建立人际关系，实现职业变动。
- 两者都能提供个人支持和鼓励，让你能够追求自己的未来愿景。

应当认识到：

- 你与辅导员、导师的关系属于个人关系，因此需要相互尊重、信任和忠诚。不要与你不信任的人协作。
- 尽管你会向辅导员、导师学习并获得他们的支持，但在每一次交流中你都是参与者，而且是在采取行动、接受观点方面做最终决定的人，因此不要陷入依赖他们的境地。
- 对自己了解得越充分，与辅导员或导师协作时，你就会是越优秀的伙伴。

你可以预计的结构：

- 你与辅导员之间的关系属于契约性；你们两人都认可了彼此的角色、行为和时间进度。这种关系通常会遵循下述步骤：会面与订约；发现和明确你的未来愿景；了解有关你的"大我"的更多情况；辨识和连点成线；一起协作，然后按照契约中相互认可的条件结束辅导关系。
- 你与导师之间的关系通常没有这么正式。需要建议、指点或者人脉的时候，你就会去联系导师。

4.0 学习者所做

- 辅导员与导师会帮助你提炼内心的学习需求、未来愿景以及其他的学习 4.0 技巧。你应当在对自身的优势与劣势有所了解的基础上开始。在寻求支持之前，应当明白自己想要获得什么和需要什么。你可以访问网站 unstoppablelearners.com，获取能够帮助你做到这一点的自我分析工具。
- 谨慎选择辅导员或者导师。你应当清楚自己期待什么样的辅导员或导师，并且查验他们的学历和证明。许多辅导员都会获得一个认证机构的认证。
- 试探性地会一次面，将自己在需求方面的最初观点分享给对方，而辅导员或者导师则会介绍他们的情况，说明自己的资历与背景，并且解释他们的工作方式。
- 就你们之间关系涵盖的范围达成一致意见，并且在做得到的情况下用文字表达。把这种一致意见当成一份契约，你应做出切实执行的承诺。
- 进行定期对话，重点应集中于你的学习计划与进展情况上——确保自己是一名积极主动的参与者；应当进行深入的对话；还要保持开放的心态，接受惊喜以及对自己及所做选择的新认识。
- 认识到该何时结束这种正式的辅导或指导关系。应当在充分欣赏和认可双方发挥的作用后，结束这种关系。不要让这种关系慢慢地淡化。

面对面课程和讲习班

4.0 学习者所知

具有的好处：
- 已经有人通过精选信息、资料和方法，为你设计好了一种学习过程。
- 你可以与一位学科问题专家进行实时互动，包括提出问题、要求对方提供其他学习建议。

- 你可以与参加学习的伙伴进行多种涉及学习的交流（这样做会帮助你开采学习真金、保持学习动力以及制订计划，将所学知识和技能迁移到生活中去）。

应当认识到：

- 你在一生中进行过无数种面对面的课程学习，因此有可能很难用新的眼光看待它，并且很难掌控自己的学习过程。
- 你很容易把课程看成适时发生的事件或者需要出席的某种场合，比如一场表演，而不是学习旅程中的一个组成部分。

你可以预计的结构：

- 学习课程之前，会有学习规划、概述，并且可能还需要做一些准备工作。
- 课程之初会有相互介绍，以帮助你熟悉其他学习者并且分享你的个人学习规划。
- 课程当中可能含有各种各样的学习资源和体验、课后活动与建议、测验或者其他检验学习效果的形式。

4.0 学习者所做

- 认识到自己将置身于别人精心制定的一种学习体验当中。你应当做出承诺，充分利用这段时间，远离自己的日常生活。
- 你所做的准备工作，会对学习效果产生重大影响。因此，你应当为一种强大有力的学习体验做好准备：
  - 审视课程资料并且做好预习，为自己的学习确定一种心理框架。
  - 注意哪些学习资源与经验将是讲习班的组成部分，并且回顾工具中针对它们的学习技巧。
  - 完善自己人生的未来愿景。
  - 设想从讲习班回来之后的情形。谁的帮助会让你更容易将所学知识、技巧迁移到生活中去?
- 从两个层面考虑即将到来的学习经历:你会培养或者改变哪些直接的技能和习惯?这些技能会不会帮助你实现深层的目标,或者偶然出现的个人目标与人生目标?
- 确定记笔记的方法。
- 制订关于身处讲习班时进行体育锻炼的计划。
• 竭尽所能地开创学习道路、开采学习真金和持久学习。可以运用学习4.0技巧的指南模板中的一种或者多种(参见"工具2")。
• 留意观点与偏见。问一问其中有没有别的方法和观点。
• 运用你对学习4.0的了解,帮助他人学习!问一问:你认为这门课程会如何给你的人生带来帮助?在工作中会如何运用这种帮助(未来引力)?运用所学知识与技能的时候,哪些方面会有所助益,哪些方面会产生干扰作用?你对这些方面会采取什么措施(迁至生活)?这样做还会有助于你获得其他见解和行动理念。
• 参加完讲习班或者学完课程之后,你应当采取措施,将所学知识、技能迁移到生活中去,从而把学识付诸行动。

在线自学课程和讲习班 [1]

4.0 学习者所知

具有的好处:
• 能够按照自己的时间安排,在属于自己的最佳场所学习。

---

[1] 感谢《意外出现的教学设计师:数码时代的学习设计》[The Accidental Instructional Designer: Learning Design for the Digital Age,美国培训与发展协会出版社(ASTD Press),2013]一书的作者卡米·比恩(Cammy Bean)对本节所做的贡献。

- 可以将学习分段，并且回过头去，重复学习部分内容。
- 它们当中常常含有综合性的资料，会为你的学习过程提供帮助。

应当认识到：

- 许多在线课程都不是由职业发展专家或学习专家设计出来的，因此在开采学习真金和从学习模式迁移到行动模式方面可能具有挑战性。

你可以预计的结构：

- 其中可能会有一个课题菜单，以及学完这些课题所需的大致时间。
- 考试或者评估部分可能设有通过考试或者获得证书的标准。
- 课程学习的完成可能会有时间限制和严格标准，对你的学习顺序和过程产生影响。

4.0 学习者所做

- 开始学习之前，仔细审视一下课程的情况：
  - 注意课程旨在实现的学习结果。
  - 看清课题菜单，以及学完各个部分所需的大致时间。
  - 课程中有没有视觉化的支持手段（因为视觉手段会让你对学习材料记得更牢靠），还是只有文本？
  - 当你想要停下来或者重复学习一些章节的时候，能不能够停下来？
  - 注意课程的时间长短：假如没有时间学习这门课程，那就不要在此时去学习。
  - 下载相关的应用程序，确保自己知道要利用到哪些网址和电话号码。
- 有没有别人参加这门课程的学习？你的学习会对他们产生何种程度的影响？你应当承诺做一名积极主动的学习伙伴。联系其他一两名学习者，与他们形成更深入的伙伴关系，一起学习。
- 未来愿景是帮助你保持积极性的一项重要技巧。可以在心中塑造一种自我形象，把自己看作学习内容的掌控者，并且与你个人的学习召唤关联起来。
- 安排好自己的学习时间，标注在日历上。记住休息和间隔的重要性。
- 在电脑上创建自己的学习空间、技术、资料和笔记格式。你还可以考虑设定一种分割式屏幕，以便心中出现想法之后，能够做做笔记，或者在写字板、便条纸上绘出直观的笔记图。
- 能做到的话，在学习课程的过程中，还应交叉进行其他的学习活动。
- 如果测验给出了反馈信息，指出了你的错误回答，你就可以有意地选取错误的答案，来获取随后出现的附加信息。（这是反复尝试性学习的一种形式；我们从错误中学到的东西，往往要多于从正确答案中学到的东西。）

在线同步课程和讲习班

4.0 学习者所知

具有的好处：
- 与他人同时学习，可以帮助你坚持下去。
- 学习的时候，你可以与他人分享观点、提出问题并且讨论对所学知识或技能的应用。
- 你会因学习者的多样性以及他们带入讨论的东西而获益。

应当认识到：
- 每个人的认真程度可能各不相同。
- 除非学习的时候也进行实时的视频连接，否则你很容易想要一心多用。
- 技术有可能（也很可能会）带来麻烦。你需要付出时间和耐心才能上网，并且必须处理好干扰、漏接电话或者卡屏等问题。

你可以预计的结构：
- 有课题以及各个部分的菜单。
- 有像聊天室、分组讨论室以及投票这样的互动机会。
- 有视觉化的组成要素，比如图表、曲线图和模型。

4.0 学习者所做

- 审视课程和做好准备工作，其方法与自助在线学习一样。
- 做到积极主动，可以利用聊天功能、提出问题、投稿以及验证想法等办法。
- 设置分屏，以便心中出现想法时可以记下来，或者在写字板、便条纸上绘出可视化的笔记图。
- 可能的话，与另一名学习者联络，进行更多深入且以应用为导向的线下交流。
- 与其他一两名学习者达成一致意见，按照你精心选择的时间规划，谈一谈从学习模式迁移到行动模式的过程，讨论一些问题，并且获得情感上或者其他方面的支持。

讨论

4.0 学习者所知

具有的好处：
- 与他人讨论既具有互动性，又很有吸引力，还会刺激催产素与其他化学物质的分泌，可能有助于你在参加讨论的过程中感觉良好。
- 假如讨论的主题很有意思，你会很容易进入一种注意力高度集中的忘我状态。
- 你会用自己的话语阐述观点，聆听别人用其他的方式进行表达，从而帮助你创建更多的记忆关联。
- 你可以阐明自己所持的价值观、态度和信条，因为对话常常都会暴露出你们在这些方面的差异。

应当认识到：
- 讨论需要你具有倾听和进行小组互动的技巧。交流的速度可能很缓慢，因此你很容易让自己的思想开小差，除非运用了开采学习真金和从学习模式迁移到行动模式的方法。
- 小组制定的标准可能会阻碍你们进行实实在在的问题探讨。
- 假如自尊心受到了威胁，你的自我意识可能会妨碍学习。
- 不同的观点可能产生威胁性，导致你出现情绪反应，难以倾听对方的观点。
- 假如你的实力较强，那么可能会（有意或无意地）在讨论中处于支配地位；假如实力较弱，那么你有可能隐瞒自己的想法。
- 假如没有某种系统的组织性，讨论可能会毫无章法，很容易离题。

你可以预计的结构：
- 取决于你或者他人带入讨论中的周密安排。

4.0 学习者所做

- 形成分享与学习的双重目标。
- 认清偏见、观点、态度、信条及价值观之间的相似之处与差异。把这些方面都摆上台面，就像对待事实一样。
- 认识到一场学习型讨论的目的在于探讨，而不是达成一致意见。

- 定期总结，检验你的看法。你应当重申他人的观点，并寻找自身观点和信条中站不住脚的一面。
- 假如你的学习兴趣正在慢慢衰退，就要深入探究自己的好奇心，找到自己关注的一个问题，将其纳入学习内容当中。
- 通过扮演各种与学习任务相关且以人为中心的角色，保持积极性并不断学习。
- 讨论过后，做一个快速的小组总结来建立更多的心理关联，并且进一步明确自己学到的知识，以及会如何运用。

当前的经历

范例

- 即时学习
- 发展性的或者拓展性的学习任务
- 在职学习
- 与朋友、同行专家、家人以及兴趣相似的人一起致力于某种东西

4.0 学习者所知

具有的好处：

- 人生由一系列经历构成。其中，每次经历都是一种潜在的学习机会。
- 经历已经具有多重感官性，因此你的大脑可以形成多重关联，使你记忆起来更加轻松。
- 大脑具有记住经历的特殊功能（情景记忆）。
- 经历当中蕴含着丰富多彩的学习召唤。

应当认识到：

- 日常经历中的绝大多数行为都是习惯使然，或者由直接的回报与后果所驱动。因此，你所学的可能并非最佳或者最深入的知识。
- 经历零散杂乱，也没有自然而然地组织起来供学习使用。你必须有意识地从中提取出最佳知识。
- 刻意从经历中学习时，你会坦率地审视问题与失败。不过你所处的那种文化，可能会让你难以揭露并深入探究这些问题。
- 尽管你可以主动计划进行某种学习，但过往经历中的许多教训，都要到事后才会显现，并且有可能是你原本无意吸取的教训。
- 你需要自觉付出精力，才能将注意力导向深层的经验学习。倘若你的做法与自己或他人的习惯、要求相抵触，情况会尤其如此。

你可以预计的结构：

- 由于你所学的知识中，大部分都由无意识系统支配，因此你有可能遗漏学习重点。
- 你的经历常常会受到根深蒂固的习惯模式的影响，因那些可能是、也有可能不是最适合所处情境的感受及臆想而改变。
- 有的时候，你的行为是由别人精心安排的。
- 假如想要从经验中获得更深入的学习，你就需要自觉地集中精力，并且运用开采学习真金的方法。

4.0 学习者所做

- 身为4.0学习者，你应当提醒自己留意学习机会，即听到学习的召唤。
- 听到学习召唤之后，应当对自己说出这种召唤。
- 花上一点儿时间，设想你可能会在何时何地运用这种信息，以及运用此种信息时可能会带来什么样的感受（创造未来愿景）。
- 采用下面两种方法中的一种，或者将二者结合起来加以运用：
  ◦ 学习的时候，应当密切关注自己的学习情况（思考）。跟自己说一说，你想要学到什么知识和技能，以及正在学习什么知识和技能。注意此种情况下正在发挥作用的任一习惯或偏见。
  ◦ 进入一种忘我状态，将注意力完全集中在经历上，然后进行思考。
- 将好奇心当成你的主要搜索工具。假如正在与人交谈，那就向对方提出问题。假如正在阅读某种资料，那就跟着自己的兴趣走，哪怕这样做意味着会跳过资料中的某些内容。
- 创建一个存放关键知识的文件，或者准备一个容易找到的笔记本。将你对自己、对环境、对学习过程中遇到的问题或项目类型的了解，以及与你的学习目标有关的见解，都在笔记中记录下来。
- 让你的学习具有社会性。应当与别人谈一谈他们所见的情况，你正在学习的东西，然后通过提出问题，比如"我的哪种做法看起来很有效果？哪些做法没有那么好的效果？"获取他们的反馈意见。
- 在做得到的情况下，庆贺一下自己获得的成功；用向别人表达感激之情、谈论吸取到的教训等方式，来结束学习活动、学习项目和学习任务。

过往经历

4.0 学习者所知

具有的好处：
- 过去的经历属于人生故事的一个组成部分。可以回顾一下那段经历，看看你以前学到了哪些东西。
- 可以将遗憾、失望之情或者事后的猜想，转化成某种对未来具有积极作用的东西。
- 可以通过检索信息，帮助形成能够强化和完善记忆的新关联，提高过去经历的学习价值。

应当认识到：

- 你可能怀有涉及那种经历的强烈情感，从而将影响你之后的学习过程。
- 每次唤醒一种记忆，你都会改变那种记忆。因此，你拥有的记忆永远不会是那场经历的本来面目。

你可以预计的结构：

- 经历存在于时间当中，因此研究其结构的方法之一，就是在一段时间中从头到尾进行审视。其他的任何东西，都将是你提供的一种结构。

4.0 学习者所做

- 这属于本书提出的 3 条学习道路中的一条（事后学习）。参阅"工具 1"，你可以了解到更多观点。
- 确定你应当到哪里搜索这种经历中蕴含的学识，以及学习过程本身会涉及哪些人。
- 做好准备，抱着正确的心态去学习，而不是去评判。设想回顾过往经历能够带来的好处，承认其中可能存有的情感"地雷"。
- 从客观公正的旁观者角度来讲述那段经历：当时的结果是什么？其中的行为、事件和你所用的方法有哪些？
- 深入探究：当时你注意到了或没有注意到哪些感受、转折点和微妙的线索，或者有哪些发挥作用的其他因素，如文化、臆想、偏见和环境。
- 你会把哪些教训带入未来？
- 创造一种新的未来愿景。假如新的愿景意味着你需要再去学习，那么你就可以利用学习 4.0 技巧，朝着一个新的目标前进。

专家

4.0 学习者所知

具有的好处：

- 学科问题专家拥有人脉，具备各自专业领域里的广博知识，有源自经历的故事，以及对未来各种问题与机会的直觉。
- 从经历和研究中，他们了解到了各自专业领域的深层模式及获得成功的关键因素。
- 他们能够帮助你找到学习资源，或者提供你所需的信息和窍门。

应当认识到：

- 许多专家经过培养掌握了专业知识，但他们说不出其中的所以然，因此他们当作成功的关键因素告诉你的那些方面，可能并非促使他们成为专家的原因。
- 你会很容易被专家震住或者在专家面前感到不自在，这种心理会妨碍你与专家讨论自身兴趣与需求。
- 许多专家并不懂什么学习或者学习4.0，因此他们可能会说出一些对身为学习者的你无益的话语，或者做出无益的事情。

你可以预计的结构：

- 专业知识可呈现为知识、技能、思维模式、备忘录、分析工具以及框架体系等形式。专家能够在杂乱无章的情况中看出模式，或者看出新手看不到的模式；他们拥有自己的视角，包括对随着时间流逝而形成的因果关系的看法，而这些视角能够帮助他们将关键信息、事件与无关紧要的信息、事件区分开来。
- 显性专业知识是指专家能够向你解释清楚的专业知识。
- 隐性专业知识是指专家没有意识到自己正在做或者正在看什么，因为他们的专业知识已经变成了一种下意识的习惯。

4.0 学习者所做

- 明白自己想要从学科问题专家那里获取什么。想要获取之物的范围是宽泛的还是狭窄的。
- 分享你的未来愿景，请学科专家提出反馈意见和想法，来拓展或者改变你的愿景。你还可以问一问专家有什么样的未来愿景。
- 问题与好奇心是关键。你想要的是进行对话，而不是做讲座中的接收者。可以利用下述问题，帮助你获得更多不流于表面的信息：
  - 询问关键性的知识领域，以及专家如何做到在这些知识方面与时俱进。
  - 问清最重要的技能有哪些（心理上的、人际关系上的、个人的和身体上的）。
  - 问一问有没有不同的观点、方法或者理念，以及它们之间的差异。
  - 问清专家用于看清深层模式的主要思维模式、概念、心理备忘录，了解在重要的情况下应该如何应对。
- 假定有许多领域的隐性专业知识，需要努力发现它们。这要求专家描述出需要其专业知识的几种常见和棘手的情况，既要问一问专家获得成功的情况，也要问一问专家遭遇过的失败。

游戏 [1]

4.0 学习者所知

具有的好处：

---

[1] 感谢《边玩边学：设计有效学习游戏知识大全》(*Play to Learn: Everything You Need to Know About Designing Effective Learning Games*，人才发展协会出版社，2017) 一书的合著者莎伦·鲍勒（Sharon Boller）对本节所做的贡献。

- 游戏很有吸引力，你很容易通过游戏来激励自己。
- 有外部支持和奖励来帮助你不断学习。
- 游戏可能会利用人工智能或者虚拟现实技术，在一个安全的环境中提供丰富的模拟学习。
- 精心设计的游戏会注意到你的失误，并且帮助你迅速纠正这些失误，使你能够缩短学习时间，获得速度更快的学习体验和丰富的反馈信息。

应当认识到：
- 获胜可能会变得比从游戏中吸取教训更重要。
- 游戏可能会设计得不完善，无法实现你的既定目标。
- 游戏中的世界与现实世界之间的差距可能会太大，使得学习迁移无法轻易实现。

你可以预计的结构：
- 开始的几个回合通常都是为了帮助你了解游戏规则。随着你逐渐培养出技能，游戏可能会越来越有难度。
- 制定游戏规则的目的，通常都是为了反映现实世界中的环境或者制约。假如现实世界中有时间限制，那么游戏规则中可能也会限制时间。
- 游戏中的元素可能与现实世界中的某一工作环境或者任务相似。明白它们之间的相似程度，可能有助于你评估游戏元素的目的与价值。
- 学习游戏中的乐趣，通常不在于其娱乐性，而是精神上的参与。这种乐趣不一定与商业游戏带来的乐趣相同。

4.0 学习者所做

- 了解游戏的目标和旨在让你学到的经验教训。
- 利用你在现实世界中掌握的知识和学习目标，让自己做好准备。

这样做会让你的大脑更容易与游戏中的教训关联起来。
- 游戏规则、玩法说明和帮助性提示都会加深你的学习体验，缩短你在游戏中做到娴熟自如所需的时间。忽略这些东西，会增加你在玩游戏时面临的精神挑战。
- 你在体验一款学习游戏的时候，应当注意是哪个方面在帮助你学习，以及那个方面是如何努力帮助你的。这款游戏是不是在说明一种概念或者情况？它是不是在为你提供技巧和反复练习，好让你能够从记忆当中学到自己需要了解的知识？还是说，这款游戏是在让你练习一种技能，或者运用自己的判断力？
- 游戏会通过玩乐和犯错来帮助你学习。在探究游戏环境的时候，应当注意到你正在学习什么东西，并且通过反复尝试，把情况搞清楚。你可以有意地犯错误，看一看会有什么后果。
- 注意反馈信息。你可以尝试某种做法，并且几乎立即会看到一种效果，使得你可以相应地调整自己的行为。获得的反馈信息可以提示你如何才能做得更好。
- 可以随意失败和尝试不同的事物。你应当摒弃自己的评判思维，尽情地去尝试。
- 反思经验。应当将游戏中的经验教训，转变成你可用于现实世界的深刻见解。

讲座、演讲与演说[①]

4.0 学习者所知

具有的好处：

[①] 感谢《在空余时间学习》（*Learning in the White Space*）一文（见于网站 www.dawn-jmahoney.com）的作者道恩·马霍尼（Dawn Mahoney）关于从讲座与展示中学习的深刻见解。

- 如果演讲者是一位专家，并且在其专业领域里很受欢迎，你就应当在短时间内找到关于其中一个主题的概述。
- 获取当前的观点与见解；可能迄今没有出版与它们有关的著作，或者没有以其他形式发表出来。

应当认识到：

- 口头信息呈现的速度会慢于你阅读或者思考的速度，因此你很容易陷入被动接受、丧失兴趣或者一心多用的状态。
- 演说可能组织得不好，或者与你的学习目标没有直接的联系。

你可以预计的结构：

- 演说如果组织得很好，就会出现下述方面：
  - 让你很感兴趣的开场白。
  - 对关键要点的概述。
  - 陈述关键要点和支持性材料。
  - 进行总结和回顾。

4.0 学习者所做

- 具有一种从演讲中学到知识的清晰明确的初步意图。快速形成自己的未来愿景，希望了解这一主题的更多情况，并且将其应用到现实情境中去。
- 做好成功的准备。关掉手机与短信提示，坐在靠近前排的位置，将干扰因素的影响降至最低。
- 听取演讲者对关键要点的概述并记下来，以便在心中确立一种倾听的结构。
- 用图画的方式做笔记，将注意力集中在主要观点和关键术语上，保持自己的兴趣和积极性，并且整理好自己的思路。
- 注意演讲者让人产生偏见的手段。

- 倾听深层的见解，比如演讲者的价值观、信条，以及此人对一些发展趋势与问题的看法。
- 思考一些问题，无论你有没有向演讲者提出来（阐述自己的问题，是一种很好的动脑办法；提出问题会增强你的自信与演说技能）。
- 询问这一领域里的最佳资源，利用好演讲者在"扫描器"方面的专业知识。
- 在心中扼要复述一下关键要点，并在演讲结束后与他人一起讨论这些要点。

播客[①]

4.0 学习者所知

具有的好处：

- 如果下载了或者有无线网络，你就可以在任何地方用个人设备收听播客。
- 如果是一段录音，那么你就可以随时停下来，对听到的信息进行处理。
- 设想播客在你的"心灵剧场"中播放时的情形。在这个"剧场"里，你会把听到的内容与长期记忆关联起来。

应当认识到：

- 仅凭收听播客是难以学习的，因为口头信息的传播速度往往慢于

---

① 感谢 TechSmith 公司的教学设计师兼媒体制作人马特·皮尔斯（Matt Pierce），以及《培训人员快速视频开发》（*Rapid Video Development for Trainers*，美国培训与发展协会出版社，2012）和《培训人员快速媒体开发》（*Rapid Media Development for Trainers*，人才发展协会出版社，2017）两书的作者乔纳森·霍尔斯（Jonathan Halls）两人关于如何从播客中学习的真知灼见。

大脑处理信息的速度，并且可能会出现许多分散注意力的视觉信息与心理状况。
- 假如你正在学习的知识复杂而详细，或者需要进行示范，播客就不是最佳的学习资源。
- 很难跳过你不需要的信息，这甚至是不可能的。
- 假如播客属于现场直播，那么你就无法停下、回放和进行思考。你必须在收听的同时在心里进行回顾和形成关联。

你可以预计的结构：
- 播客的典型结构，是由一段段情节构成。有些播客可能只是对某个人的一次采访，或者关注的是单个故事或一种知识。
- 有的播客采用的是新闻节目的形式，围绕一个一般性的主题，提供多种话题。
- 播客中的情节通常都没有什么内部引导。不过，其中可能会有"节目说明"，对讨论的内容、值得注意的关键要点或者与其他资源、信息之间的关联进行总结。
- 播客，尤其是那些公开销售的播客中，都含有播客制作者的相关信息（包括背景、专业、学科经验），以及在播客中现身的嘉宾的信息（包括背景、专业、学科经验）。这些信息常常与其他资源有关联。

4.0 学习者所做

- 如果做得到，最好把播客下载下来，以便在收听或者学习的时候，发挥更大的灵活性。
- 集中注意力：你为什么要收听这段播客？它可能与你生活当中的哪个方面有关？
- 审视任何一种概述性材料，以便了解播客的内容。把握播客的整体结构与长度，以及信息提供者的背景和专长。

- 播放播客之前，调好电脑音量，或者戴上耳机。关上门，关掉提示窗口、电子邮件提醒，消除其他潜在的干扰因素。或者做出其他一些调整，将干扰降至最低（记住，一心多用会拖慢学习的速度，并且对学习产生干扰）。
- 时不时地停止播放，将学到的知识用自己的语言表达出来。设想自己在日常生活情境中运用所学知识和技能的情形。（践行各占一半的准则，即一半时间用于接收信息，一半时间用于处理信息。）
- 如果无法一口气听完播客，可以在你感兴趣的地方停下来，以便拥有再回来收听的动力。
- 假如处在一个可以打开免提的地方，你就可以利用个人学习翻译器或其他笔记格式（参见"工具3"）做笔记，而播客中出现观点、想法或者问题的时间，也应当记录下来。这样做会形成与播客同步的关键要点兼问题索引；假如你日后想要进行回顾，这种索引就会为你提供很不错的参考依据。
- 如果播客的内容很多，且并非全部是新颖的内容，你不妨查看一下所用软件有没有变速播放功能，这种功能能够让你以较快的速度收听（很可能不会超过1.5倍速）。快速回放也是进行快速复习的好办法，即便播客中含有更加复杂的内容，也是如此。

角色扮演

4.0 学习者所知

具有的好处：
- 通过角色扮演尝试各种不同的性格，从其他角度对问题、形势和行为进行审视。

- 可以在一种实验性的低风险环境中，检验新的想法、学识、行为、感受与反应。
- 可以模拟现实环境中的情况，感受运用特定技巧与技能时的情形。
- 接受反馈信息，它可以帮助你进一步完善新的行为。
- 有机会去观察他人并向他人提出反馈意见，使得你将来更有可能在类似的情况下，对自己的行为进行自我管理。
- 有些角色扮演中含有摄像的机会，使你可以从一个旁观者的有利位置，看待过去发生的事情。

应当认识到：
- 许多人都有怯场心理，认为他们必须表演得像职业演员一样完美。
- 你可能很容易表演过火，从而失去机会，无法看到运用新的技能、行为和风格并且从中吸取教训会是什么样子。

你可以预计的结构：
- 对角色扮演的介绍，包括游戏的大致情况与其中涉及的角色。
- 对每个角色的具体说明，且只有扮演这一角色的人知道。
- 在角色扮演的时间分配上，通常会有一个观察者。在有录像的情况下，你还有机会重放表演范例或者回放视频。
- 练习过后，会有一个反馈会议（可能有视频回放，也可能没有）。在会议上，你通常可以谈一谈自己的表现，以及你认为自己的扮演产生了什么样的效果。接下来，对方和观察者会谈一谈他们看到的情况。

4.0 学习者所做

- 介绍角色扮演游戏时，应当密切关注情境、人物以及预期的学习机会。
- 说服别人让你扮演一个既会优化你的学习，又会让你全力以赴的角色。你应当努力跳出自己的舒适区!
- 应当抽出时间去理解指定给你的那个角色、角色动机以及角色扮演情境的背景。
- 开始练习之前,想一想自己入戏之后想要运用的那些技能、方法、知识和价值观。这既是一种游戏,也是尝试新鲜事物的机会。假如这种扮演能够帮助你变得更加具有尝试精神,不妨告诉角色扮演中的伙伴,说你打算尝试某种新的东西,甚至夸张地去做某件新的事情。
- 扮演角色的时候要保持警惕。假如觉得自己陷入了原来的模式,就应当深吸一口气,重整旗鼓,回到学习道路上去。
- 在反馈阶段,可以提出一些开放式的问题,问问在你扮演那种角色时别人看到、听到了你的哪些言行。要进行探究,而不要辩护。假如提供反馈意见的人扮演了评判者的角色,那就不妨请他们举些具体的例子,并且提醒他们,这是一种实验性的情境,在你看来其中的行为范例及其影响,要比对表演进行评定或者发表评判性的意见更加重要。
- 假如你扮演的是观察者的角色,就要对自己的所见尽可能地做到客观公正。比如:"此事发生的时候,你说了甲话,做了乙事。这种情况似乎导致了丙结果。"应当做到如实描述,而不要评价。
- 应当为别人提供支持,鼓励他们勇敢尝试。

以电脑或视频为基础的虚拟仿真游戏

4.0 学习者所知

具有的好处:

- 具有激励性，并且很有吸引力。
- 可以在一种接近真实、通常都很复杂但时间被压缩的情境下，安全地应用理论和方法，去体验事件会如何随着时间发展。
- 在流程和系统投入使用之前，测试它们的效果。
- 如果是一种群体仿真游戏，你就可以探究关于该主题的不同看法与观点，并且做出集体决策。
- 可以发现最佳方法，或者在不知道最佳方法的情况下，探究场景与行为可能导致的结果。
- 可以在一种安全环境下进行尝试和创新。

应当认识到：

- 目的是学会如何独自或在一种集体决策环境下理解和应对复杂情况，而不只是享受仿真游戏的乐趣，或者只是在竞争性的仿真游戏中获胜。
- 如果参与者来自同一个机构，但级别不同，有些人可能难以充分参与和尝试解决办法。

你可以预计的结构：

- 对布景、角色和背景情况的介绍。
- 了解你扮演的具体角色的背景。
- 参与仿真游戏。
- 对练习进行总结。

4.0 学习者所做

- 开始之前，运用自己创造未来愿景的技能，理解仿真游戏的目的，然后设想自己在类似情况下获得成功会带来什么样的感受。仿真游戏应当形成一种强大有力且对你具有深远意义的未来引力。
- 在仿真游戏中：
  - 如果是集体活动，你就可以将仿真游戏当成建立关系和人脉、尝试策略和战术的机会加以利用。
- 假如在集体中你的级别比别人高或者低，你就应当明白，权力差异可能会对行为产生影响。假如在现实生活中你的级别较高，就要特别注意听取别人的意见，鼓励别人说出不同的观点；假如你的级别较低，就要勇敢地采取措施，直接而又不失尊重地提出自己的观点。
- 身处仿真游戏之中，或者在中途停下来进行短暂思考的时候，你都应当从正在发生的事情中寻找深层的模式与教训。
- 寻找具有创造性的解决办法与场景。这是一种仿真游戏，因此不要被传统的思维方式束缚。不妨试着运用新的概念和方法。

• 总结至关重要。总结有两个目的：从经历当中吸取教训，为应对将来会发生的情况培养出思维模式。不妨回顾一下发生的事情和结果，但也要考虑到外部因素和组织因素的影响。
• 在总结行为与影响时，应当将注意力集中在发生的事情上，以及它们可能具有什么样的长期影响。

社交媒体

4.0 学习者所知

具有的好处：
• 利用社交网络，是搜索学习资源的一条捷径。
• 成为社交网络中的一分子，会让你持续不断地了解兴趣爱好及其变化趋势。
• 在需要找到资源或想要获得其他学习帮助时，你能够轻松地利用自己的人脉，并且显著地拓展你的接触面。
• 能够找到志趣相似的人，可能想要与之一起从事一个学习项目。

应当认识到：

- 假如你的学习需求超出了他们的兴趣与人脉范围，社交网络中的人有可能无法为你提供帮助。
- 谨慎分享。你分享到社交网络中的信息会留存下来，被别人找到。
- 你会很容易只与那些持有相似观点的人来往。实际情况很容易被一种狭隘的观点和你们共有的偏见扭曲和限制。

你可以预计的结构：

- 人们通常都会聚集成兴趣群体、职业群体或社交群体。
- 有些群体是开放性的，还有一些团体要求你提出加入申请，或者表明你具有其他入会资格。
- 有些团体很有组织性，领导力与协调性都很活跃。

4.0 学习者所做

- 应当让你的社交网络做到与时俱进。时常浏览互联网，找到与自己兴趣相关的人脉。
- 加入社交网络时，应当明白自己能够加入哪些团体，能够接触到哪些兴趣领域。你应当抽出时间，设置自己的兴趣与安全屏蔽条件。
- 后退一步，浏览你正在关注的网站上的博客与评论。寻找深层的思维模式、新兴的议题与主题。应当把你加入的那些团体，视为更大群体的一个缩影。
- 始终注意其他社交群体和观点。提防你所在团体中的成见。应当问一问："思考这个问题的时候，还有没有其他有效方式？"
- 利用社交网络帮助你搜索学习资源方面的观点时，应当尽量明确自己正在寻找哪些东西。
- 始终都要感谢人们的帮助，如果你采纳了他们的建议，就应当在做得到的情况下让他们了解到。
- 将自己的想法、有益的评论贡献出来，并且回应他人的请求。应当确保你为团队的基调与氛围做出了积极贡献。

团队学习

4.0 学习者所知

- 学习是一种深刻的社交化过程。
- 即便是在独自学习的时候,你也会借鉴他人形成的深刻见解和他人开发出来的框架体系。

4.0 学习者所做

- 参见第十三章"支持团队中的 4.0 学习",了解更多的内容。

视频与"优兔"[①]

4.0 学习者所知

具有的好处:

- 视觉资料与活动影像,通常很容易吸引我们的注意力。
- 相比于只是听到,对于在一段视频中看到的东西,你会记住更多的内容。

[①] 感谢 TechSmith 公司的教学设计师兼媒体制作人马特·皮尔斯,以及《培训人员快速视频开发》(*Rapid Video Development for Trainers*,美国培训与发展协会出版社,2012)和《培训人员快速媒体开发》(*Rapid Media Development for Trainers*,人才发展协会出版社,2017)两书的作者乔纳森·霍尔斯关于如何从视频与"优兔"中学习知识的独到见解。

- 与更为概念化的主题相比，这种方法最适用于观看动态视频更有助于理解的那些主题。
- 可以提供一种替代性的体验，即你会觉得自己仿佛在亲身经历。

应当认识到：

- 视频是一种很"酷"的媒体，因此你可能很容易陷入原来的模式，迷失于视觉材料和故事情节当中，不再自觉思考，从而错失学习机会。
- 视频的制作和学习质量良莠不齐，因为只要有一台摄像机，任何人都可以制作视频。找到适合自己目的的视频，是你的责任。

你可以预计的结构：

- 学习型视频有 4 种常见的类型：系列视频、采访视频、抓屏视频和动画视频。
- 其中可能有内置菜单（即内容列表）。或者可能有一份标注具体情节出现的时间表。
- 许多教育视频和学习视频采用的都是下述结构：
  - 开头部分：通常都是一个开篇镜头，其中是概述信息，或者能够吸引观众注意力的内容。
  - 内容展示，可能会分成若干个部分。
  - 以行动呼吁结束，比如邀请你去学习更多内容、观看另一部视频、参加测验、注册获得一种服务、点击喜欢这部视频或者分享这部视频。

关于"优兔"的特别提示：

- "优兔"上的视频可以归入不同的频道。在频道内部，视频制作者可以将视频放到播放列表中，或者任由那些视频独立存在。
- 你可以通过整合内容、根据别人制作的视频内容创建自己的播放列表，从而提供属于自己的结构体系。
- 你也可以订阅别人的视频频道，以便他们发布新的内容时可以通知你。
- "优兔"会根据你刚刚观看过的内容，向你推荐相关的视频。然而，推荐的内容既可能具有相关性，也有可能毫不相关。"优兔"的推荐并不一定说明这些视频能够满足你的需要。

4.0 学习者所做

- 浏览一下视频说明、视频制作者的信息、视频的编排方式以及时长。视频中有没有提供菜单，使你可以跳过一些内容，来满足自己的需要与兴趣？
- 搞清楚自己打算利用这段视频的原因，即这部视频会如何融入你的学习过程，以及你期待从中学到什么。
- 播放视频之前，调整好音量等方面，或者戴好耳机。关上门，关闭消息提醒与电子邮件提醒，调整好其他方面，将干扰程度降至最低。
- 确保自己有充足的时间来观看视频。
- 时不时地暂停播放视频，以便进行思考、回顾或者研究相关的信息。虽说你或许不会再回去观看视频，但它会帮助你保持清醒的头脑，并且形成持久的学习。如果你在兴致高涨的时候停下来，那么之后就会带着更高的积极性，去观看视频的后续内容。
- 开始观看视频时，打开一个记事本、便利贴或者一个文档。做做笔记，其中包括观点、想法或者问题在视频中出现的时间。这样做会创建与视频同步的关键要点与问题索引；若是你日后想要进行回顾，这种索引就是很好的参考手段。
- 假如其中有许多内容不是全新的信息，你不妨看一下变速播放功能，用较快的速度去观看。
- 设想自己处于视频中的场景时的情形。你会是谁？你会做些什么？你的各种处境有多大程度的相似性与不同性？可以把它当成一种替代性的体验。
- 可以对一幅令人难忘的视频画面进行屏幕截图，日后可以用它来触发你的记忆。
- 确定你想要在"优兔"上密切关注的人，创建自己的播放列表，设置在他们添加新内容时提醒你。

致　谢

随着周围世界和学习要求的飞速变化，我们发现，自己正处在找出新学习模式的早期阶段。但愿《学习进化论》一书能够有所贡献，激励人们展开对话，就这个不断发展的世界进行讨论。我之所以在这里提到"对话"，是因为在本书逐渐展开论述的过程中，对话扮演了一个重要的角色。我已经与许多人探讨过一些理念与学习体系。有些人与我讨论过本书的整体思路与概念，其他人则审视过书中的部分章节，从学习者或管理者的角度进行过评论。还有一些人则从技术和科学的视角，仔细研究部分内容，为我提供了神经科学、心理学以及人才开发领域的真知灼见。有好几位00后和其他年龄段的人，都向我反馈过他们的意见。我咨询过一些经验丰富的学习和发展专家，还有50位人才开发领导者对人才发展协会（ATD）发起的一项与学习问题相关的国际调查做出了回应。他们的观点让我受益匪浅，也让本书变得更加完善。

有一些人还更进一步，对本书进行了评论。为此，我想感谢的人有：杰奎琳·布兰特（Jacqueline Burandt）、伊拉·夏勒夫（Ira Chaleff）、安妮特·克莱顿（Annette Clayton）、劳伦·科扎（Lauren Cozza）、乔·多伊尔（Joe Doyle）、康斯坦丝·菲林（Constance Filling）、苏珊娜·佛罗利（Suzanne Frawley）、安·赫尔曼（Ann Herrmann）、雷切尔·哈钦森（Rachel Hutchinson）、凯伊·伊莱泽奇科（Kaye Illetschko）、马丁·伊莱泽奇科（Martin Illetschko）、布鲁斯·雅各布（Bruce Jacobs）、

奇莫·基彭（Kimo Kippen）、桑迪·马克西（Sandi Maxey）、玛格达琳娜·穆克（Magdalena Mook）、肯·诺瓦克（Ken Nowack）、朱莉·奥玛拉（Julie O'Mara）、丹尼尔·拉德基（Daniel Radecki）、理查德·罗西（Richard Rossi）、德布·桑托加塔（Deb Santagata）、玛莎·索伦（Martha Soehren）、莎伦·威农（Sharon Wingron）、于特·威凯尔索（Jytte Vikkelsoe）和罗伯特·杨（Robert Yeo）。

我还要感谢卡米·比恩（Cammy Bean）、莎伦·鲍勒（Sharon Boller）、兰迪·埃默罗（Randy Emelo）、乔纳森·霍尔斯（Jonathan Halls）、道恩·J. 马霍尼（Dawn J. Mahoney）、玛格达琳娜·穆克（Magdalena Mook）以及马特·皮尔斯（Matt Pierce），感谢他们在"工具5　资源专用学习技巧"中，对数种资源的学习策略方面所做的贡献。

至于为我认为属于一种深层的个人转变过程提供了支持的人，我想公开感谢的有：吉姆·豪（Jim Howe），感谢你为我在佛蒙特州（Vermont）提供了一个很棒的写作空间，并且在此过程中坚定不移地保持着乐观心态，不断地给我以鼓励；沃尔特·麦克法兰（Walt McFarland），感谢你的支持和慷慨大度，让我接触到了你的人脉；还有理查德·罗西（Richard Rossi），感谢你总是敏锐地提醒我，要我始终密切关注人们的问题和兴趣。我还要感谢我的妹妹凯伊·伊莱泽奇科（Kaye Illetschko），因为她曾经说过这样的话："我要是早知道这些东西该有多好。"还有我已经过世的姐姐丽塔·莫尔登豪尔（Rita Moldenhauer），她不仅是终身学习者的榜样，还克服了唐氏综合征（Down syndrome）的束缚，教我领略到了源自学习的特殊快乐。

人才发展协会（ATD）中的同人始终都是一条坚实的纽带，将我改变学习模式的渴望，与图书的出版和营销这些更加实际的需求结合了起来。我想感谢帕特·哥拉甘（Pat Galagan）、安·帕克（Ann Parker）、克拉拉·冯·因斯（Clara von Ins）、蒂莫西·伊托（Timothy Ito）以及托尼·宾哈姆（Tony Bingham），感谢你们在人才发展协会（ATD）

内部的支持,以及对我和本书课题的信任;感谢凯瑟琳·斯塔福德(Kathryn Stafford)和梅丽莎·琼斯(Melissa Jones),她们是人才发展协会(ATD)里的两位编辑;感谢艾丽丝(Iris)和弗兰(Fran),这两位是我在人才发展协会(ATD)里的设计师;还要感谢将本书推向个人、领导者和组织机构,使大家可以从中受益的整个营销团队。

对本书产生过影响的,还有成百上千位人士。他们中的许多人,我一直都未曾谋面,或者只是在同为演讲者的时候,以及一起参加会议、企业讲习班和大学项目时,与他们擦肩而过。在这些场合中,我们共同探究过人工智能和增强智能、心理学、哲学、神经科学、认知科学、学习和成人教育的理论和实践、培训与成人发展、冥想及神秘主义等众多课题。在很多时候,我读过他们撰写的图书、文章,浏览过其发布的视频,并且从中学到了知识。与《学习进化论》一书最具相关性的作品与资料,都列在参考文献当中。

此外,我还从政商两界的客户和学术带头人那里获得了许多经验教训与真知灼见。自我在明尼苏达大学(University of Minnesota)开始任教,然后转行成了美国企业中的一员,最后到南非和其他国家工作(其中也包括美国),我一直都在为一些人的学习提供支持。在这些人的身上,我也汲取了很多经验,获得了不少见解。与这些面临着学习挑战、变革挑战的人和机构打交道的不同经历,让我的想法和建议与现实世界中的问题紧密相连。世间没有哪种东西会像经历一样,能够磨平理论和创意的锋芒,使之在现实世界中派上用场。

参考文献

Ackermann, S., F. Hartmann, A. Papassotiropoulos, D. J. de Quervain, and B. Rasch. 2013. *Associations Between Basal Cortisol Levels and Memory Retrieval in Healthy Young Individuals. Journal of Cognitive Neuroscience* 25(11): 1896-1907.

Aihara, T., K. Kitajo, D. Nozaki, and Y. Yamamoto. 2010. *How Does Stochasti Resonance Work Within the Human Brain? Psychophysics of Internal and External Noise. Chemical Physics* 375(2-3): 616-624.

Arbinger Institute. 2016. *The Outward Mindset: Seeing Beyond Ourselves*. San Francisco: Berrett-Koehler.

Aschwanden, C. 2015. *My Own Worst Enemy: Why We Act Against Our Better Judgment. Discover Magazine*, October. http://discovermagazine.com/2015/nov/12-my-own-worst-enemy.

Bahrick, H. P., L. E. Bahrick, A. S. Bahrick, and P. E. Bahrick. 1993. *Maintenance of Foreign Language Vocabulary and the Spacing Effect. Psychological Science* 4(5): 316-321.

Benson-Armer, R., A. Gast, and N. van Dam. 2016. *Learning at the Speed of Business.* McKinsey Quarterly, May.

Bloom, F. E., M. F. Beal, and D. J. Kupfer, eds. 2003. *The DNA Guide to Brain Health*. New York: Dana Press.

Bresciani-Ludvik, M. J., ed. 2016. *The Neuroscience of Learning and Development: Enhancing Creativitiy, Compassion, Critical Thinking, and Peace in Higher Education*. Sterling, VA: Stylus Publishing.

Buzan, T. 2004. *Mind Map Handbook: The Ultimate Thinking Tool*. New York: HarperCollins.

Campbell, J. 1972. *The Hero With a Thousand Faces*. Princeton: Princeton University Press.

Canfield, J., and D. D. Watkins. 2007. *Jack Canfield's Key to Living the Law of Attraction: A Simple Guide to Creating the Life of Your Dreams*. Dearfield Beach, FL: Health Communications.

Carey, B. 2014. *How We Learn: The Surprising Truth About When, Where, and Why It Happens*. New York: Random House.

Cepeda, N. J., E. Vul, and D. Rohrer. 2008. *Spacing Effects in Learning: A Temporal Ridgeline of Optimal Retention. Psychological Science* 11: 1095-1102.

Connolly, C., M. Ruderman, and J. B. Leslie. 2014. *Sleep Well, Lead Well: How Better Sleep Can Improve Leadership, Boost Productivity, and Spark Innovation*. Whitepaper. Center for Creative Leadership.

Covey, S. R. 2004. *The 7 Habits of Highly Effective People: Powerful Lessons in Personal Change*. New York: Simon & Schuster.

Crick, F. C., and C. Koch. 2005. *What Is the Function of the Claustrum? Philosophical Transactions of the Royal Society B* 360(1458): 1271-1279.

Csikszentmihalyi, M. 2008. *Flow: The Psychology of Optimal Experience*. New York: Harper Collins.

——. 2014. *Flow and the Foundations of Positive Psychology: The Collected Works of Mihaly Csikszentmihalyi*. Dordrecht: Springer.

Doyle, T., and T. Zakraisek. 2013. *The New Science of Learning: How to Learn in Harmony With Your Brain*. Sterling, VA: Stylus Publishing.

Dweck, C. S. 2006. *Mindset: The New Psychology of Success*. New York: Ballantine Books.

Eagleman, D. 2011. *Incognito: The Secret Lives of the Brain*. New York: Vintage.

——. 2015. *The Brain: The Story of You*. New York: Pantheon Books.

Economist. 2015. *The Hard Problem: What Is Consciousness. Economist*, September 12.

——. 2016. *Special Report Artificial Intelligence: The Return of the Machinery Question. Economist*, June 25.

Erikson, E. 1994. *Identity and the Life Cycle*. London: Norton.

Evans, J. S. B. T., and K. E. Stanovich. 2013. *Dual-Process Theories of Higher Cognition: Advancing the Debate. Perspectives on Psychological Science* 8(3): 223-241.

Fishbein, M., and I. Ajzen. 1975. Belief, *Attitude, Intention and Behavior: An Introduction to Theory and Research*. Boston: Addison-Wesley.

Fogg, B. J. 2003. *Persuasive Technology: Using Computers to Change What We Think and Do*. San Francisco: Morgan Kaufmann Publishers.

Friedman, T. L. 2007. *The World Is Flat : A Brief History of the Twenty-First Century*. New York: Picador.

Fritz, R. 1989. *The Path of Least Resistance: Principles for Creating What You Want to Create*. New York: Ballantine Books.

———. 2003. *Your Life as Art*. Newfane, VT: Newfane Press.

Glenn, J. 2016. "2050 Global Work/Technology Scenarios." The Millennium Project, Washington, D. C.

Goleman, D. 2005. *Emotional Intelligence*. New York: Bantam.

———. 2006. *Social Intelligence: The Revolutionary New Science of Human Relationships*. New York: Bantam.

Graziano, M. S. 2013. *Consciousness and the Social Brain*. New York: Oxford University Press.

Hall, M. J. 2014. *Designing Worklearn Networks: Making Magic Happen With Your Profession*. Lake Placid, NY: Aviva Publishing.

Hasenstaub, A., S. Otte, E. Callaway, and T. Sejnowski. 2010. *Metabolic Cost as a Unifying Principle Governing Neuronal Biophysics. Proceedings of the National Academy of Science* 107(27): 12,329-12,334. DOI: 10.1073/pnas.0914886107.

Jaworski, J. 1996. *Synchronicity: The Inner Path of Leadership*. San Francisco: Berrett-Koehler.

Jung, C. 1981. *The Archetypes and the Collective Unconscious*. In *The Collected Works of C. G. Jung*, vol. 9, pt. 1.

Kahneman, D. 2013. *Thinking, Fast and Slow*. New York: Farrar, Straus & Giroux.

Kaya, N., and H. H. Epps. 2004. *Relationship Between Color and Emotion: A Study of College Students. College Student Journal* 38(3): 396.

Kayes, A., D. Christopher, and D. Kolb. 2005. *Experiential Learning in Teams. Simulation & Gaming* 36(10): 1-25.

Kegan, R. 1982. *The Evolving Self: Problem and Process in Human Development*. Boston: Harvard University Press.

———. 1994. *In Over Our Heads: The Mental Demands of Modern Life*, 4th ed. Boston: Harvard University Press.

Kegan, R., and L. L. Lahey. 2002. *How the Way We Talk Can Change the Way We Work: Seven Languages for Transformation*. New York: Jossey-Bass.

Kellman, P. J., and C. M. Massey. 2013. *Perceptual Learning, Cognition, and Expertise. Psychology of Learning and Motivation*, 117-165.

Khan, H. I. 1998. *The Music of Life: The Inner Nature and Effects of Sound*. Medford,

OR: Omega Publications.

Koch, C. 2014. *Neuronal Superhub May Generate Consciousness*. Scientific American, November 1. www.scientificamerican.com/article/neuronal-superhub-might-generate-consciousness.

Kotler, S. 2014. *The Rise of Superman: Decoding the Science of Ultimate Human Performance*. New York: Houghten Mifflin.

Kubler-Ross, E. 1974. *On Death and Dying*. London: Macmillan.

Kula, R. I. 2006. *Yearnings: Embracing the Sacred Messiness of Life*. New York: Hyperion.

Kurzweil, R. 2001. *The Law of Accelerating Returns*. Kurzweil Accelerating Intelligence, March 7. www.kurzweilai.net/the-law-of-accelerating-returns.

Lakoff, G., and M. Johnson. 1999. *Philosophy in the Flesh: The Embodied Mind and Its Challenge to Western Thought*. New York: Basic Books.

Leslie, I. 2015. *Curious: The Desire to Know and Why Your Future Depends on It*. New York: Basic Books.

——. 2016. *The Scientists Who Make Apps Addictive*. Economist, October/November, 67-71.

Lewin, K. 1997. *Defining the Field at a Given Time*. Psychological Review 50(3): 292-310. Republished in *Resolving Social Conflicts & Field Theory in Social Science*. Washington, D. C.: American Psychological Association, 1997.

Lombardo, M. M., and R. W. Eichinger, 2004. *Career Architect Development Planner*, 4th ed. Los Angeles: Lominger International.

Mackey, C. 2015. *Synchronicity: Empower Your Life With the Gift of Coincidence*. London: Watkins Publishing.

Marsick, V. J., and Watkins, K. E. 1990. *Informal and Incidental Learning in the Workplace*. New York: Routledge.

Maslow, A. H. 1967. *A Theory of Metamotivation*. Journal of Humanistic Psychology 7: 93-127.

——. 1969. *The Farther Reaches of Human Nature*. Journal of Transpersonal Psychology 1(1): 1-9.

McIntosh, M. 2016. *Neurobiology and Evolution: Why Your Brain Won't Let You Make Rational Decisions*. LinkedIn Pulse, June 24.

McLagan, P. 2002. *Change Is Everybody's Business*. San Francisco: Berrett-Koehler.

——. 2013. *The Shadow Side of Power: Lessons for Leaders*. Washington, D. C.: Changing World Press.

McLagan, P. A., and P. Krembs. 1995. *On the Level: Performance Communication That Works*, 3rd ed. San Francisco: Berrett-Koehler.

McLagan, P., and C. Nel. 1995. *The Age of Participation: New Governance for the Workplace and the World*. San Francisco: Berrett-Koehler.

Medina, J. 2009. *Brain Rules, 12 Principles for Surviving and Thriving at Work, Home, and School*, 2nd ed. Seattle: Pear Press.

Mezirow, J. 1990. *Fostering Critical Reflection in Adulthood*. San Francisco: Jossey-Bass.

———. 1991. *Transformative Dimensions of Adult Learning*. San Francisco: Jossey-Bass.

Moss, F., L. M. Ward, and W. G. Sannita. 2004. *Stochastic Resonance and Sensory Information Processing: A Tutorial and Review of Application. Clinical Neurophysiology* 115(2): 267-281.

Munoz, L. M. P. 2013. *Stress Hormone Hinders Memory Recall. Cognitive Neural Science Society*, July 24. www.cogneurosociety.org/cortisol_memory.

Murdock, M. 1990. *The Heroine's Journey: Woman's Quest for Wholeness*. Boulder, CO: Shambhala Publications.

Novak, J. D., and A. J. Canas. 2008. *The Theory Underlying Concept Maps and How to Construct and Use Them*. Technical Report IHMC CmapTools. Institute for Human and Machine Cognition.

O'Neil, J., and V. Marsick. 2007. *Understanding Action Learning*. New York: AMACOM.

Pan, S. 2015. *The Interleaving Effect: Mixing It Up Boosts Learning. Scientific American*, August.

Peale, N. V. 1980. *The Power of Positive Thinking*. New York: Fireside.

Pinkola-Estes, C. 2003. *Women Who Run With the Wolves: Myths and Stories of the Wild Woman Archetype*. New York: Ballentine Books.

Plato. 280 BCE. *The Allegory of the Cave*. In *The Republic, Book VII*.

Pope, S. 2011. *When It Comes to Checklists, Go With the Flow. Flying*, July 13. www.flyingmag.com/technique/tip-week/when-it-comes-checklists-go-flow.

Ratey, J. J. 2008. Spark: *The Revolutionary New Science of Exercise and the Brain*. New York: Little, Brown.

Robinson, D., and J. Robinson. 2015. *Performance Consulting: A Strategic Process to Improve, Measure, and Sustain Organizational Results*, 3rd ed. San Francisco: Barrett-Koehler.

Roediger, H. L. III, and J. D. Karpicke. 2006. *The Power of Testing Memory: Basic Research and Implications for Educational Practice. Perspectives on Psychological Science* 1:181.

Ross, H. J. 2014. *Everyday Bias: Identifying and Navigating Unconscious Judgments in Our Daily Lives*. Lanham, MD: Rowman & Littlefield.

Rotter, J. B. 1966. *Generalized Expectancies for Internal Versus External Control of Reinforcement. Psychological Monographs: General & Applied* 80(1): 1-28.

Rudy, J. W. 2014. *The Neurobiology of Learning and Memory*, 2nd ed. Sunderland, MA: Sinauer Associates.

Schon, D. 1983. *The Reflective Practitioner: How Professionals Think in Action*. New York: Basic Books.

Seung, S. 2013. *Connectome: How the Brain's Wiring Makes Us Who We Are*. New York: Mariner.

Siegal, L. L., and M. J. Kahana. 2014. *A Retrieved Context Account of Spacing and Repetition Effects in Free Recall. Journal of Experimental Psychology: Learning, Memory, and Cognition* 40(3): 755-764.

Smart, A. 2016. *Is Noise the Key to Artificial General Intelligence?* Psychology Today.com, June 9. www.psychologytoday.com/blog/machine-psychology/201606/is-noise-the-key-artificial-general-intelligence.

Stanovich, K. E., and R. F. West. 2000. *Individual Difference in Reasoning: Implications for the Rationality Debate? Behavioural and Brain Sciences* 23: 645-726.

Taylor, K., and C. Marienau. 2016. *Facilitating Learning With the Adult Brain in Mind*. San Francisco: Jossey-Bass.

Tough, A. 1971. *The Adults Learning Projects: A Fresh Approach to Theory and Practice in Adult Learning*. Ontario: Ontario Institute for Studies in Education.

Tsien, J. Z. 2007. *The Memory. Scientific American*, July, 52-59.

——. 2015. *A Postulate on the Brain's Basic Wiring Logic. Trends in Neurosciences* 38(11): 669-671.

Von Franz, M. L. 1964. *The Process of Individuation*. In *Man and His Symbols*. Edited by C. G. Jung, New York: Laurel.

Vygotsky, L. S. 1978. *Mind in Society: The Development of Higher Psychological Processes*. Cambridge, MA: Harvard University Press.

West, R. R., R. J. Meserve, and K. E. Stanovich. 2012. *Cognitive Sophistication Does Not Attenuate the Bias Blind Spot. Journal of Personality and Social Psychology* 103(3): 506-519.

Wilhelm, I., S. Diekelmann, I. Molzow, A. Ayoub, M. Mölle, and J. Born. 2011. *Sleep Selectively Enhances Memory Expected to Be of Future Relevance. Journal of Neuroscience* 31(5): 1563-1569.

Wilson, C. 2011. *Neuroandragogy: Making the Case for a Link With Andragogy and Brain Based Learning.* Midwest Research to Practice Conference in Adult, Continuing, Community and Extension Education, Lindenwood University, St. Charles, MO, September 21-23.

Zander, R. S., and B. Zander. 2000. *The Art of Possibility: Transforming Professional and Personal Life.* London: Penguin.

Zeigarnik, B. *On Finished and Unfinished Tasks.* In *A Sourcebook of Gestalt Psychology.* Edited by W. D. Ellis, New York: Humanities Press.

Zimmer, C. 2011. *100 Trillion Connections: New Efforts Probe and Map the Brain's Detailed Architecture. Scientific American*, January 1.

作者简介

我一向都热爱学习,也一向对学得更好和让学习富有意义的方法怀有好奇之心。

还在读本科的时候,我就开始对学习进行研究。由于对心理学、商业和学习都感兴趣,我通过沟通,在明尼苏达大学参加了一个包括特殊研究和跨学科研究的非常规硕士项目,然后获得了成人教育专业的高级学位。

我把自己学到的知识传授给别人,同时继续按照一种严格的个人学习和研究计划前进,其间从未止步。在最初想要把这种新方法教给他人的一次尝试中,我为明尼苏达大学通识学院设计了一门学习技能课程。我的学生当中,许多都是重归平民生活并且开始接受大学教育的退伍老兵。起初,我以为他们需要的是提升自己的技能,但后来我很快发现,他们的主要需求其实更关乎个人,与自尊以及其他一些问题有关。到了这时,我才真正开始体会到全身心地专注于学习的重要性。最终,我发起了"阅读和信息处理系统"(Reading and Information Handling Systems)这个项目。与第一家客户3M公司(3M Company)进行合作之后,我被推荐给了明尼苏达州的其他一些大型企业,接下来又被推荐到了美国的其他地区,然后是全球各地。此后,我便开始与通用电气(GE)、美国国家航空航天局(NASA),以及专注于学习、学习设计和创造学习型组织体系的其他机构展开多年紧锣密鼓的合作。

随着岁月流逝，我的关注重点有所拓展，将范围更加广泛的组织性学习和变革这一领域也纳入进来。我曾经与众多的企业和机构合作，创立了一些以学习者为中心的项目，其中融入了关于在课程和讲习班内部如何对学习进行自我管理的简短模块。我的人生目标是为个人改造和企业转型提供支持，随着这一想法变得日益清晰，我开始专注于理解和促进各种形式的成人学习和组织性学习。我成立了一家公司，即"麦克拉根国际"（McLagan International），来帮助推进这一事业。

在我的这家学习和发展公司逐渐壮大的同时，企业学习和发展领域也在日益发展。我开始在不断拓展的人力资源发展领域里变得极其活跃，不仅指导过两项国际知名的能力研究来协助界定这一领域，还在美国培训与发展协会（American Society for Training & Development，即如今的人才发展协会，Association for Talent Development）以及教学系统协会（Instructional Systems Association）中担任过领导职务。

与此同时，我单独撰写并与人合作撰写了数部图书，来与世人分享我的见解、研究和经历，其中包括《通过学习获得成果》（Getting Results Through Learning），《帮助他人学习：成年课程设计》（Helping Others Learn: Designing Programs for Adults），《诚实坦率：有效的绩效沟通》（On the Level: Performance Communication That Works），《参与时代：工作场所与世界管理新法》（The Age of Participation: New Governance for the Workplace and the World），《改变是每个人的事》（Change Is Everybody's Business），以及《权力的阴暗面：领导者的教训》（The Shadow Side of Power: Lessons for Leaders）。

随着全球变革的步伐日益加快，变革带来的挑战日益增大，我的研究也转向了需要培养人才并且重组机构的大规模变革。继续在美国从事研究工作的同时，我于20世纪90年代初搬到南非，帮助该国的好几家大公司和国有企业启动了重大的人力资源开发和管理变革计划。

在整个人生旅程中,我开始日益清楚地认识到,学习环境正在发生根本性巨变,而不是循序渐进式的变化。我们的学习技能、自信和思维模式,都没有跟上如今的挑战、智能工具以及神经科学与心理学研究的步伐。尽管学习课程与学习技术等方面出现了巨大的进步,但这仍是教育、培训和发展领域里的专业人士无法独自解决的问题。我也开始日益清晰地认识到,我们全都需要突破生而具有的那些学习能力(1.0)、上学期间培养出来的学习技能(2.0),以及离开学校、开始扮演一种更具自我管理能力的角色之后经过提升的能力(3.0)。于是,学习4.0的理念,即《学习进化论》一书中的学习方法,就此开始成型了。

图书在版编目（CIP）数据

学习进化论：从1.0到4.0，成为高阶学习者的进化指南 /（美）帕特丽夏·麦克拉根著；欧阳瑾，罗小荣译. -- 沈阳：万卷出版有限责任公司，2022.9
书名原文：Unstoppable you
ISBN 978-7-5470-5730-8

Ⅰ.①学… Ⅱ.①帕…②欧…③罗… Ⅲ.①学习方法 Ⅳ.①G442

中国版本图书馆CIP数据核字(2021)第181850号

Unstoppable You: Adopt the New Learning 4.0 Mindset and Change Your Life
Copyright © 2017 by Patricia A. McLagan
Published by arrangement with the Association for Talent Development, Alexandria, Virginia, USA.
Simplified Chinese edition copyright © 2021 Ginkgo (Beijing) Book Co.,Ltd.
All rights reserved.

著作权合同登记号：06-2021-12

出版发行：北方联合出版传媒（集团）股份有限公司
　　　　　万卷出版有限责任公司
　　　　　（地址：沈阳市和平区十一纬路29号　邮编：110003）
选题策划：后浪出版公司
出版统筹：吴兴元
印　刷　者：嘉业印刷（天津）有限公司
经　销　者：全国新华书店
幅面尺寸：165mm×230mm
字　　数：318千字
印　　张：23.5
出版时间：2022年9月第1版
印刷时间：2022年9月第1次印刷
编辑统筹：王　頔
责任编辑：王　琪
特约编辑：方泽平
责任校对：佟可竟
装帧设计：墨白空间
ISBN 978-7-5470-5730-8
定　　价：65.00元

后浪出版咨询（北京）有限责任公司　版权所有，侵权必究
投诉信箱：copyright@hinabook.com　fawu@hinabook.com
未经许可，不得以任何方式复制或者抄袭本书部分或全部内容
本书若有印装质量问题，请与本公司联系调换，电话：010-64072833